Otmar Jenner

Spirituelle Medizin Heilen mit der Kraft des Geistes

Rowohlt Taschenbuch Verlag

9. Auflage März 2011
Originalausgabe
Veröffentlicht im Rowohlt Taschenbuch Verlag,
Reinbek bei Hamburg, Mai 2005

Umschlaggestaltung ZERO Werbeagentur, München
(Foto: Dieter Zinn)
Satz aus der Minion PostScript InDesign
bei Pinkuin Satz und Datentechnik, Berlin
Druck und Bindung Druckerei C. H. Beck, Nördlingen
Printed in Germany
ISBN 978 3 499 62030 0

Für Johanna

Nun schauen wir die Herrlichkeit des Herrn
wie in einem Spiegel. *(2. Kor. 3,18)*

Inhalt

Zu Beginn **Warum jeder Mensch schon (mindestens einmal) Erfahrungen mit Geistigem Heilen gemacht hat**

Wie war das als Kind? Erst dröhnte der Kopf, dann flossen Tränen. Sie hatten sich gestoßen und liefen zu Ihrer Mutter, um sich trösten zu lassen. Die Mutter legte die Hand auf die schmerzende Stelle und sagte, ist doch gar nicht so schlimm, gleich tut es nicht mehr so weh.

War das angenehm?

Oder Sie waren schrecklich traurig und liefen zu Ihrem Vater, um sich bei ihm auszuweinen. Der nahm Ihren Kopf in beide Hände und sagte mit seiner tiefen Stimme einige beruhigende Worte.

Hat es geholfen?

Vielleicht verhielten sich Ihre Eltern weniger liebevoll, vielleicht waren es auch nicht Ihre leiblichen, sondern Ihre Pflegeeltern, die Sie großgezogen haben. Womöglich hatten Sie eine schlimme Kindheit voller unangenehmer Erfahrungen, und doch gab es eine Person, zumindest eine, die Ihnen liebevolle Zuwendung gegeben hat, die Sie in den Arm nahm, wenn Sie traurig waren, Sie tröstete, wenn Sie Trost brauchten.

Warum ich so sicher weiß, dass es in Ihrer Kindheit wenigstens eine Person gab, die Ihnen Zuwendung schenkte?

Ich weiß das, weil Sie dieses Buch sonst nicht in den Händen halten könnten. Sie hätten nicht die Kraft dazu. Sie wären nicht stark genug, um es hochzuheben, diese Seite aufzuschlagen, aufgeschlagen zu halten und darin zu lesen.

Sie wären wahrscheinlich zu schwach, um überhaupt zu lesen, ausgezehrt von einem tief sitzenden Mangel, in ursprünglichstem

Sinne unterernährt, wenn nicht todkrank oder längst verhungert. Denn es würde Ihnen genau das fehlen, was Wachstum und Stärke, also jegliche Vitalität, überhaupt erst möglich macht. Eine besondere Art Nahrung, so überlebenswichtig wie die tägliche Mahlzeit: Lebensenergie. Auch Chi, Prana, Od, Orgon, Plasma, kosmisches Fluidum, universelle Kraft oder göttliche Energie genannt. Energie, die empfangen – und gegeben werden kann.

Allerdings niemals ohne Liebe, weil die Lebensenergie ohne eine liebevolle Verbindung nicht von einem Menschen zu einem anderen fließt.

Genauso sicher, wie ich sagen kann, dass Sie diese Energie empfangen haben, weiß ich, dass Sie Lebensenergie auch anderen Menschen gegeben haben. Wahrscheinlich Ihren Kindern, Ihrem Partner. Aller Wahrscheinlichkeit nach bei Bauch- oder Kopfschmerzen. Was taten Sie? Sie legten Ihre Hand darauf. Warum? Vermutlich, weil Sie genau wussten, dass die Schmerzen dadurch gleich besser würden. Möglicherweise ist Ihnen auch nur nichts Besseres eingefallen.

Dann erinnern Sie sich bitte jetzt: Hat es geholfen? War es heilsam?

Nicht zu reden von den vielen liebevollen Umarmungen für einen geliebten Menschen, bei denen Sie Ihre Lebensenergie auf heilsame Weise gegeben und ihn so genährt haben.

Das ist Spirituelle Medizin. Die Bezeichnung klingt unter Umständen fremd für Sie. Das macht gar nichts. Ebenso wenig wie die Widerstände oder Vorbehalte, die Sie gegenüber Geistigem Heilen oder Geistheilen haben. Spirituelle Medizin, Geistiges Heilen, Geistheilen meinen dasselbe: das Leiten von Lebensenergie. Und Sie haben es bereits praktiziert, mehr oder weniger bewusst, aber mit Erfolg.

Egal, was Sie von Geistheilern denken, egal, wie seltsam Ihnen Geistiges Heilen vorkommen mag, gleichgültig, ob Sie Leute für verrückt halten, die zu Geistheilern gehen, irrelevant, ob Sie Geistheilen als esoterischen Blödsinn einschätzen – es ist Ihnen gleichzeitig auch vertraut. Denn Sie haben mehr als einmal wie ein Geistheiler gehandelt und behandelt.

Bitte vergessen Sie das nicht während der kommenden Seiten, denn Ihre eigenen Erfahrungen und eigenen geistigen Fähigkeiten bilden die Grundlage für eine fruchtbare und tief greifende Beschäftigung mit Spiritueller Medizin.

Nicht wenige Menschen lehnen eine derartige Beschäftigung mit Nachdruck ab. Man könnte sie die unverbesserlichen Realisten nennen. Sie empfinden Spirituelle Medizin als Firlefanz, den sie weit von sich weisen. Eine Spinnerei mit manchmal zufällig eintretenden und durchaus nützlichen Placebo-Effekten, die ebenso zufällig zu Spontanheilungen führen können.

Dann gibt es noch die Phantasten. Sie sehen übersinnliche, gespensterhafte Kräfte am Werk, eine märchenhafte Zauberei, die auf magische Weise Lahme wieder gehen lässt, Blinde wieder sehen und Taube wieder hören, nicht zu reden von Krebs im Endstadium, Alzheimer und Multipler Sklerose. Solche «Kleinigkeiten» würden von guten Geistheilern gewissermaßen im Vorbeigehen kuriert. Einmal Handauflegen – und weg: für immer.

Genauso extrem werden Heiler selbst gesehen. Für einige Menschen sind sie lächerliche und glücklicherweise einigermaßen harmlose Eso-Spinner, die mit allerlei Humbug ihr Unwesen treiben, wenn aus irgendeinem bedauerlichen Grund kein Arzt mehr kommt, was nicht schlimm ist, weil ja ohnehin kaum noch was zu retten ist. Für andere sind sie gemeingefährliche Scharlatane, die sich einen Phantasie-Beruf anmaßen, der sie zu phantastischen

Heilsversprechungen treibt und grotesken nicht minder phantastischen Selbstinszenierungen, die aber nur leichtgläubige Leute und Deppen beeindrucken.

Schließlich die Verklärer: Obgleich ihr Heiler ein Kette rauchender, übergewichtiger und unentwegt transpirierender Mensch mit schlechten Zähnen ist, der in einer voll gemüllten Wohnung haust, die nach Zigaretten und Essensresten stinkt und sie auch noch in ebender auf einer durchgesessenen Couch behandelt, halten sie ihn für die Wiedergeburt Christi, Buddhas oder Gott höchstpersönlich, nur weil eine Warze am Fuß nach nur einem Besuch plötzlich weg war oder der Darm hinterher nicht mehr ganz so laut gegluckert hat.

Die Wahrheit ist weit weniger spektakulär: Handauflegen hilft, Besprechen hilft, Energieübertragung hilft. Vor allem Eltern wissen das am besten, nur machen sie wenig Aufhebens davon.

Geistiges Heilen ist ganz einfach, denn es ist eines der natürlichsten Dinge der Welt. Allerdings ist es gleichzeitig auch ungeheuer kompliziert, wenn man es genauer erklären will. Dann steht der Autor, der darüber schreibt, plötzlich mit beiden Beinen fest in den Wolken, und all seine Erklärungen hören sich irgendwie nebulös und abgehoben an.

Kein Wunder, denn Geistige Heilkunst wird auf einer anderen Ebene praktiziert als beispielsweise Chirurgie. Ein Chirurg schneidet, sägt, schient, näht. Im besten Fall den bei einem Unfall abgetrennten Finger wieder an die richtige Stelle der Hand. Im ungünstigsten entfernt er das falsche Organ und vergisst auch noch eine Schere im Bauch des Patienten. In jedem Fall mechanische Vorgänge mit messbaren Ergebnissen.

Geistheilen ist alles andere, nur nicht das: mechanisch. Manchmal liefert es messbare Ergebnisse. Manchmal nicht. Und als logische

Disziplin kann es zumindest bei flüchtiger Betrachtung ebenso wenig angesehen werden. Auch wenn Geistheiler zurzeit wachsenden Zulauf haben, Geistiges Heilen also ein Massenphänomen geworden ist und im Großen und Ganzen kein Geheimnis mehr, so bleibt es im Detail jedoch geheimnisvoll. Die besten Antworten auf brennende Fragen werfen neue Fragen auf. Das liegt in der Natur der Spirituellen Medizin. Immer wieder übersteigt sie menschliches Begriffsvermögen.

Umso mehr werde ich mich bemühen, ihre Inhalte und Methoden in präzise Worte zu fassen und zum Beispiel folgende Fragen zu beantworten:

Wie genau funktioniert Geistiges Heilen und wie wird es angewandt?

Kann Spirituelle Medizin alles und jeden kurieren?

Wie unterscheidet man gute Geistheiler von Scharlatanen?

Was spürt der Patient während der Behandlung durch einen Geistheiler?

Was macht einen Geistheiler zum Geistheiler?

Ist Geistheilen erlernbar? Kann jeder lernen, mit dem Geist zu heilen? Also auch ich, Leserin oder Leser dieses Buches?

Und: Muss ich Angst haben, zu einem Geistheiler zu gehen, weil mich die Erfahrung womöglich wahnsinnig macht?

Antworten auf diese Fragen finden Sie in diesem Buch. Gefolgt von weiteren Fragen und noch mehr Antworten. Es ist ein Lehrbuch. Es bündelt meine Erfahrungen als Geistiger Heiler und Leiter von Seminaren zu dem Thema, vermittelt die Grundlagen der Spirituellen Medizin und lädt zu deren praktischer Anwendung ein. Dafür ist es in vier Teile gegliedert.

Im ersten, Teil A, stelle ich zwei Ärzte und eine Ärztin vor, die eine klassische schulmedizinische Ausbildung genossen haben, dann Geistige Heilfähigkeiten an sich entdeckten und heute als Geistige Heiler arbeiten.

Im Teil B entfalte ich die Philosophie der Spirituellen Medizin und nenne deren Grundprinzipien.

Im Teil C beschreibe ich meine Behandlungsmethoden Schritt für Schritt anhand eines Falles, berichte von meinen Erfahrungen und erzähle, wie ich Geistiger Heiler wurde und wer mein Lehrer war.

Im Teil D findet sich ein Schulungsprogramm zum Geistigen Heilen. Dieser Teil sollte den Lektionen folgend durchgearbeitet werden.

Jeder Teil kann ohne Kenntnis der übrigen gelesen werden. Hilfreich ist es, das Buch von vorn nach hinten zu lesen, wie ich es auch geschrieben habe. Hilfreich ist es auch, das Buch von hinten nach vorn zu lesen. Wer das tut, lernt ganz und gar neu zu denken und zu begreifen, was sicherlich sehr nützlich ist. Ob auf diesem Wege auch Geistiges Heilen erlernbar ist, kann ich nicht beurteilen, weil ich so nicht lesen kann. Hilfreich ist es auch, durch dieses Buch zu zappen. Als wäre das Buch ein Fernseher mit ziemlich vielen Kanälen, den einzelnen Seiten, auf denen ähnlicher Sermon geboten wird, irgendwie zusammenhängend und irgendwie auch wieder nicht, weswegen man einzelne Seiten überspringen kann oder ganze Kapitel, weil die irgendwie langweilig sind oder irgendwie nicht so wesentlich erscheinen. Das mache ich bei Büchern anderer Autoren auch sehr häufig so. Wunderbar, ich denke mir einfach die übersprungenen Seiten und Kapitel. Ein Supertraining für meine Phantasie, besonders bei Romanen, weniger beim Lehrbuch der Anatomie. Also sicherlich nur die zweitbeste Art, dieses Buch zu lesen.

Wie Sie es auch zur Hand nehmen – ich wünsche Ihnen viel Freude damit!

Teil A

Medizin und Spirituelle Medizin *Drei Ärzte und ihre bemerkenswerte Wandlung zu Geistheilern*

1. Kapitel **Dr. med. Wolf Schriewersmann, der heilende Prediger**

Glandorf bei Osnabrück. «Eine l(i)ebenswerte Gemeinde» steht auf der Internetseite. 7000 Einwohner, ein halbes Dutzend Kneipen, zwei Kirchen, ein halbes Dutzend Prediger, acht Apotheken, vier niedergelassene Ärzte. Einer davon ist Wolf Schriewersmann, Doktor der Medizin mit «cum laude»-Abschluss. In den USA promovierte er zusätzlich mit einer theologischen Arbeit zum «Doctor of Ministry». Bei der Marine bekleidet er als Arzt den Rang eines Kapitäns (der Reserve). Er ist Reiki-Meister, beherrscht Fuß-Reflexzonen-Massage, Bioenergetik und den Therapeutic Touch, die amerikanische Bezeichnung für Handauflegen. Außerdem ist er Pastor der «Whole Life Christian Church International», einer Freikirche mit Stammsitz in San Antonio, Texas, und darf taufen, trauen, beerdigen. An der Bible School der Kirche von San Antonio unterrichtet er zeitweise Geistiges Heilen. Seinem Namen könnte er noch die Abkürzung Rev. voranstellen. Das bedeutet Reverend. Zu Deutsch: Der Verehrte. So heißen Pfarrer im englischsprachigen Raum.

Reverend Schriewersmann ist ein Priester, der besonders zupacken kann. Das verkörpert er mit der Wucht seiner massiven Persönlichkeit. Er ist Facharzt für Anästhesie, Chirurgie und wahrscheinlich der einzige Gottesmann in ganz Deutschland, der zu Verkehrsunfällen gerufen wird, um Leben zu retten. Dann kommt er mit seinem ebenfalls wuchtigen Range Rover angerast, versorgt Wunden und lebensgefährlich verletzte Seelen. Ein harter Job mit nicht selten fast mechanischer Logik, nur geeignet für Menschen mit sehr guten Nerven und der Fähigkeit, sehr schnell richtige Entscheidungen zu treffen.

«Das ist die Medizin, die ich liebe», sagt er und verschränkt die Arme vor der Brust. «Eine absolut klare Sache. Da hat sich einer um den Baum gewickelt, das Auto sieht aus wie eine zerquetschte Bierdose, aber er lebt, muss rausgesägt werden, das macht die Feuerwehr, und lebensrettend versorgt werden, das mach ich. Ohne Wenn und Aber. Und falls jetzt jemand kommt und was von Geistheilen faselt, ob das nicht auch bei Unfallopfern anzuwenden wäre, der kriegt von mir in dem Moment einen Vogel gezeigt.»

Sprechstundenhilfe Vera Ortlepp nickt. Sie ist so genannter *first responder*, eine Ersthelferin, die oft noch vor dem Notarzt am Unfallort eintrifft. «Das ist eine ganz handgreifliche Sache. Abgehobene Vorstellungen würden hier Leben gefährden und nicht retten.»

Dr. Schriewersmann legt beide Handflächen aneinander, wie zum Gebet: «Ich bin froh, dass ich nicht gesagt habe, ich schmeiß die Schulmedizin jetzt in die Ecke, weil mir ihre Mängel zum Hals raushängen. Ich kenne die medizinischen Fortschritte zu gut, um sie zu ignorieren. Nein, bei mir bekommt jeder, was er braucht. Wenn ich ein Furunkel aufschneiden muss, dann tue ich das. Wenn Geistiges Heilen angesagt ist, dann mache ich das. Mein Vorteil ist: Ich habe die Wahl. Aber man müsste mich doch zu Recht für verrückt halten, wenn ich zu einem Unfallopfer sagen würde, keine

Bange, ich leg dir jetzt ein Zwiebelsäckchen aufs Ohr, dann wird das schon wieder mit der Schädelfraktur. Gleichzeitig ist auch unfallärztliche Versorgung eine spirituelle Tätigkeit, denn ich weiß, meine Hände werden von Gott geführt.»

Freitagmittag, das Funkgerät schweigt, keine Unfälle, keine Notfälle. Alles gut in Glandorf, der l(i)ebenswerten Gemeinde.

Auf der Hauptstraße vorm Haus knattert ein Moped, dann radelt eine größere Gruppe von Radwanderern vorbei. Ihr Lachen dringt in die Praxis. Im Wartezimmer sitzen sechs Patienten, zwei mit freudigen Gesichtern, die hat Dr. Schriewersmann meinetwegen hergebeten, damit sie mir ihre Geschichte erzählen.

«Aber noch ist nicht die Zeit für Geschichten.» Dr. Schriewersmann runzelt die Stirn, grinst, runzelt wieder die Stirn, lächelt mit zwei Falten auf der Stirn: «Zuerst kommt der Kollege Otmar Jenner auf die Behandlungsbank. Wie wir arbeiten, erfährt man am besten am eigenen Leib.»

Ganz in meinem Sinne, erwidere ich, gebe aber zu bedenken, dass ich mich prächtig fühle und daher nur bedingt behandlungsbedürftig sei. Macht nichts, meint der Dr. Schriewersmann und lächelt wieder, diesmal ohne Falten auf der Stirn. Schon kriege ich den Signalgeber für den Bioresonanz-Computer in die rechte Hand gelegt. Er ist aus Gummi und druckempfindlich. Ich höre Pieptöne und muss einige Male so fest zupressen, wie mir möglich ist, dann ist das Gerät auf mich geeicht, und wir können beginnen. Sowie ich einen Ton höre, soll ich sofort pressen, nicht nachdenken dabei, am besten mein Gehirn ganz abschalten.

Etwas Geduld bitte, ich finde gerade nicht den Knopf in meinem Kopf. Macht auch nichts, meint Ersthelferin Ortlepp, die den Computer bedient, und erklärt mir, dass die unterschiedlichen Pieptöne akustisch kodierte Informationen enthalten, auf die mein Körper unbewusst reagiere. Eine sehr feine Methode, um die Befindlichkeit des biologischen Systems zu überprüfen.

Also ein General-Check meiner körperlichen Konstitution in diesem Moment?

«Richtig.» Sie lächelt mich an. «Keine Sorge.»

Folgendes bringen die Pieptöne zum Vorschein: Weizen und Milch ist nichts für mich, sehr wohl aber Fleisch in geringen Mengen. Ferner reagiere ich leicht allergisch auf Para- und Walnüsse, Mangan und Nickel-Verbindungen. Mein Blutzucker ist in Ordnung, die Harnsäurewerte sind es ebenfalls, und ich habe auch genug rote Blutkörperchen. Mit anderen Worten: Ich bin kerngesund, abgesehen von geringfügigen Unverträglichkeiten. Das hatte ich erwartet. Leichte allergische Reaktionen auf Mangan und Walnüsse waren mir vorher bekannt gewesen, eine Unverträglichkeit von Paranüssen und Nickel jedoch nicht.

Dr. Schriewersmann macht ein Foto von mir und verschwindet damit im Nebenzimmer, um weitere Informationen auszupendeln. Dafür nimmt er einen Energie-Tensor, eine Rute mit Haltegriff und Pendelkopf. Seine ist die Luxus-Variante: 585er Gold für 400 Euro. «Häuptling Sprechender Draht», nennt ihn Schriewersmann.

«Was hat der Häuptling gesagt?», frage ich, als er nach einigen Minuten wiederkommt.

Schriewersmann macht ein besorgtes Gesicht: «Ihr Immunsystem ist geschwächt. Außerdem bedarf Ihre Darmflora der Sanierung. Was sagen Sie dazu?»

Jedenfalls bin ich wieder nicht überrascht. Mein Vater hatte Darmprobleme wie sein Vater auch und wahrscheinlich auch der Vater seines Vaters. Seit ich denken kann, bin ich mit meiner Verdauung beschäftigt. Seltsamerweise funktioniert mein Darm prächtig, wo die meisten anderen Menschen größte Probleme kriegen. In Entwicklungsländern zum Beispiel. Ich bin dort viel gereist, habe aber nie Durchfall bekommen. Aber Stress und emotionale Belastungen bringen meine Verdauung im Handumdrehen durcheinander. Die vergangenen Wochen habe ich zu viel gearbeitet und Warnsignale meines Körpers bewusst überhört. Es ist mir unangenehm, dies zu bekennen, aber so ist es. Auch ich neige zu derart törichtem Verhalten, nehme Kredite auf bei meinem Körper, die ich später doppelt zurückzahlen muss, überhöre die Lehren, die er mir erteilt, weil mir anderes gerade wichtiger ist. Also: Volltreffer, Herr Doktor.

Ich bekomme eine Heilmeditation verordnet. Vera Ortlepp führt mich in das Meditationszimmer. Ich mache es mir auf der Meditationscouch bequem. Sie legt eine CD mit «Melodien der Sterne» in den Player. Ich schließe die Augen, höre leise Musik, bemerke, wie mir die Glieder schwer werden, bemühe mich, an gar nichts zu denken, was mir nicht leicht fällt, weil mich die Frage beschäftigt, ob sie mir gerade die Hände auf den Bauch legt oder der Doktor. Ich könnte die Augen öffnen, oder zumindest blinzeln, dann wüsste ich, wer es ist, widerstehe aber der Versuchung, weil ich fühle, das ist gegen die Abmachung, außerdem wenig förderlich für den Prozess. Also halte ich die Augen geschlossen, liege still, bewege mich nicht, nichts bewegt mich, wie angenehm. Ich fühle Wärme auf dem Bauch, dann Leichtigkeit, gefolgt von Erleichterung und spüre, wie sich die Hände von meinem Bauch heben, höre Schritte, das Knarren der Tür. Bin nun allein. Auch schön. Nein, nicht ganz allein. Irgendwas wirbelt in meinem Magen. Fühlt sich gut an, dass da was wirbelt. Ich spüre, dass es Kraft hat. Lasse die Kraft wirbeln, ohne sie zu analysieren. Ach, wirbele nur in mir herum, du gute Energie. Ach, beruhige doch bitte meinen nervösen Darm, er freut sich über die heilsame Entspannung. Es ist eine Freude, sich so behandeln zu lassen.

Dann sind die Hände wieder da. Andere als zuvor. Sie liegen auf meinem Kopf, hüllen ihn in Wärme, ein wuchtiges, fast schweres Gefühl. Die Wärme breitet sich in meinem Körper aus. Ich spüre, wie sie in meine Glieder fließt. Plötzlich liege ich auf einer Luftmatratze im Meer. Das Wasser ist warm. Ich werde sanft hin und her geschaukelt. Die Sonne steht direkt über mir. Ich schließe die Augen, weil sie so hell ist, und sehe sie nun hellrot durch die geschlossenen Lider leuchten. Als ich die Augen wieder öffne, sehe ich keine Sonne mehr, sondern die weiße Zimmerdecke. Ich bin allein und weiß jetzt, dass ich kurz geschlafen und geträumt habe. Der Schlaf ist so sanft wie ein Schmetterling in meinem Kopf gelandet und mit derselben Leichtigkeit auch wieder verflogen. Ich fühle mich erfrischt. Die Musik spielt nicht mehr. Ich klettere von der Meditationsliege. Im Vorraum wartet Dr. Schriewersmann schon auf mich.

«Na, wie war's, Herr Kollege?»

Phantastisch, erwidere ich.

Und berichte von dem Energiewirbel in meinem Bauch und dem anschließenden heilsamen Kurz-Schlaf.

Schriewersmann nickt und faltet wieder die Hände, Assistentin Vera legt den Kopf in den Nacken. Ich bin gespannt auf das, was sie jetzt sagen, aber sie schweigen. Der Doktor lächelt. Das ist das Kochtopfprinzip. Man lässt den Patienten einige Minuten in seinem Saft schmoren, also den vorangegangenen Erfahrungen, lässt seine Neugier hochkochen, ihn darin einige Zeit garen, bis er ganz durch ist und mürbe, also durchdrungen von den eben gemachten Erfahrungen, deren Intensität mit der Würze namens Neugier noch verschärft wurde. Ein Prozess, der in der Regel nur wenige Minuten andauern muss, um wie eine Ewigkeit wahrgenommen zu werden, eine kleine, heiße Ewigkeit auf der Herdplatte des Lebens, die den Heilungsprozess wie mit dem Brennglas in die wortlosen Tiefen und tiefsten Schichten des persönlichen Seins eindampft.

Wie ausgekocht, Herr Doktor.

Er antwortet nicht, schaut mich nur direkt an. Ich schaue direkt zurück. Im Nebenzimmer klingelt ein Telefon, Vera Ortlepp steht auf und geht ran.

«Man ist ja nur Kanal», sagt Wolf Schriewersmann leise, wie zu sich selbst, als wir allein sind. «Kanal für die göttliche Energie. Sie geht durch mich hindurch. Am Anfang habe ich immer darum gebetet. Irgendwann wurde mir das zu langwierig, da habe ich einfach oben angefragt, ob sich nicht auch eine Standleitung schalten lässt. Na klar, hat man mir gesagt. Das hat alles noch einfacher und direkter gemacht. Und wie Sie sicher schon gemerkt haben, liebe ich das Einfache und Direkte.»

Er erzählt von seiner Vision. Einem eigenen Krankenhaus, wo Spezialisten der Schulmedizin Hand in Hand mit Spezialisten des Geistigen Heilens zusammenarbeiten. «Damit den Patienten das Beste aus beiden Heilweisen zugute kommt.»

In seiner Person hat er jedenfalls beide Welten vereinigt.

Ohne große Widersprüche und scheinbar anstrengungslos.

«Ich will allen zeigen, dass es geht. Die Errungenschaften der Medizin sind für mich unübersehbar, und ich nutze sie zum Wohle meiner Patienten. Ebenso nutze ich meine geistigen Heilkräfte. Skeptischen Geistheiler-Kollegen sage ich, schaut nicht so überheblich auf die Schulmedizin herab, denn sie hat es nicht verdient. Skeptischen Schulmedizinern sage ich, schaut euch die Erfolge von Geistheilungen an, die könnt ihr nicht länger ignorieren.»

Schriewersmann blinzelt mich listig an. Nun könne ich die Heil-Geschichten hören. Der Zeitpunkt sei jetzt genau richtig dafür.

Kurz darauf steht Dirk S. mit fast schüchternem Lächeln vor mir, 33 Jahre alt, Elektroinstallateur: «Ich litt unter extremem Bluthochdruck, hatte Hitzewallungen und unerträgliche Schmerzen im Kreuzbein. Der Doktor hat ausgependelt, dass ich eine Hefepilzinfektion habe, keinen Weizen vertrage und kein Fleisch essen darf. Nach einem 6-Wochen-Programm zum Aufbau der Darmflora bekam ich Heilmeditationen. Dafür musste ich mich auf eine Couch legen, die Augen schließen, während leise Entspannungsmusik lief. Die Meditationen dauerten etwa eine Stunde. Mehrmals kam der Doktor ins Zimmer und legte mir die Hand auf. Nach wenigen Behandlungen senkte sich der Blutdruck, und die Schmerzen gingen weg. Hitzewallungen habe ich auch nicht mehr.»

Er lächelt erleichtert: «Früher glaubte ich nicht an so was. Geistheilen, dachte ich, ist was für Spinner. Vor Doktor Schriewersmann habe ich einen Riesenrespekt. Er hat mir sehr geholfen.»

Dann die Heilungsgeschichte von Jürgen F., Lagerist, 38 Jahre alt, dunkelhaarig, kräftiger Händedruck:

«Ich kam mit einem Engegefühl in der Brust. Die fühlte sich wie zugeschnürt an. Das machte mir Angst. Mein Vater starb vor acht Jahren mit 63 an Krebs. Ich glaube, da haben meine Probleme begonnen. Vor einem halben Jahr kam ich zum ersten Mal in die Praxis. Der Doktor machte mit mir eine Heilmeditation. Während der Meditation söhnte ich mich mit meinem Vater aus und musste viel weinen. Erleichtert verließ ich die Praxis. Bei dem Gedanken, nächste Woche komme ich wieder und tue etwas für meine Gesundheit, brachen gleich wieder alle Dämme, und es flossen die Tränen. Danach ging es mir von Mal zu Mal besser. Heute habe ich keinerlei Beschwerden mehr.»

Und zuletzt die Heilungsgeschichte einer 30-jährigen Patientin, die nicht namentlich genannt werden will. Seit Jahren litt sie unter einem HWS-Syndrom, besser bekannt als Schleudertrauma, und heftigen Kopfschmerzen. Bei psychischen Belastungen zuckte ihre Halsmuskulatur, was ihr peinlich war.

Dr. Schriewersmann findet Beschädigungen in der Aura, dem feinen, für die meisten Menschen unsichtbaren Energiekörper, der den physischen Leib umhüllt. Beschädigungen, die aus einem früheren Leben herrühren. Ein Leben, in dem die Patientin grausam gehenkt worden war. Reste des Knotens sieht er noch in der Aura im Halswirbel-Bereich. Schriewersmann entfernt sie mittels Aura-Chirurgie. Psychisch stabilisiert er sie mit einer Heilmeditation.

Die Patientin fühlt sich so erleichtert, dass sie am nächsten Morgen eine Last-Minute-Reise bucht.

Vom Urlaubsort schickt sie eine E-Mail. Es gehe ihr bestens, sie sei jetzt absolut beschwerdefrei, berichtet sie begeistert. Und das ist auch so geblieben.

Die letzte Heilungsgeschichte hörte ich aus dem Mund des Doktors. Die Patientin konnte nicht kommen, hat aber zur Bestätigung eine E-Mail geschickt. Danach sitzen wir bis tief in die Nacht zusammen. Auch die Patienten des heutigen Nachmittags bleiben. Fragen den Arzt über seine Hellsichtigkeit aus und «Häuptling Sprechender Draht». Schriewersmann gibt auf alles eine Antwort, ruhig und klar, spricht vom «Chef da oben», dem «Höchsten im Himmel» oder dem «Boss». Und er tut das mit einer Selbstverständlichkeit und Liebenswürdigkeit, die alle Gesichter zum Leuchten bringt. Jetzt ist der Prediger am Zug. Auch das ist heilsam. Die strahlenden Gesichter der Zuhörer zeigen es.

Gleich nach meiner Ankunft hatte Dr. Schriewersmann einige Sätze gesagt, die ich nie wieder vergessen werde und hier erwähnen muss, weil sich mit ihnen der Kreis schließt. «Heilung», hatte er erklärt, «kann nicht konsumiert werden. Das ist keine automatische Alles-wird-gut-Maschinerie. Heilung bedarf der aktiven heilsamen Mitarbeit des Patienten.»

Was genau meinen Sie mit aktiver heilsamer Mitarbeit, Herr Doktor?, hatte ich daraufhin gefragt.

«Sie beginnt mit der Bereitschaft, Heilung überhaupt für möglich zu halten. Der nächste Schritt ist, Heilung wirklich zu wollen.»

Will nicht jeder Kranke geheilt werden?

«Die meisten sagen das, aber viele meinen es nicht.»

Was meinen sie dann wirklich?

«Sie brauchen eine Ausflucht, weil sie mit ihrem bisherigen Leben nicht klarkommen. Das bietet ihnen die Krankheit, also halten sie daran fest.»

Wir sprechen über Seelenwege, seltsame Biographien und das Loslassenlernen von krank machendem Verhalten, damit Heilung eintreten kann. Schließlich frage ich ihn nach seinem Glauben und Glaubensweg. Er antwortet wieder sehr direkt. «Die Kirche hat mir nichts getan, aber ich wurde eher rauskonfirmiert als aufgenommen. Der Umgang mit dem lieben Gott bedarf einer anderen Art, als sie heute bei den Katholiken oder Protestanten gepflegt wird.»

Was er damit meint, habe ich den Tag über bei ihm beobachtet. Wir verabschieden uns mit einer Umarmung. Es sind mehrere Stunden Fahrt nach Hamburg. Ich muss los, wenn ich vorm Morgengrauen eintreffen will.

2. Kapitel **Dr. med. Dorothea Fuckert oder Der Atem des Ewigen**

«Meine Großeltern hatten Krebs, meine Tante hatte Polyarthritis, meine Mutter war zuckerkrank, meine Schwester litt unter den Folgen einer Hirnhautentzündung und lebt seither mit einer geistigen Behinderung. Mit zwei Jahren wurde ich gegen Pocken geimpft, woran ich fast starb. Mit sechs Jahren erkrankte ich wie meine Schwester an Meningitis und machte meine erste Nahtodeserfahrung. Mit acht Jahren baute ich einen Kummerkasten aus Pappe, den ich an unser Gartentor hängte, damit andere ihren Kummer hineintun konnten. Seit der Pubertät litt ich unter Rückenschmerzen. Mit 17 bekam ich die Diagnose: Arthrose in der Wirbelsäule. Eine ständig wachsende Qual, die behandelt werden musste. Ein Jahr lang bekam ich Valium gegen die Schmerzen, fühlte mich permanent umnebelt und machte trotzdem Abitur, denn ich wollte, ich musste Ärztin werden. Nach der Prüfung schickte unsere Hausärztin mich zur Psychotherapie, weil ich notorisch traurig war. Ich begann trotzdem, Medizin zu studieren. Ärztin zu werden wünschte ich mir schon seit meinem vierten Lebensjahr. Allerdings wollte ich irgendwie anders helfen als die mir bekannten Ärzte. Ich glaube, das habe ich in die Tat umgesetzt.»

Es gibt Menschen, die blicken einen anderen Menschen an, und sie wissen, was mit ihm los ist. Sie kennen seine Gesamtbefindlichkeit, ohne ihn danach fragen zu müssen. Dr. med. Dorothea Fuckert hat diese Gabe. Ihr Vorname bedeutet Gottesgeschenk. Ein Geschenk von höchster Stelle ist sicherlich ihr ganz besonderes Einfühlungsvermögen, ihre Intuition. Natürlich würde sie so was nie an die große Glocke hängen und mit ihrem Durchblick allen Leuten auf Teufel komm raus ihr persönliches Glück einläuten.

Das ginge gegen ihr stilles Temperament. Aber dass sie es kann, ist unübersehbar, und es macht ihr immer wieder eine leise Freude, diese Fähigkeit mit spielerischer Leichtigkeit zum Einsatz zu bringen. In diesem Moment zum Beispiel, während ich Limonade trinke und sie mir dabei zuschaut. Aufmerksam und direkt nimmt sie mich unter die Lupe. Ein Blick, der tatsächlich unter die Haut geht.

Vor wenigen Minuten erst bin ich angekommen. Nach einer mehrstündigen Autofahrt in den Odenwald in einem winzigen Dorf namens Waldbrunn-Waldkatzenbach. Das zu finden war gar nicht so einfach gewesen. Immer wieder hatte ich anhalten und im Atlas nachsehen müssen. Beim letzten Stopp, nur wenige Kilometer vorm Ortseingang, jedoch war mir etwas Seltsames begegnet: ein Luchs. Um mir nach der langen Autofahrt die Beine zu vertreten, war ich einige Schritte in den Wald gegangen, wohl wissend, dass ich kurz vorm Ziel war. Da stand der Luchs plötzlich vor mir. Wild, scheu, schön. Schaute mich an mit glänzenden, leuchtend grauen Augen. Stand einfach nur da und blickte mich an. Minuten, die mir endlos vorkamen. Ich schaute genauso direkt zurück. Keiner von uns beiden bewegte sich. Ich sah den Luchs atmen, sah seine Wirbelsäule sich heben und senken, sah die Spannung in seiner Muskulatur, sah seine auf mich gerichtete Konzentration und sah die Schärfe seines Blicks. Die Wildheit seines Daseins spürte ich fast greifbar in der Sammlung des Moments, erkannte auch die Seltsamkeit der Begegnung und empfand seltsamerweise überhaupt keine Angst.

Die Abwesenheit jeglicher Angst verblüffte mich.

Und so blieb ich still stehen und blickte mein Gegenüber voller Überraschung an. Bis der Luchs schließlich langsam den Kopf wandte und geräuschlos zwischen den Bäumen verschwand.

Ich blieb noch einige Zeit wie angewurzelt stehen, fasziniert von dem Gesehenen, auch ein wenig durcheinander, gleichzeitig froh damit. Warum war der Luchs nicht sofort weggelaufen? Warum hatte er mich nicht rechtzeitig gewittert? Oder war seine Neugier womöglich größer als seine Vorsicht gewesen? In seinen Augen hatte ich mich auf eine besondere Weise gesehen gefühlt.

Mit klopfendem Herzen ging ich zum Auto zurück, stieg ein, startete den Motor. Benommen von der Qualität des Zusammentreffens, zugleich elektrisiert, vergegenwärtigte ich mir die vergangenen Minuten und freute mich umso mehr auf die Begegnung, die jetzt vor mir lag.

Als Dr. Fuckert ihre Augen schließlich sinken lässt, erzähle ich ihr von der Begegnung vorm Dorfeingang. Ob hier alle diesen tierischen Durchblick haben? Lächelnd skizziert sie den morgigen Tag. Drei, vier Patienten. Gut eine Stunde Zeit für jeden mit Pausen zwischen den Behandlungen. Ich könne bei allen dabei sein. Das sei ein Novum für sie. Noch nie zuvor habe sie bei Behandlungen einen Beobachter zugelassen.

Im Laufe des nächsten Morgens begreife ich, warum Dr. Fuckert lieber allein arbeitet.

Im Behandlungszimmer wartet Martin B., 50 Jahre alt, Unternehmensberater für Großbetriebe. Mit viel Erfolg, seitdem er keine Depressionen mehr hat. Vier Jahre ist er hier in Behandlung. Die ersten zwei Jahre fuhr er dafür alle zwei Wochen in den Odenwald, danach in unregelmäßigen und größer werdenden Abständen.

Dr. Fuckert bittet ihn, sich auf die Couch zu legen und mit den Augen zu rollen. Der Unternehmensberater lässt die Augen kreisen, liegt aber sonst regungslos. Nun gibt die Ärztin die Anweisung, er möge sie jetzt fixieren und bewusst atmen. Tiefer als sonst, noch tiefer, jetzt ein bisschen schneller. Und B. atmet. Hörbar, schließlich keuchend, dann noch lauter, bis aus dem Keuchen ein Aufschreien wird, dann ein Brüllen, schließlich ein Heulen, ein tränenreiches Aufheulen im Atemrhythmus. Dr. Fuckert erinnert ihn daran, unbedingt in der Tiefenatmung zu bleiben und nun alles, was ihn in diesem Moment quält, herauszuschreien. So laut es geht, so direkt wie möglich, ohne nachzudenken, ohne zu filtern, ungebremst und mit aller Macht des in diesem Moment empfundenen Gefühls. Und der Patient folgt diesen Anweisungen. Er schreit, bis meine Ohren summen, schlägt dabei mit Händen und Füßen um sich, zieht Grimassen, brüllt seinen Schmerz aus den tiefsten Tiefen seines verletzten Seins. Immer wieder und wieder. Und das klingt so monumental, so machtvoll, dass ich mich fast wundere, wieso die Zimmerdecke nicht abhebt.

Was B. so quält? Im Moment schreckliche Angst. Die ist mit dem Atmen plötzlich hochgekommen. Angst, im Beruf zu versagen. Angst, etwas falsch zu machen. Angst vor der Angst. Eine Angst wie ein schwarzer Schatten, der einen verfolgt, einem nicht von der Seite weicht. Ein Schatten, der einem Schmerzen zufügt, der einen sticht und peinigt durch seine bloße Anwesenheit. Ein Schatten, der die Abwesenheit von Licht bedeutet, von Helligkeit, von Freude, von Leichtigkeit. Ein Schatten namens Depression, der sich früher vollständig über ihn legte und heute nur noch eine dunkle Wolke aus Erinnerungen ist. Ein Dämon namens Depression, der ihn seit einem halben Jahr nicht mehr heimsucht, dank der Behandlungen, und nun langsam und für immer verblasst. Ein Schatten, der vergeht, weil die Sonne kommt. Eine Angst, die aufgeweicht und weggeatmet wird. Vor allem der Wunsch des Patienten nach tief greifender Veränderung habe das Seelenfenster geöffnet, sagt Dr. Fuckert bescheiden.

Was einmal raus ist, kommt in derselben Form nicht wieder.

Das sei die gute Nachricht. Nach über einer Stunde liegt der

Unternehmensberater regungslos da, wirkt dabei friedlich wie ein Kind. Mit beiden ausgestreckten Handflächen streicht Dr. Fuckert über seinen Körper. Aber nicht in direktem physischem Kontakt, sondern wenige Zentimeter entfernt. Herr B. wird in diesem Moment nicht unmittelbar berührt. Später wird Dr. Fuckert mir erklären, dass sie damit Unregelmäßigkeiten in der Aura ausgleicht, um danach göttliche Energie in seine feinstofflichen Energiezentren zu leiten. Dafür sitzt sie nun in segnender Haltung neben ihm, hält ihre rechte Hand erst über seinen Kopf, dann über seine Kehle, dann über seine Brust, über Bauch und Unterleib. Der so Behandelte liegt weiterhin ruhig, atmet ruhig, wirkt auf einmal vollkommen gelöst. Die Ahnung eines Lächelns liegt auf seinem Gesicht.

Was ist Heilung, Frau Dr. Fuckert?

«Ein Prozess, der emotionale und körperliche Blockaden löst, um die spirituelle Essenz des Individuums zu entfalten. Dabei werden Schutzmechanismen, die aus schmerzhaften Erfahrungen herrühren, abgebaut. Der große Therapeut Wilhelm Reich bezeichnete diese Schutzmechanismen als Muskel- und Charakterpanzer. Ihre Auflösung ist eine Befreiung von der Enge eines beschwerenden Panzers.»

Verstehe, ein Panzer, dessen Gewicht jedes Individuum in die Knie zwingt. Eine Last, die krank macht. Heilung bedeutet also das Abwerfen der Last, damit sich der Mensch mit Leichtigkeit entfalten kann.

«Ja», das sei sehr heilsam, nickt sie.

Dr. med. Fuckert ist Allgemeinmedizinerin und arbeitete fünf Jahre in der Chirurgie, Inneren Medizin und Psychiatrie. Sie ist in klassischer Homöopathie ausgebildet, in Ayurveda-Medizin, in tiefenpsychologisch fundierter Psychotherapie und hat weitere

Zusatzausbildungen für naturheilkundliche Behandlungen, Entspannungstechniken und Hypnose. Bei einem Schüler Wilhelm Reichs machte sie eine Psychotherapie, um anschließend bei ihm zu lernen – fasziniert von dem ganzheitlichen Grundgedanken der Reichianischen Methode. «Jeder Bereich des Organismus, der körperliche und seelische, der geistige wie der spirituelle, hat seine eigenen Funktionsgesetze. Alle sind auf energetischer Ebene verbunden. Die so genannte Orgonenergie, man kann sie auch das göttliche Prinzip nennen oder schöpferische Urkraft, ist die gemeinsame Funktionsebene und der gemeinsame Ursprung. Eine alles durchdringende, sich selbst steuernde, vormaterielle Energie. Ziel der Orgontherapie ist es, für einen intensiven Energiefluss zu sorgen, die energetische Pulsation zu verstärken, um die spirituelle Essenz zu entfalten und die körperlich-seelische Hingabefähigkeit zu entwickeln. Denn das ist die Grundlage für Gesundheit, Wohlbefinden, für Liebes- und Arbeitsfähigkeit. Diesem Prozess dient meine Arbeit als Heilerin.»

Die Wirksamkeit Geistigen Heilens hat sie selbst mehrfach am eigenen Leib erfahren. Zum Beispiel während einer Forschungsreise auf die Philippinen. Dort lernte sie einen Heiler kennen, der einen in ihrem Bauch sitzenden «bösen Blick» diagnostizierte und «psychochirurgisch» entfernte. «Mir war völlig klar, wer mir diesen bösen Blick vierzehn Jahre zuvor angetan hatte. Nach der Behandlung waren jahrelang wiederkehrende Magenbeschwerden absolut geheilt.»

Wie viele Behandlungen wird Unternehmensberater B. noch brauchen, bis er geheilt ist, frage ich.

«Das müssen Sie ihn selbst fragen», erwidert die Ärztin. «Er weiß das am besten.»

B. lächelt: «Zwanzig Jahre lang war ich schwer depressiv, traute mich kaum mehr aus dem Haus, fühlte mich von anderen Menschen verfolgt, versank in Apathie und Einsamkeit. Das Gefühl, verfolgt zu werden, verschwand schon nach den ersten Behandlungen bei Frau Dr. Fuckert. Danach erlebte ich Monate im Hochgefühl. Aber dann kam der nächste Zusammenbruch. Ich versank erneut in Depression und Apathie. Nur die Angst vor anderen Menschen war weg und blieb es auch. Das gab mir die Kraft, weiter an mir zu arbeiten. Seit einigen Monaten habe ich keine Depressionen mehr und auch wieder beruflich Erfolg. Ich treffe viele Menschen, habe aber keine Angst mehr vor ihnen. Vor zwei Jahren wäre das nicht möglich gewesen. Ich fühle mich weitgehend geheilt, möchte aber noch einige Male kommen, um diesen Zustand zu stabilisieren.»

B. sei durch frühere, leidvolle Inkarnationen vorbelastet, erzählt mir Dr. Fuckert später.

So habe sich der Patient immer wieder in einem Keller angekettet gesehen. Während mehrerer Behandlungen wären die Bilder in ihm hochgekommen. In dem Keller exekutierte ein Scharfrichter andere Gefangene auf grausamste Weise. Die dauernde Angst, als Nächster an die Reihe zu kommen, traumatisierte B. Da dieses Trauma auch in der folgenden Inkarnation nicht aufgelöst wurde, blieb es präsent wie ein ständig wiederkehrender Albtraum und konnte in seinem jetzigen Leben depressive Schübe auslösen oder zumindest fördern. Daraus sei zu schließen, dass auch Erlebnisse früherer Inkarnationen in den tiefen Schichten des Charakterpanzers gespeichert würden. Wie negative Erfahrungen aus dem jetzigen Dasein müssten sie in der therapeutischen Behandlung noch einmal durchlebt und so endgültig aufgelöst werden. Gefolgt von einer energetischen Reinigung und Harmonisierung des Patienten. Ein langwieriger, nicht selten auch schmerzhafter, aber umso befreienderer Vorgang.

Menschen mit ausgeprägten seelischen Instabilitäten, im Volksmund abfällig Psychos genannt, gelten für nicht wenige Geistige Heiler als schwer kurierbar.

Depressive, besonders manisch Depressive, Borderliner, Psychotiker, Neurotiker, Schizophrene oder Multiple Persönlichkeiten werden als besonders behandlungsresistent angesehen. In ihrer Krankheit gefangen, sind sie kaum zu einem Vertrauensverhältnis mit einem Heiler in der Lage. Einige Heiler weisen solche Fälle offen ab. Kein Grund für Kritik, denn ein Heiler kann nur kurieren, wenn er das für möglich hält.

Umso mehr fasziniert mich die Arbeitsweise von Dr. Fuckert.

«Psychotherapie und spirituelle Heilweisen ergänzen einander besonders gut», erklärt sie mir in einer Behandlungspause. «Beide in Kombination bringen Patienten eine rasche und deutliche Linderung des Leidensdrucks. Selbstvertrauen und Selbstwert werden dabei direkter und deutlicher gestärkt als in der klassischen Psychotherapie. Allerdings kann die Stabilisierung der Persönlichkeit auf einem gesunden Level eine ganze Zeit dauern.»

Das sei am Beispiel des Unternehmensberaters B. ja deutlich zu sehen, entgegne ich. Immerhin ist er heute nicht zum ersten Mal hier.

«Eher zum hundertsten Mal», erwidert sie. «Neues Selbstvertrauen und Stärkung des Selbstwertes hat der Patient nach wenigen Behandlungen erfahren. Daher sein Hochgefühl. Das konnte nicht von Dauer sein, solange die körperlich-seelische Panzerung noch bestand, das Trauma, die Angst und die Illusion von Getrenntsein nicht aufgelöst waren. Diese Prozesse sind inzwischen fast abgeschlossen. Daher ist der Patient nun dauerhaft stabilisiert. Natürlich erlebt er weiterhin gute und nicht ganz so gute Tage. Nur bleiben die Abstürze jetzt aus. Depression und Apathie sind Vergangenheit. Das war einmal.»

Wir sitzen allein im Behandlungszimmer, einem holzgetäfelten Raum mit schrägen Decken, die in ihrer Symmetrie an ein Kirchenschiff erinnern. Sakral ist auch die Atmosphäre an diesem lichtdurchfluteten Ort. Ich höre den Satz «Das war einmal» als Echo in meinem Kopf. Das war einmal, das war einmal, das war einmal … Der Widerhall wird leiser, bis schließlich Gedankenstille herrscht. Ein befreiendes Gefühl schrankenloser Präsenz. Das ist der Prozess in übertragenem Sinne.

Vieles war einmal – Auch bei der 43-jährigen Pflegerin, einer Mutter von vier Kindern, die kurz darauf in Dr. Fuckerts Behandlungsraum kommt. Missbrauch in der Kindheit, Gewalterfahrungen, exzessive Lebensweise als junge Erwachsene, später Alkoholikerin. Auch sie hat ihre traumatischen Erlebnisse, ihre Zwänge und Süchte weitgehend rausgeatmet, rausgeschrien, rausgeweint und ist im Anschluss von Dr. Fuckert energetisch gereinigt worden. Wieder und wieder gereinigt. Und nach und nach haben sich all die negativen Erinnerungs- und Verhaltensmuster aufgelöst. Jetzt, erzählt sie, habe sie die Sache mit dem Alkohol im Griff und könne ihren Kindern endlich eine gute Mutter sein. Dann lacht sie – während sich ihre Augen mit Tränen füllen.

Bevor ich ihren Therapietempel verlasse, frage ich Dr. Fuckert nach ihrer Religiosität und ihrem spirituellen Weg.

«Der war nicht ohne Hindernisse», erwidert sie. «Meine Kindheit war durch eine zwar milde, aber doch krank machende katholische Erziehung geprägt. So verweigerte ich mich mit 14 dem Religionsunterricht und trat als 18-Jährige aus der Kirche aus. Meine Mutter enterbte mich, weil ich mich nicht mit einer anstehenden Erbschaft in Höhe von 1,7 Millionen Mark erpressen ließ, meine Kinder katholisch taufen zu lassen. Ich glaube, diese Erfahrungen haben meine eigene Spiritualität erst richtig zum Keimen gebracht. Und wie ich sie fühle, so bringe ich sie auch in meine Arbeit ein.»

3. Kapitel ***Dr. med. Wolfgang Bittscheid und die Helfer der Geistigen Welt***

Immer diese Kopfschmerzen. Bis zum Erbrechen. Den ganzen Tag bis tief in die Nacht. Zuletzt zweimal pro Woche. Eine Krankheit, die Migräne heißt. «Meine Folter», flüstert Regina R. Dann lächelt sie mit Grübchen in den Mundwinkeln.

Nichts half. Kein Arzt, keine Medikamente. War sie schmerzfrei, lebte sie in Angst vor einem neuen Schub. Dann die nächste Dröhnung. Das Gefühl, als würde ihr Glut in den Kopf gegossen und das Gehirn weggebrannt. Ein Schmerz wie ein Faustschlag in den Magen. Sie muss sich übergeben. Wieder und wieder. Alles kommt raus, auch ihre Wut, ihre Trauer, ihr Selbsthass. Aber der Schmerz im Kopf, der bleibt. Eine Faust, die Migräne heißt. Seit dreißig Jahren hämmert sie auf ihren Schädel ein, wühlt in ihrem Kopf.

«Zum Wahnsinnigwerden», flüstert Regine.

Warum lächelt sie dann noch?

«Weil meine Migräne seit zwei Monaten weg ist.»

Was ist passiert?

«Er hat mir die Hände aufgelegt.»

Das ist alles?

«Er hat dabei gebetet.»

Also die Krankheit weggebetet?

«Ja, ich glaube.»

Immer mehr Ärzte machen Energieübertragungen. Viele, indem sie zusätzlich zur Schulmedizin geistige Heilmethoden anwenden, wie Dr. Schriewersmann. Nur sehr wenige haben das Verschreiben von Medikamenten, also die häufigste Therapieform konventioneller Medizin, fast vollständig hinter sich gelassen und behandeln ihre Patienten nahezu ausschließlich durch Handauflegen, Besprechen, Gesundbeten, also energetisch. Wolfgang Bittscheid ist einer von ihnen. Doktor der Medizin und Facharzt für Orthopädie mit gut gehender Praxis. Hin und wieder behandelt er Patienten chiropraktisch, renkt sie also ein. Den überwiegenden Teil behandelt er geistig.

Im Frühsommer 2004 folge ich einer Empfehlung und besuche ihn in Meckenheim bei Bonn. «Energetische Praxis» steht draußen an seiner Tür. Drinnen läuft leise klassische Musik und sitzt die Sprechstundenhilfe Nicole Drachenberg im Empfang. Ich frage mich, ob womöglich alle bösen Geister diesen Ort allein schon wegen ihres Namens meiden oder jedenfalls Reißaus nehmen, sowie er genannt wird.

Eine Vorstellung, die Wolfgang Bittscheid zum Lachen bringt. So lerne ich ihn kennen. Er ist knapp sechzig Jahre alt. Ich hätte ihn deutlich jünger geschätzt. Ein Mensch, der mit Leichtigkeit und gern lacht und nicht zuletzt kraft seines Humors jugendlich wirkt, dabei sein Gegenüber aber mit scharfem, durchdringendem, entblätterndem Blick in Augenschein nimmt. Ein Eindruck, verstärkt noch durch seine buschigen Augenbrauen, die seinem Gesicht etwas Wildes verleihen und an einen Raubvogel erinnern. Seine Körpergröße allein gebietet Achtung, dabei erscheint er keinesfalls grob. Im Gegenteil, die Feinheit seines Temperaments tritt in Anbetracht seiner Statur nur umso deutlicher in Erscheinung. Ein Mann, der offensichtlich gute Kleidung liebt und Hochkultur, die Oper und eine Einladung zum Diner, wo er auch glänzend hinein- und hinpasst, kein verschrobener Wurzel-Wunder-Doktor also.

Er begegnet mir mit liebenswürdiger Beiläufigkeit, so, als würden wir uns schon lange kennen, und bietet mir schnell das Du an, weil ihm das distanzierte Sie bei einem Heiler-Kollegen zu unnahbar wirkt.

Ich habe Heiler erlebt, die mit viel Erfolg behandelt haben, großen

Respekt bei ihren Patienten genossen – und mir doch von Herzen unsympathisch waren. Vielleicht sollte mir das peinlich sein, und ich glaube, das war es in so einem Fall auch noch im gleichen Moment. An dem unangenehmen Gefühl durch die Präsenz der Person hat das wenig geändert. Ich nehme das als Hinweis, eher die Nähe anderer Menschen zu suchen als ausgerechnet die Nähe zu diesem. Wiederum irre ich mich auch nicht, wenn ich sofort weiß, dass ich bei Wolfgang Bittscheid gut aufgehoben bin. Und das ist noch untertrieben. Auch ihn werde ich einen Tag lang beim Heilen begleiten.

Ich habe den richtigen Tag gewählt. Das Wartezimmer ist voll, alle fünf Behandlungszimmer sind besetzt. In einem liegt die ehemalige Migräne-Patientin Regine R. zur Nachbehandlung.

Wie sie von ihren Leiden befreit worden sei, erkundige ich mich. Dr. Bittscheid lässt seinen Blick auf mir ruhen und studiert mein Gesicht, während er sich Zeit für die Antwort nimmt.

«Sie litt furchtbar, Medikamente konnten ihr nicht helfen.»

Er blickt auf seine Hände, betrachtet die Handflächen, als würde er darin lesen. «Alle möglichen hatte sie schon genommen. Mit Schulmedizin kam ich bei ihr also nicht weiter. Da habe ich ihr meine Hände auf den Kopf gelegt und gebetet.»

Seit Wolfgang Bittscheid im Fernsehen über seine Erfolge als energetisch behandelnder Arzt berichtete, muss er auch am Wochenende arbeiten. Wunder- oder Geistheiler will er nicht genannt werden. «Das klingt mir zu dubios.» Aber dass Glaube Berge versetzen kann oder wenigstens Krankheiten heilen, hält er für erwiesen. «Weil ich das ja täglich in meiner Praxis erlebe.»

Auf Socken, «damit ich keinen Lärm mache», pendelt Wolfgang Bittscheid zwischen den Behandlungszimmern.

In Raum eins liegt die 41-jährige Anke B., Bandscheibenvorfall, diverse Operationen, aber nie schmerzfrei. Nach der ersten Behandlung fühlte sie Druck im Kopf und musste ständig weinen, zehn Tage lang, danach ließen die Schmerzen nach. Heute ist sie zur Nachbehandlung hier. Sie bekommt die Hände am Kopf, am Bauch und den Beckengelenken aufgelegt. In Raum zwei, wieder eine Migräne-Patientin. Vor zwei Wochen hatte sie noch einen Anfall, aber nicht mehr so stark. Hoffnung leuchtet aus ihren Augen. Dr. Bittscheid stellt sich neben sie, legt ihr die linke Hand auf den Scheitelpunkt des Kopfes und die rechte auf die Stirn. Ich sehe, wie er die Lippen bewegt, kann seine Worte aber nicht verstehen, weil er ganz leise spricht. Dann macht er eine segnende Bewegung mit der rechten Hand und verlässt den Raum.

In Zimmer drei, eine MS-Patientin. Nach gut einem Dutzend Behandlungen kann sie sich heute besser bewegen, aber die Schmerzen sind nicht vollständig weg. Sie liegt mit geschlossenen Augen. Dr. Bittscheid stellt sich neben sie, legt ihr die Hände auf den Kopf und spricht mit halblauter Stimme:

«Des Lichtes Weben gehe in deinen Lotus ein.»

Minutenlang lässt er seine Hände still auf ihrem Kopf, dann legt er ihr eine Hand aufs Herz und eine auf den Bauch und betet mit folgenden Worten:

«Der Herr, der Mächtige, Ursprung und Vollender aller Dinge, er segne dich, gebe dir Gedeihen und Wachstum, Gelingen deinen Hoffnungen, Frucht deiner Mühe, und er behüte dich vor allem Argen, sei dir Schutz in Gefahr und Zuflucht in Angst.»

Ein Muskel zuckt unter ihrem linken Auge, dann auch unter dem rechten.

«Der Herr lasse leuchten sein Angesicht über dir, wie die Sonne über der Erde Wärme gibt dem Erstarrten und Freude dem Lebendigen, und sei dir gnädig, wenn Schuld dich quält. Er löse dich von allem Bösen und mache dich frei.»

Die Patientin weint mit geschlossenen Augen. Tränen kullern ihr über die Wangen. Dr. Bittscheid lässt sie einfach fließen und betet weiter:

«Der Herr erhebe sein Angesicht über dich, er sehe dein Leid und höre deine Stimme. Er heile und tröste dich und gebe dir Frieden, das Wohl des Leibes und das Wohl der Seele, Liebe und Glück.»

Die Patientin weint noch immer, aber sie hat ein gelöstes Gesicht dabei.

«Amen. So will es der Herr, der von Ewigkeit zu Ewigkeit bleibt. So steht es fest nach seinem Willen für dich.»

Langsam und leise verlässt Dr. Bittscheid das Zimmer. «Damit es in Ruhe wirken kann.»

Was genau, Herr Doktor?

«Die Energie. Sie ist göttlich. Ich leite sie dahin, wo sie gebraucht wird.»

Wie das Anzapfen vonstatten gehe, frage ich, ob er einen direkten Draht in den Himmel habe oder wie ich mir die Leitung vorstellen dürfe, das Hinleiten der Energie an die Stelle, wo sie gebraucht würde. Und überhaupt: Welche Energie eigentlich?

Dr. Bittscheid schaut mich an, dann seine Hände, blickt aus dem Fenster und wieder auf seine Hände. «Wenn ich frühmorgens in die Praxis komme, warten meine Helfer schon auf mich. Sie heilen sehr gern und versammeln sich bei mir, um mich bei dieser Tätigkeit, die ich genauso liebe wie sie, zu unterstützen. Darum hatte ich sie gebeten, und plötzlich waren sie da. Hier in meiner Praxis. Alle meine geistigen Helfer. Allen voran der Erzengel Raphael. Und auf dem Stuhl im Behandlungsraum zwei sitzt immer der Geist eines verstorbenen Heilers und schaut mir beim Arbeiten zu. Er trägt jeden Tag den gleichen Anzug. Manchmal denke ich, vielleicht könnte er den auch mal wechseln, aber in derselben Sekunde ist mir klar, wie unsinnig so ein Gedanke ist, denn die Garderobe hat in der Geistigen Welt nicht mal Wiedererkennungswert. Wenn ich behandele, gibt mir der Geist des verstorbenen Heilers bisweilen Tipps, zeigt mit dem Finger auf einen Körperteil des Patienten oder sagt mir, worauf ich achten muss. Das ist aber eher selten. Meistens schaut er nur zu, denn Raphael und die Heiligen leiten mich. Sie führen meine Hände zu den Stellen des Körpers am Patienten und lassen Licht aus meinen Handflächen strömen. Heiliges, heilendes Licht der höchsten Frequenz. Dieses Licht vermag alles zu heilen, jedes Leiden, welcher Natur es auch sein mag. Gewöhnlich spreche ich darüber nicht so detailliert, weil es die wenigsten Menschen verstehen. Entweder halten sie mich für verrückt, für größenwahnsinnig oder beides. Aber dies ist die Art, wie ich arbeite.»

Können Sie mich auch behandeln? Die Fahrt nach Meckenheim war anstrengend, ich fühle mich verspannt. Außerdem möchte ich wie schon bei Dr. Schriewersmann auch seine Arbeit am eigenen Leib, Geist und Seele erfahren. Außerdem finde ich es interessant, mich von anderen Geistigen Heilern behandeln zu lassen und ihre Energie zu spüren. Nicht alle Kollegen mögen das. Einige fühlen sich kontrolliert und dadurch gehemmt, was verständlich ist, vor allem, wenn es freimütig zugegeben wird, andere verweigern sich mit irgendwelchen fadenscheinigen Ausflüchten, weil sie an ihren Fähigkeiten zweifeln, womöglich sogar fürchten, als Schwindler enttarnt zu werden.

Ganz anders Wolfgang Bittscheid, seit über 30 Jahren Arzt, seit zwei Jahren vollberuflicher Energieheiler.

«Ja, sehr gern behandle ich Sie. Es ist mir eine Freude.»

Ich muss mich hinlegen, die Augen schließen, dann fühle ich Hände auf meinem Kopf und höre Dr. Bittscheid beten:

«Ich hebe meine Augen auf zu dem Berge: Von wo kommt mir Hilfe? Meine Hilfe kommt vom Herrn, der Himmel und Erde gemacht hat. Er lässt deinen Fuß nicht wanken. Er, der dich behütet, schläft nicht.»

Wie aus der Ferne höre ich seine Stimme. Sie ist ruhig und hat einen warmen Klang.

«Der Herr gibt dir Schatten, er steht dir zur Seite. Bei Tag wird dir die Sonne nicht schaden, noch der Mond in der Nacht.»

Eine warme Wolke sinkt in meinen Kopf.

«Der Herr behüte dich vor allem Bösen, er behüte dein Leben. Der Herr behüte dich wenn du fortgehst und wenn du wiederkommst.»

Mit geschlossenen Augen sehe ich ein Leuchten, das sich irgendwie auf mich zu bewegt.

«Von nun an bis in Ewigkeit.»

Eine kleine Ewigkeit denke ich nichts, liege einfach nur da, eingehüllt in Energie, sehr schöne Energie. Wenn ich sie benennen müsste, würde ich sie als golden beschreiben.

Irgendwie fühle ich mich vergoldet.

Von innen wie von außen, ein herrliches Gefühl. Das wird mir bewusst, weil mein erster Gedanke es benennt. Ich bleibe liegen, lasse die Gedanken fließen, erinnere mich an Dr. Bittscheids Gebet, den Psalm 121, stelle fest, dass die Spannungen in meinen Schultern weg sind und auch der Rücken nicht mehr schmerzt. Dann blicke ich auf die Uhr. Knapp 60 Minuten sind seit dem Beginn der Behandlung vergangen. Ich kann nicht sagen, ob mir die Zeit lang oder kurz vorkommt. Wahrscheinlich, weil sie während der Behandlung aufgehört hat zu existieren. Zeit, die mir lang vorkommt, wenn ich sie beispielsweise mit dem Warten auf eine geliebte Person verbringe. Zeit, die mir kurz vorkommt, wenn ich unbedingt noch ein Flugzeug erreichen will, aber spät dran bin.

Was ist eigentlich Zeit?, frage ich mich, während ich so daliege, und mir fällt sofort eine Antwort ein: Zeit ist eine Verabredung zwischen handelnden Individuen, um ihre Taten zu synchronisieren. Sie wächst einem zivilisatorisch zu und gewinnt ihre Gültigkeit aus dem Umgang mit Dingen der so genannten realen Welt. Eine Erfahrung, die Milliarden von Menschen gleichzeitig machen, weshalb Zeit als unentrinnbar gilt, eine eigene Dimension, aus der es kein Entkommen gibt, weil sie allgemein gültig ist. Das ist das Gefängnis der Welt-Zeit. Eine gigantische Synchronisations-Maschinerie, die jedem Einzelnen zum Beispiel via Satelliten-TV und Telefon das Gefühl vermittelt, in ein gemeinsames Zeitgeschehen eingebunden zu sein.

Die Ketten im Kerker der Zeit – sie können gesprengt werden. Manchmal vergesse ich das. Dr. Bittscheid hat mich soeben wieder daran erinnert.

Nächste Frage: Was hat das mit Heilung zu tun? Antwort: Sehr viel, denn Heilung geschieht außerhalb der Zeit. Ein guter Heiler hält die Zeit an. Wenn die zeitliche Erfahrung aufgehoben wird, öffnet sich das Fenster zu den kosmischen, den göttlichen Kräften, die Leben und Gesundheit spenden.

Wie machen Sie das, Herr Doktor?

«Indem ich mich ins Gebet versenke.»

Sein Erweckungserlebnis hatte Wolfgang Bittscheid bei einem Treffen mit einer Unternehmensberaterin. Es ging um ein gemeinsames Projekt, plötzlich klagte sie über Kopfschmerzen. Die habe sie regelmäßig – seit ihrem Unfall vor zehn Jahren. In der Nacht würde sie von den Schmerzen sogar wach.

«Ich war seit 25 Jahren Schulmediziner, seit 20 Jahren Arzt für Orthopädie, Chirotherapie und physikalische Medizin», beschreibt Dr. Bittscheid die Situation. «Wie konnte ich dieser Frau auf die

Schnelle helfen? Bei dem Hamburger Heiler Aldo Berti lernte ich in Wochenendseminaren, energetisch zu behandeln. Mein zweites Ausbildungs-Wochenende hatte ich gerade hinter mir.»

Berti, ein ehemaliger Opernsänger, hatte seine Begabung als Heiler wie viele andere per Zufall entdeckt, um dann dem Ruf seines besonderen Talentes konsequent zu folgen, was nur zu bewundern war, weil ja Opernsänger auch keine ganz schlechte Wahl ist. Neben seiner sehr erfolgreichen Tätigkeit als Heiler unterrichtete er andere in seinen geistigen Fertigkeiten.

Aldo Berti hatte Wolfgang Bittscheid gesagt, er könne das auch, heilende kosmische Energien kraft der Konzentration durch die Hände auf Patienten übertragen. Und nun saß die von Schmerzen geplagte Unternehmensberaterin da, und Dr. Bittscheid wollte wissen, «ob das stimmt, dass ich es wirklich auch kann.»

Also stellt er sich hinter sie, legt ihr die Hände auf die Schultern, nicht auf den Kopf. «Ich fühlte, dass ich sie ihr auf die Schultern legen muss.» Er spürt Wärme in seinen Händen, fühlt ein Fließen, das Strömen der Energie, und er sagt ihr: «Schließen Sie die Augen, entspannen Sie sich, und lassen Sie einfach los.»

Zwanzig Minuten später atmet die Unternehmensberaterin tief durch, bewegt ihre Schultern, legt den Kopf in den Nacken und sagt leise: «Es ist wie weggeblasen. Machen Sie erste Hilfe immer so, Doktor?»

Nicht das erste Erfolgserlebnis des Bonner Arztes. Die Wirksamkeit von Geistigem Heilen erfuhr er am eigenen Leib. Nach dem gerade abgeschlossenen Medizinstudium infizierte er sich im ersten praktischen Jahr in einer Klinik mit Hepatitis. Da war er 26 Jahre alt und so vital, dass die Viren weitere 26 Jahre brauchten, bis sie seine Immunabwehr lahm gelegt hatten und die Leber zu zerstören begannen. Man behandelte ihn mit Interferon Alpha, einem

Eiweiß-Zucker-Präparat, das zwar die Immunabwehr stärkt, aber heftige Nebenwirkungen hat. Interferon-Alpha-Patienten klagen über grippeähnliche Symptome wie Fieber, Schüttelfrost, Kopf-, Glieder- und Muskelschmerzen. Aber was noch viel schlimmer ist: Interferon Alpha begünstigt depressive Schübe. Ein Jahr lang bekam Wolfgang Bittscheid das Medikament in den neunziger Jahren. Und litt besonders unter den psychischen Nebenwirkungen. Eine physische Besserung trat nicht ein. «Ich war verzweifelt und körperlich am Ende.»

In seiner Not wandte sich der Arzt an Aldo Berti, den genannten Heiler aus Hamburg. Gleichzeitig ließ er sich homöopathisch behandeln. Das half endlich. Drei Monate später war die Genesung auch vom medizinischen Standpunkt aus nicht mehr zu übersehen, denn die Blutwerte hatten sich normalisiert. Der Moment, in dem sich das Leben des Arztes radikal veränderte. Die Grenzen der Schulmedizin hatte er gerade am eigenen Leib erfahren, hatte wie Millionen andere Menschen unter den Nebenwirkungen eines Medikaments gelitten und dabei auch noch erleben müssen, wie es wirkungslos blieb. Eine Erfahrung, die gleichfalls kein Einzelfall ist.

«Eine Erfahrung, die mein Leben veränderte», sagt Wolfgang Bittscheid und lächelt.

Das dankt er vor allem Aldo Berti. Was war das für eine Kraft, die imstande war, eine Hepatitis zu besiegen? Jahrzehnte der chronischen Krankheit plötzlich vorbei. «Die Erfahrung dieses Wunders machte mich demütig», erinnert sich der Arzt. «Und wissbegierig. Ich musste einfach wissen, wie das funktioniert, das Geistige Heilen so ganz ohne Medikamente.»

Also nahm er Unterricht bei Berti und hatte bei der Unternehmensberaterin den ersten Erfolg. Ein Arzt als Geistheiler. So was spricht sich rum. Ein seriöser Mediziner, der energetisch heilt. Das weckt Vertrauen. So jemand wirkt weit weniger fragwürdig als die üblichen Wunderheiler. Kein Wunder, dass plötzlich auch andere Menschen auf die gleiche Weise von ihm behandelt werden wollten. Weitere Erfolge häuften sich, das Fernsehen berichtete über ihn, und Wolfgang Bittscheid gab seine schulmedizinische Praxis in Bonn auf, um als energetischer Heiler im nahen Meckenheim ganz neu anzufangen, «weil ich einfach keinen Sinn mehr darin sah, so weiterzumachen wie früher.» Das war 2003.

Heute ist seine Praxis mehr als gut besucht. Kein Tag, an dem er nicht arbeitet. Vor 21 Uhr kommt er selten raus. Kürzlich hat er sich zum ersten Mal Urlaub gegönnt. Mehr als eine Woche war nicht zu machen. Nur in Notfällen ist es möglich, schnell einen Termin bei ihm zu bekommen. Wer eine Behandlung wünscht, muss sich mehrere Monate gedulden können. Die Termine sind weit im Voraus vergeben.

Kranke mit unterschiedlichsten Symptomen kommen zu ihm. Am allermeisten aber die so genannten austherapierten Fälle, Krebs-, MS-, Alzheimer-, Arthrose-, Migräne-Patienten, die ohne einen Heiler wie ihn kaum noch Hoffnung hätten, weil die klassische Medizin ihnen nicht mehr zu helfen weiß. Mehrere Millionen sind es angeblich allein in Deutschland. Aber exakte Zahlen gibt es nicht. Die Schulmedizin hat wenig Interesse an Statistiken, die ihre Erfolge infrage stellen. Schon gar nicht, wenn bei diesen Fällen die Wirksamkeit Geistigen Heilens umso deutlicher wird.

Die vielen chronisch Kranken kosten den Staat Milliarden. Eine finanzielle Belastung, die sich verringern ließe, wenn die Krankenkassen seriöse Heiler über die Versicherungskarte abrechnen ließen und damit auch finanziell schwache Patienten einen Heiler aufsuchen könnten. Die Ärztevereinigung hat kaum rechtliche Handhabe gegen Ärzte, die energetisch behandeln, dafür kann ihnen die Kassenzulassung entzogen werden. Deshalb behandelt Wolfgang Bittscheid ausschließlich privat. Wer zu ihm kommt, muss die Behandlung selbst bezahlen.

Zum Beispiel die Patientin Ingrid R. aus München. Vier Stunden Anfahrt, und das mit Arthrose in den Gelenken. Ihr Mann bringt sie. Sie bleiben drei Tage und übernachten im Hotel, damit Dr. Bittscheid sie dreimal behandeln kann. Das Ehepaar R. lebt von seiner Rente und muss aufs Geld achten, kann sich ein Hotel eigentlich ebenso wenig leisten wie hohe Arztkosten. «Aber mir geht es nach jeder Behandlung besser, das ist es wert», sagt sie.

Oder Manfred S. aus Karlsruhe. Er hat Lungenfibrose. Das Gewebe in seinen Lungen vernarbt und kann so immer weniger Sauerstoff aufnehmen, weshalb er sich nur noch mit einem Sauerstoffgerät aus dem Haus traut. Schwer atmend, immer mit dem beängstigenden Gefühl, dass ihm die Luft abgeschnürt wird, und das ist es auch, was ihm droht. Lungenfibrose-Patienten ersticken im Endstadium ihrer Krankheit.

Seine Frau hat Manfred S. nach Meckenheim gebracht. Die Fahrt war anstrengend für ihn. Aber nach der Behandlung denkt er nicht mehr daran. Er kann wieder freier atmen. Auch ohne Sauerstoffgerät.

Auf Dr. Bittscheids Schreibtisch stapeln sich Dankesbriefe und Postkarten. Nicht selten in Gedichtform verfasst. Briefen liegt häufig ein Bild bei, das den Schreiber nach der Genesung zeigt. Strahlend, glücklich, gesund. Und derjenige, dem all die Dankesbriefe und -karten gelten, kann es irgendwie selbst nicht fassen. «Auch für mich ist es ein Wunder. Dafür bedanke ich mich jeden Tag. Ich danke meinem Schöpfer für das, was ich tun darf. Es ist eine Gnade. Ich nehme sie an und weiß sie zu schätzen.»

Viel zu schnell ist auch der letzte Tag zu Ende. Es hat mir Freude gemacht, einmal selbst behandelt zu werden, zu beobachten und zu fragen. Neugierig und immer wieder. Denn Neugier ist eine wirklich gute Voraussetzung, um sich Spiritueller Medizin und jenen, die sie praktizieren, zu nähern.

Zugegeben, ich tue das mit einem Hintergedanken. Ich möchte die lauten Stimmen der Gegner des Geistigen Heilens entkräften.

Ach, das ist doch Quacksalberei, der pure Mummenschanz, brüllen die. Nein, was für ein Hokuspokus, an so was glauben Sie? Hören Sie mir auf mit diesem faulen Zauber! Irgendeinem Scharlatan würde ich mich nicht anvertrauen. Kommen Sie mir jetzt nicht mit diesen Spinnern, diesen Kurpfuschern, denen ist doch selbst nicht zu helfen. Das sind doch alles Abzocker, Betrüger, Gaukler, ja, Kriminelle – harte Worte, aber wahr, denn diese Typen, die hier gemeint sind, die ziehen Ihnen das Geld aus der Tasche und lachen sich anschließend ins Fäustchen. Lassen Sie sich das eine Warnung sein!

Mit Gegenstimmen muss man rechnen, wenn man seinen Freunden und Bekannten erzählt, dass man zum Geistheiler geht. Oder sie schweigen, gucken einen nur mitleidig an und denken, ach, du armes Würstchen, weißt du dir denn wirklich keinen besseren Rat?

Richtig, ich übertreibe. Dies wird nicht das letzte Mal sein, denn in der Verschärfung gewinnt die gesellschaftliche Realität an Kontur.

Seit meiner Kindheit habe ich die leicht erhobene Stimme meiner Mutter im Ohr, die mich mit der gesammelten Macht ihrer Frömmigkeit vor allem Okkulten, also verborgenen medialen Kräften wie außersinnlicher Wahrnehmung, warnte. Sie tat das immer dann, wenn mein Vater gerade nicht in der Nähe war. Auf meine Frage, was genau sie meine, kamen nebulöse Andeutungen des immer gleichen Inhaltes. Mein Vater fühlte sich manchmal überfordert von den Stimmen, die er innerlich hörte. Und meine Mutter, so sehe ich das heute, lebte in der ständigen Angst, dass mein Vater irgendwann in den Wahnsinn abdriftete.

Vorurteile und Ängste zur schärfsten Formel verdichtet führen zu folgendem Glaubenssatz: Geistheilen ist betrügerischer Wahnsinn.

Die drei Ärzte, die ich besuchte, sind in höchstem Maße bei Verstand. Drei sehr gebildete Menschen, die es nicht nötig haben, sich mit Hokuspokus abzugeben. Genau, so einfach ist das: Sie haben es nicht nötig, sie hätten es nicht nötig und haben es auch nie nötig gehabt. Im Gegenteil, immer wieder riskierten und riskieren sie Konflikte mit der Ärztevereinigung, die ihnen zwar nicht die Zulassung als niedergelassene Ärzte entziehen, aber die Arbeit mit lästigen Anfragen erschweren kann.

Alle drei arbeiten eindeutig als Geistige Heiler. Alle drei haben eindeutig Erfolg damit. Und alle drei dienen nur der obersten Pflicht eines jeden Arztes: «Alles zu versuchen und nichts zu versäumen, was einem Kranken helfen könnte.»

Wer ist so unbelehrbar und vermessen, dass er einen von ihnen Scharlatan schimpft oder auch nur Spinner nennt?

Teil B

Die Philosophie der Spirituellen Medizin *Grundsätze des Geistigen Heilens*

5. Kapitel ***Ein Geheimnis mit Folgen: Das erste Prinzip der Spirituellen Medizin***

Ich muss Ihnen ein Geheimnis verraten. Warten Sie, ich werde es Ihnen ins Ohr flüstern.

Jetzt. Haben Sie es gehört?

Verstehe, Sie sind nicht ganz sicher, ob Sie mein Flüstern richtig verstanden haben. Gut, dann werde ich das Geheimnis jetzt noch einmal ganz laut sagen, damit nicht nur Sie, sondern all die anderen, die es bisher überhört haben, in den Genuss der Kenntnis kommen.

Also hören Sie nun das Geheimnis:

Menschen sind vollständig erschaffen.

Ach so. Ich höre schon den Seufzer, der durch die Reihen geht. Großes Publikum. Alle Stühle voll besetzt mit Leuten, die es nicht glauben können. Na so was, das hätte ich jetzt aber nicht gedacht. Ach, wenn's nur das ist. Da hatte ich mir jetzt ganz was anderes erwartet. Also nach dieser großen Ankündigung hätte ich vermutet, jetzt kommt was wirklich Gigantisches. Das hier ist – na ja, ich trau mich fast nicht, es zu sagen – eine Lappalie.

Und nun zu Ihnen.

Was halten Sie davon?

Das ist das ganze Geheimnis: Menschen sind vollständig erschaffen. Aber vielleicht sollte ich nicht so direkt fragen. Wir haben ja noch etwas Zeit, um uns damit zu beschäftigen.

Jedenfalls: Gut, dass Sie das Geheimnis nun kennen. Wenn Ihnen das nächste Mal jemand etwas ins Ohr flüstert, was Sie nicht verstehen, wird es womöglich wieder dieses Geheimnis sein.

Was jetzt aber doch interessiert: War es eigentlich neu für Sie?

Und: Wissen Sie, was es bedeutet?

Ich selbst muss mich immer wieder darum bemühen, das Geheimnis wirklich zu begreifen. Meistens, so denke ich, gelingt es mir auch. Aber manchmal entgleitet es mir wieder.

Dann lass es doch, wenn's dich solche Anstrengungen kostet, könnten Sie jetzt sagen.

Das habe ich auch schon gedacht. Früher. Denn später ist Geistiges Heilen zur Hauptaufgabe in meinem Leben geworden, und ich musste mich damit auseinander setzen, dass Menschen vollständig erschaffen sind. Denn das ist eine Grundregel der Spirituellen Medizin. Ich kann es nicht ändern, tut mir wirklich Leid, aber dass Menschen vollständig erschaffen sind, ist eine Kröte, die Sie schlucken müssen. Mir ist es auch schwer gefallen, denn ich musste mich von lieb gewordenen Vorstellungen trennen. Zum Beispiel der, dass Menschen unvollständig geboren werden, nicht wenige bedauernswerte Individuen beispielsweise mit so geringer Intelligenz, dass sie ihr Leben nicht ohne die Hilfe anderer bewältigen können.

Als Geistiger Heiler war ich gezwungen, meinen Blick auf andere Menschen zu ändern, die Perspektive der Betrachtung zu wechseln. Ich musste die Menschen in ihrer Vollständigkeit sehen. Man könnte auch sagen in ihrer Harmonie, denn Vollständigkeit erzeugt ein harmonisches Bild. Erst dann wird wahrnehmbar, was die Harmonie gestört und zu Disharmonie geführt hat, nämlich in die Krankheit. Ob ein Mensch allerdings besser oder schlechter kopfrechnen kann, ist dafür kein Kriterium. Ebenso wenig wie eine so genannte Behinderung. Auch diese Menschen sind vollständig erschaffen. Von ihnen wird noch die Rede sein.

6. Kapitel **Herr Schweinehund und König Ratio**

Niemand wird an dieser Stelle bestreiten, dass Vervollständigung etwas für wirklich ausgeschlafene Seelen ist. Wer schlaftrunken durch die Tage torkelt und vorhat, möglichst lange in diesem Zustand zu bleiben, wird Vollständigkeit in diesem Leben womöglich nie erreichen. Ebenso wenig wie sich ein Spaziergänger abends zufällig unter eine Straßenlaterne stellt und urplötzlich Samadhi erlebt und wahrhaft erleuchtet wird. Ich möchte nicht ausschließen, dass es möglich ist, halte es allerdings für sehr unwahrscheinlich.

Vervollständigung ist etwas für Menschen, die bereit sind, etwas dafür zu tun. Eigentlich ist auch das noch viel zu lahm ausgedrückt. Denn in Wahrheit ist Vervollständigung etwas für Kämpfer. Einer der größten Gegner der Vervollständigung ist der innere Schweinehund. Der liegt sabbernd und winselnd in der Seelenkammer des Zweifels. Was winselt und sabbert er? Zum Beispiel, du schaffst dies und das nicht in deinem Leben, du bist doch viel zu blöd dafür, nein, wie dumm, dass du es überhaupt versuchst, ist ja sowieso zum Scheitern verurteilt. Was heißt hier überhaupt Heilen, Geistiges Heilen? Tut mir Leid, aber darüber muss ich lachen, du interessierst dich dafür, willst es lernen? Unmöglich. Das ist was für Auserwählte. Nichts für so einen stinknormalen Typen wie dich.

Dann der nächste Gegner. Er meldet sich zu Wort aus der Seelenkammer der Vernunft. Bei den meisten Menschen ist das keine Kammer, sondern ein Saal. Man könnte auch sagen, ein Ballsaal, denn hier werden rauschende Feste gefeiert. Das sind die Freudenfeste der Vernunft, denn in diesem Seelensaal wird der Sieg über das Irrationale gefeiert. Die Stimme der Vernunft thront auf einer Empore, denn sie hat es weit gebracht. Von einem leisen, zaghaften Stimmchen am Beginn unserer Zivilisation zu einem aufmüpfigen Studenten und eifrigen Streiter für alles Logische während des glaubensmächtigen und magischen Mittelalters verwandelte sich dieser Gegner, um schließlich zum allwissenden Professor der Vormoderne zu werden. Mit der industriellen Revolution wurde er zum König gekrönt. Der König hat das Machtwort und bringt damit alles Irrationale zu Fall. Kraft seines Wortes stürzen Glaubensgebäude ein, gehen Hoffnungen zu Bruch, wirkt die Zukunft wie aus grauem Beton gebaut. Manchmal, und gar nicht so selten, erhebt der König die Stimme von seinem Thron und sagt weise und zutiefst wahre Worte, aber die gehen unter zwischen all den vernünftigen und vernichtenden Sätzen, die er auch noch sagt, nur ohne Weisheit und tieferes Wissen.

Der König heißt König Ratio. Die Worte Ratio und Vernunft sind beide weiblichen Geschlechts. Das kennzeichnet ihre Herkunft: die ebenfalls weibliche Weisheit. Allerdings ist auch die Herrschsucht weiblich. Wenn Vernunft und Ratio auf aggressive Weise Siege erringen, wandelt sich ihr Geschlecht, und sie werden zu Vasallen des Verstandes, einer ebenso nützlichen wie begrenzenden und dem Wesen nach männlichen Instanz. Wenn ich mich über seinen lautesten Diener ärgere, nenne ich ihn gern abfällig Herr Ratiopharm nach dem großen Medikamentenhersteller, denn seine Stimme hat etwas Betäubendes. Ich finde, Herr Ratiopharm ist ein guter Vorarbeiter. Er deckt Widersprüche in meinem Leben auf, hilft mir kraft seiner mathematischen Logik, die Kassenbelege im Supermarkt zu kontrollieren, und hält mich – auch während ich diese Seiten schreibe – von größeren Ungereimtheiten ab. Dafür bin ich ihm dankbar. Als König habe ich ihn längst vom Thron gestoßen. Seinem einschläfernden Wesen fehlt die Weisheit zum Herrschen.

Was Ihr Verstand und Ihre Ratio über dieses Buch sagen und die Seiten, die Sie bereits gelesen haben, muss ich Ihnen nicht wiederholen. Was der abdankende König noch zu sagen hat, hören Sie ja selbst. Er spricht besonders eindringlich, ja kriegerisch, seit er ahnt, dass er demnächst womöglich auch in Ihrem Seelensaal keine Krone mehr trägt.

Diese beiden Stimmen, Ratio und Innerer Schweinehund, sind die schlimmsten Gegner der Vervollständigung.

Ich weiß, jetzt wollen Sie endlich erfahren, was der Autor mit Vervollständigung eigentlich meint. Ich werde es Ihnen sagen, obgleich Sie es längst wissen:

Vervollständigung ist der Weg der Heilung, der Prozess der Genesung.

Denn: Vollständigkeit heißt Gesundheit.

Richtig: Vollständigkeit bedeutet Gesundheit.

Vollständigkeit ist Gesundheit – Das Anliegen der Spirituellen Medizin.

7. Kapitel ***Was heißt hier Spirituelle Medizin?***

Medizin ist ein ursprünglich aus dem Lateinischen stammendes Wort für Heilkunde. Heil bedeutet: ganz, vollständig. Heilen heißt: ganz machen, vervollständigen. Und Heilkunde lässt sich als Wissen um Vollständigkeit umschreiben. Der Begriff spirituell ist dem

Englischen entlehnt. «Spirit» bedeutet Seele, Geist, und spirituell meint geistig, geistlich, aber auch religiös: und heilig – im Sinne von mit Heil versehen, mit Vollständigkeit gesegnet. Die Wortwurzel stammt jedoch aus dem Lateinischen. Es ist das Wort «spiritus». Zu deutsch: Luft, Hauch. In übertragenem Sinne: Lebenshauch, Geist. Der übertragene lateinische Sinn deutet auf eine religiöse Dimension: die Einhauchung der Seele durch den göttlichen Atem. Geist und Seele meint in diesem Moment das Gleiche: den vollständigen geistigen Kern aller Lebewesen. Demnach bedeutet Spirituelle Medizin: Das geistige, man könnte auch sagen heilige, Wissen von der Vollständigkeit. Des Menschen ist noch hinzuzufügen, denn um den geht es hier. Allerdings ist damit die tiefere Bedeutung immer noch nicht vollständig erfasst.

8. Kapitel **Die Quelle Geistigen Heilens**

Ich kenne keine Heilerin und keinen Heiler und möchte auch behaupten, dass es niemanden gibt, der mit Erfolg sich und andere geistig heilt, ohne dafür aus der Quelle jeglichen Seins zu schöpfen, dem Geist in allem, was ist. Die Religionen beschreiben Wege, um an diese Quelle zu gelangen. Meistens auf verschlüsselte Art. Das ist gut für die Priester und deren Lebensunterhalt, denn es gibt ihnen die Möglichkeit, den Suchenden den Weg zur Quelle zu weisen. Ich wünsche ihnen dabei viel Erfolg. Allerdings ist nicht von der Hand zu weisen, dass sie aus reiner Unkenntnis, purer Verblendung, schierer Dummheit, aber auch verbrecherischem Größenwahn nicht wenige Suchende in die Irre und große persönliche Bedrängnis geführt haben. Der Hauptgrund, warum für viele Menschen die Kirche ein Schimpfwort ist, und ich kann das verstehen. Freiwillig gingen sie in keine und gezwungenermaßen schon gar nicht.

Aber: Geistiges Heilen hat mit der Kirche als Institution nichts zu tun. Man muss in keine gehen, um erfolgreich spirituelle Medizin zu praktizieren. Ebenso wenig ist es erforderlich, einer Konfession anzugehören. Man muss kein Christ sein, kein Muslim, kein Buddhist, kein Hindu, kein Mormone, kein Zeuge Jehovas. Das schadet aber auch nicht, solange es die Praxis nicht behindert. Es gibt christliche Heiler, muslimische Heiler, buddhistische Heiler, die sehr erfolgreich sind, und ich glaube, bei den reisenden Mormonen hat sich auch schon der eine oder andere Bruder mit seinen strahlenden Händen heilsam hervorgetan.

Ich kenne nichtkonfessionelle Heiler, die ebenso erfolgreich sind. Ich selbst gehöre keiner Konfession an und fühle mich gleichzeitig allen verbunden in ihrem Bestreben, der beseelenden Quelle von allem, was ist, nahe zu sein. Allerdings haben mich meine Eltern christlich erzogen, wofür ich ihnen an dieser Stelle noch einmal mit viel Liebe danken will, und so wurde ich maßgeblich geprägt durch die Lehren des Christentums.

9. Kapitel ***Eine wirklich ungesunde Haltung***

Meines Wissens gibt es nur eine Haltung, die für einen Geistheiler ganz gewiss zu Misserfolg und Scheitern führt. Meine Vermutung ist, dass sie nicht nur Geistiges Heilen erfolgreich behindert, ja, vollkommen unmöglich macht und darüber hinaus zu dauerhaftem Unwohlsein und seelischem, wenn nicht körperlichem Leiden führt, sondern für jedes Individuum auf Dauer tödlich ist. Als sich langsam einschleichende Vergiftung von Geist, Seele und Körper. Eine Haltung, die sich zu folgendem Glaubenssatz verdichten lässt:

Gott ist tot, aber ich lebe noch.

Wie das?

Als funktionales Wesen, geboren aus einer biologischen Logik, ausgestattet mit einem biologischen Gehirn, dass auf hochkomplexe biologische Weise Gedanken produziert und mir in Folge so etwas wie eine Seele suggeriert, ein Ich, welches Gefühle hat, Entscheidungen trifft, handelt und Begierden spürt. Wenn dieses funktionale Ich-Wesen an seine Grenzen stößt, funktional in den Bereichen von Körper und Psyche gleichermaßen wie an die Grenzen, die sich durch Ich-Bezogenheit ergeben – wenn es an solche Grenzen stößt, sagt es zum Beispiel «Das ist ja krank» oder «Ich bin krank» und «Mir fehlt da was». Ersteres macht es wütend. Letzteres zunächst traurig, dann hilflos. Also sucht es einen Arzt auf und hofft auf eine Reparatur. Am liebsten von einem Spezialisten. Wenn es Darmprobleme hat, geht es zu einem Darmspezialisten, bei Magenproblemen zu einem Magenspezialisten und so weiter.

Ich bewundere all diese Spezialisten. Ihre Kenntnis des biologischen Systems, ihre Könnerschaft. Sie sind von hohem Wert und haben vielen Hilfesuchenden wirklich geholfen. Aber ich kritisiere die Haltung, mit der sie häufig aufgesucht werden. Die führt mehr auf Abwege, als es alle Religionen in ihren negativen Aspekten zusammen vermögen, denn sie reduziert den Menschen auf seinen Körper. Am Anfang und am Ende ist der Körper und nichts als der Körper. Alles, was ich sehe und fühle, wird mir durch den Körper vermittelt. Ich bin der Körper und nichts als das. Alles, was ist, ist körperlich und auch nur das. Genau das will diese ungesunde Haltung sagen, auf biblische Weise ausgedrückt.

«Es ist der Geist, der sich den Körper baut», schrieb der Arzt, Philosoph und Dichter Friedrich Schiller 1799 im «Wallenstein». Sieben Jahre zuvor war er an einer Lungenentzündung erkrankt, die sein

Leben 1805 beendete. Die zwölf von Krankheit überschatteten Jahre sind seine produktivsten. Von Hustenattacken und Fieberschüben geplagt, schreibt er Balladen wie «Das Lied von der Glocke» und die späten Dramen «Wallenstein» und «Maria Stuart», «Die Jungfrau von Orleans», «Die Braut von Messina» und «Wilhelm Tell». Zeitgenossen rätseln, wieso er mit der Krankheit so lange leben kann. Nach seinem qualvollen Ende wird eine Obduktion angeordnet. Ergebnis: Die inneren Organe sind aufgeweicht. Kurz: Matsch. Der Mann hätte schon vor zehn Jahren tot sein müssen, sagen die Ärzte.

Was ihn so lange am Leben gehalten hat?

Die Vorstellung, dass sein Körper eine Maschine ist und Geist eine Illusion, jedenfalls nicht.

10. Kapitel ***Woran die Schulmedizin krankt***

Es gibt Anzeichen dafür, dass die Medizin heute in Wahrheit kränker ist als der Patient, den sie angeblich heilen will. Jedenfalls ist sie von dem funktionalen Gedanken infiziert und in Folge an Sinnentleerung erkrankt. Sinnentleert ist beispielsweise, dass sich die Schulmedizin auf die Bekämpfung von Symptomen konzentriert, aber sich so gut wie keine Gedanken darüber macht, warum sie wirklich auftreten. Sinnentleert ist auch, einen Körper als krank anzusehen. Ebenso wenig wie eine Leiche wegen Unterkühlung eine Erkältung bekommen kann, ist es möglich, dass ein Körper aus rein körperlichen Gründen krank wird. Dann müsste auch ein Toter einen Schnupfen oder Husten bekommen.

Der Geist kann gleichfalls nicht erkranken. Es gibt keinen mangelhaften Geist, keinen halben Geist, nur den großen Geist. Er ist vollständig und ganz, und daran ändert sich auch nichts, selbst wenn eine Erkrankung auf immaterieller Ebene festgestellt wird, also in der Psyche, auch Seele genannt. So führt der Begriff Geisteskrankheit tatsächlich in die Irre.

Nicht wenige Ärzte sind allerdings der Ansicht, dass die Existenz eines Geistes auf Einbildung beruht, weshalb er ihrer Logik zufolge auch nicht erkranken kann, sondern nur das Gehirn. Mentale Krankheitsbilder wie Schizophrenie oder so genannte Multiple Persönlichkeiten sind demnach organisch-funktionale Störungen des Gehirns. Für den Arzt und Autor Deepak Chopra eine ebenso verdrehte Vorstellung wie die, dass an Verkehrsunfällen die Autos schuld sind.

Die Seele wird grob unterteilt in einen unterbewussten und einen bewussten Bereich. Die feinste und einzige Instanz, die erkranken kann, ist das Bewusstsein. Krankt ein Bewusstsein, so wirkt die Erkrankung ins Unterbewusstsein, zeigt sich daraufhin zuerst als seelisches Leiden und dann, möglicherweise aber nicht zwingend, als körperliches Symptom. Ein Körper ohne Bewusstsein zerfällt, krank kann er nicht mehr werden. Man muss keinen Toten gesehen haben, um zu begreifen, was ich meine.

Die Autoren Thorwald Dethlefsen und Rüdiger Dahlke («Krankheit als Weg») haben das mit großer Klarheit so beschrieben. «Der Körper ist niemals krank oder gesund, da in ihm lediglich die Informationen des Bewusstseins zum Ausdruck kommen. Das Bewusstsein stellt dabei die Information dar, die sich im Körper manifestiert und in die Sichtbarkeit transponiert wird.»

Kurz: Der Körper ist lediglich materialisiertes Bewusstsein. Verlässt ihn das Bewusstsein, stoppt der Materialisierungsprozess. Oder besser: Re-Materialisierungsprozess, denn Leben bedeutet auch die permanente Neujustierung des biologischen Materials, der Zellen und Organe, des Knochengerüsts, allem voran der Wirbelsäule.

Viele Menschen sehen ihren eigenen Körper als ein statisches Gebilde, dessen Statik durch Krankheit ins Wanken gerät und am Ende des Lebens schließlich zusammenbricht. Dem widerspricht die Tatsache, dass sich die Haut einmal im Monat erneuert, die Schleimhaut des Magens sogar alle vier Tage, während sich die Hornhaut des Auges innerhalb einer Nacht regenerieren kann. Angeblich werden sogar neunundneunzig Prozent aller Atome im menschlichen Körper innerhalb eines Jahres ausgetauscht. Das Bewusstsein steuert diesen Prozess bis zum Tode.

Auch dafür haben die genannten Autoren einen Leitsatz geprägt: «So, wie die gesamte materielle Welt nur die Bühne ist, auf der das Spiel der Urbilder Gestalt annimmt und so zum Gleichnis wird, so ist analog auch der materielle Körper die Bühne, auf der die Bilder des Bewusstseins zum Ausdruck drängen.»

Platons Höhlengleichnis als moderne Analogie: Die Schulmedizin hockt immer noch in der Höhle und versteht nicht, was die Schatten an der Wand bedeuten. Versteht nicht, dass Körper durch Geist belebt werden. Versteht nicht, dass jede Krankheit durch krankes Bewusstsein entsteht. Versteht auch nicht, wieso der Wille zu leben den Tod nicht selten auf wunderbare Weise hinauszögert, obgleich der biologische Körper längst sterbenskrank erscheint.

11. Kapitel ***Was das körperliche Symptom eigentlich zeigt***

Das körperliche Symptom (das seelische sowieso) ist ausschließlich ein Hinweis auf eine Störung des Bewusstseins. Grundsätzlich entsteht jede Störung, auf materieller wie auf immaterieller Ebene, wenn das Bewusstsein sich von dem Wissen um seine Vollständigkeit entfernt. Nennen wir es: die Geißel des Vergessens. Jeder

Mensch, also jede Individualseele hat mit ihr zu kämpfen. Ihr Vorhandensein und Sinn ist nur auf der spirituellen Ebene zu erklären, also der geistigen Ebene, der Dimension göttlichen Wirkens.

Wenn sich alle Menschen ihrer Vollständigkeit immer vollständig bewusst wären, ja, wenn sich alles Leben seiner Vollständigkeit ohne Unterlass und Ausnahme immerzu ganz und gar bewusst wäre, würde das Dasein an sich keinen Sinn ergeben. Dann wäre es perfekt, also statisch. Es wäre so perfekt und so statisch, dass es unmöglich eine Form annehmen könnte, denn es wäre in keinster Weise von dem, was wir Gott nennen, getrennt.

Nichts von dem, was wir sehen, ist perfekt, denn dann würden wir es nicht sehen. Das gilt für die gesamte sichtbare Welt, für Sie und mich. Kein Grund zur Klage, so können wir uns gemeinsam mit diesem Buch beschäftigen. Und der genannten Geißel: dem Bewusstsein einer Trennung vom Göttlichen, woraus sich das Erleben von Unvollständigkeit ergibt, gefolgt von Disharmonie und Krankheit.

Dieses Bewusstsein begleitet jedes Individuum seit dem Moment seiner Geburt. Denn schon sein großer, vollständiger Geist führt ein winziges Saatkorn der Trennung mit sich. Das ist der Impuls, als Individuum zu inkarnieren. Also ins Fleisch hineinzugehen, mit einem biologischen Körper zu leben. Ab der Geburt ist die Trennung allgegenwärtig, und das Individuum wird durch sein bloßes Dasein mit der Erfahrung von Trennung konfrontiert.

Diese Erfahrung, so massiv sie auch sein mag, ist eine Illusion. Jeder Mensch kann diese Illusion überwinden, um noch im selben Moment Vollständigkeit zu erreichen, also vollständige Gesundheit.

Menschen haben einen Geist, eine Seele und einen Körper. Das weiß jedes Kind. Was das bedeutet, wissen die wenigsten Erwachsenen. Wenn man jemanden, der sich noch nie mit diesem Thema befasst hat, darum bittet, die drei Begriffe in eine sinnvolle Reihenfolge zu bringen, so würde jener Gebetene wahrscheinlich Körper, Geist, Seele sagen. Die meisten Menschen würden das tun, und es ist sehr interessant, weil es von Weisheit durchdrungen ist.

Nach moderner buddhistischer Auffassung, die ich in diesem Punkt vollkommen teile, kommen Menschen auf folgende Weise zur Welt: Vor der Geburt existiert der individuelle Geist auf der Ebene geistigen Seins und hat dort drei Körper. Sie sind feinstofflich und speichern Erfahrungsmuster aus vorangegangenen Inkarnationen. Im so genannten Spirituellen Körper sind Erfahrungen der Einheit mit dem Ursprung jeglichen Seins gespeichert, im Mentalkörper sind Gedankenmuster gespeichert, negative wie positive, während im Emotionalkörper Gefühlsreaktionen bewahrt werden. Geist, Spiritueller Körper, Mental- und Emotionalkörper bilden den individuellen Geist. Er hat die Wahl. Er kann alle Begrenzungen aufgeben, also den Emotional- und Mental-Körper ablegen und sich mit dem Spirituellen Körper im endlosen Ozean göttlichen Gewahrseins auflösen. Oder er kann sich von seiner Sehnsucht nach individueller körperlicher Existenz leiten lassen, um geboren (oder vielmehr wiedergeboren) zu werden. Angezogen von der Sehnsucht nach Wiederverkörperung verlässt der individuelle Geist umhüllt von seinen drei Körpern die Ebene geistigen Seins, um eine befruchtete Eizelle im Mutterleib zu beseelen. Zu welchem Zeitpunkt das genau passiert, ist schwer zu sagen. Frühestens im Augenblick der Befruchtung, spätestens innerhalb der ersten sechs Wochen danach.

Im Moment des Eintritts in den Mutterleib bildet der individuelle Geist einen vierten feinstofflichen Körper um die befruchtete Eizelle, den so genannten Ätherleib, eine Art immaterielle Blaupause des materiellen Körpers, die von nun an seine Funktionen steuert.

Die menschliche Seele ist ein Zusammenspiel der vier feinstofflichen Körper, sie kreiert menschliches Bewusstsein, erlischt teilweise nach dem Tode und gewinnt dabei übermenschliches Bewusstsein. Wie viele Seelenanteile nach dem Tod sterben, hängt von der spirituellen Reife des jeweiligen Individuums ab.

13. Kapitel ***Menschliches und übermenschliches Bewusstsein***

Zeit ihres Lebens ist die menschliche Seele hin und her gerissen zwischen ihrer ureigenen göttlichen Herkunft und geistigen Natur und der Erfahrung ihres körpergebundenen Daseins, wozu nicht zuletzt Krankheit, Siechtum und Sterbeprozess gehören.

Dieser Konflikt wird Antagonismus oder Dualitäts-Problem genannt. Damit sind die Schwierigkeiten gemeint, die sich aus der Dualität von Körper und Geist ergeben, eine Zweiheit in ständigem Widerspruch zur Einheit. Daher auch Körper, Geist, Seele. Zwei Pole, ein verbindendes Element. Von der materiellen Ebene aus betrachtet, existiert erst der Samen des Körpers, also die befruchtete Eizelle, die dann von einem Geist mit Leben erfüllt wird, woraufhin sich die eigentliche Seele bildet. Deshalb auch Körper, Geist, Seele. Genau in der Reihenfolge. Das ist die Perspektive der Mutter als Zeugin der Menschwerdung ihres Kindes.

Die junge Seele erfreut sich ihrer Vollständigkeit. Man könnte auch sagen, sie badet darin, aufgehoben und beschützt in der mütterlichen Fruchtblase genießt sie es, unbeschwert hin und her geschaukelt zu werden und sich ihres Geistes sowie ihres Körpers gewahr zu sein. Gewahr sein meint Bewusstsein ohne den trennenden, logischen Impuls, der sich in der Kindheit bildet.

Nicht wenige Schulmediziner bestreiten, dass ungeborenes Leben im Frühstadium über ein Bewusstsein verfügt. Durch Nahtodeserfahrungen ist allerdings längst bewiesen, dass der individuelle Geist nach dem Tod durchaus Bewusstsein hat, und ich wüsste nicht, warum das auf der Reise in die nächste Inkarnation irgendwie abhanden kommen sollte.

In diesem Frühstadium seines Daseins ist jeder Mensch vollkommen und gesund. Also vollkommen gesund. Eine Gesundheit, die durch ungesundes Leben der Mutter, Medikation oder auch durch unangenehme Erfahrungen im Mutterleib beeinträchtigt werden kann. Zum Beispiel, wenn die werdende Mutter ihr Kind ablehnt und die Schwangerschaft im Grunde ihres Herzens verneint.

Das frühkindliche Bewusstsein erlebt sich weder von Gott noch von der Mutter getrennt – und versteht nicht, wenn sich mütterliche Gefühle beispielsweise gegen sein Dasein richten. Je intensiver die negativen Erfahrungen des werdenden Menschen, umso dunkler der Schatten, der seine Seele mit zunehmendem Alter umfängt. Der Schatten verdunkelt das Bewusstsein seiner göttlichen Herkunft als Individuum. Der Schatten-Mensch empfindet sich als von Gott getrennt, gleichgültig, ob er dessen Existenz bewusst verneint oder bejaht. Denn viel entscheidender als ein Glaubensbekenntnis ist inneres Wissen. Menschen, die rational an der Existenz Gottes zweifeln, können der Quelle jeglichen Seins auf unbewusste Weise dennoch sehr nah sein.

Nur die Nähe zur göttlichen Quelle erzeugt eine Geborgenheit, die es dem Menschen ermöglicht, den Mutterleib zu verlassen, um von Zuversicht und Neugier erfüllt in die Welt hinauszugehen.

Fehlen Nähe und Geborgenheit, empfindet sich das Individuum als mangelhaft und von der Welt (nämlich von Gott) betrogen. Bekommt der Mangel monströse Züge, werden auch seine Taten monströs. Damit rächt es sich für den vermeintlichen Betrug, das Gefühl, ohne Gott in der Welt zu sein.

Das gottlose Gefühl macht Angst. Nur Liebe kann beides besiegen, denn das ist die in dieser Welt wirksame göttliche Kraft.

14. Kapitel ***Das G-Wort oder Freie Namenswahl***

Es gibt Leute, die behaupten, Gott nicht zu mögen. Wenn sie dabei bleiben wollen, kann ich ihnen nicht helfen. Es gibt Leute, die das Wort Gottes nicht hören wollen. Und ich meine an dieser Stelle nicht, was in der Bibel steht, sondern die reine und wahrhaftige Äußerung der göttlichen Absicht, die aus dem Gewebe der Urmatrix, also dem intelligenten, wissenden Ozean göttlichen Seins leuchtet und unser Dasein erhellt. Wer dieses schöpferische, liebende Wort ablehnt, dem kann ich ebenfalls nicht helfen. Es gibt aber auch Menschen, die das Wort «Gott» nicht mögen, wahrscheinlich, weil sie mit dem Wort unangenehme Erinnerungen verbinden, vielleicht in streng katholischem, erdrückendem Zusammenhang. All jene führt die Nennung eher weg als zur Quelle hin. Kein Problem: Nennen Sie die Schöpferkraft einfach Allah, Brahma, Gosh oder Schott, wenn es Ihnen damit besser geht. Aber: Das ist kein Witz, also machen Sie auch keine Scherze damit. Die Quelle ist nicht lächerlich, wird und kann es auch nie sein.

Es ist die Quelle der Vollständigkeit, aus der wir geboren werden und aus der ich und alle anderen Heiler schöpfen. Ohne die Quelle geht es nicht. Wie wir sie nennen, darauf kommt es nicht an. Ich werde auf den folgenden Seiten viele Namen benutzen. Gott zum

Beispiel. Oder: Die Geistige Welt, Die Seele des Universums, Der Schöpfer von allem, was ist, Das Göttliche Licht. Und andere.

Die Quelle, das Absolute, der Schöpfer wirkt durch einen heilsamen Impuls, ein beseelendes Wahrheitsprinzip, erfahrbar als seelische Gravitation, die den Dualismus von Ich und Du überwindet. Das ist die Liebe. Sie verdient nur einen Namen.

15. Kapitel ***Ein letzter Einwand gegen das Prinzip der Vollständigkeit***

Dass die göttliche Quelle vollständig erschafft, dagegen gibt es immer wieder neue Einwände. Sie klingen logisch. Nehmen wir zum Beispiel Sie, lieber Leser, liebe Leserin. Ich will nicht unverschämt sein und bitte schon vorher um Entschuldigung, aber ich weiß, dass Sie etwas an sich haben, was Ihnen nicht gefällt. Damit sind Sie auf die Welt gekommen. Ich muss Ihnen nicht sagen, was es ist, weil Sie das am besten selbst wissen. Wie oft haben Sie sich dafür verurteilt oder wenigstens schief angesehen. Im Spiegel zum Beispiel sehen Sie es besonders deutlich. Wenn Sie ehrlich hineinsehen und sich eingestehen, was Sie sehen.

Es gibt Details, die Sie kritisieren, für nicht ganz so gelungen halten, und in den Momenten ehrlicher Selbstschau finden Sie das bedauerlich. Wenn Sie schon erschaffen wurden, dann jedenfalls mit mehr oder minder kleinen Mängeln behaftet. Bei Ihrer Geburt muss der Schöpfer also geschlampt haben, oder vielleicht hatte er auch was geraucht oder war sonstwie bedudelt, sodass er auf diese kleinen Details, die Sie heute stören, nicht geachtet hat. Da hat er was übersehen. Was ist das für ein Schöpfer?

Richtig, aus diesem Blickwinkel betrachtet kommt mir das auch komisch vor. So gesehen kann man von Vollständigkeit nicht reden. Der Mangel ist allzu offensichtlich. Da stimmt was nicht. Das kann man nicht leugnen, also geht an dieser Stelle doch noch der erste Grundsatz der Spirituellen Medizin zum Teufel.

Man kann sich eben viel einbilden, solange man nicht in den Spiegel schaut.

16. Kapitel ***Der Spiegel als Feind der Vollständigkeit***

Tun Sie mir bitte einen Gefallen, legen Sie das Buch aus der Hand, stellen Sie sich vor den nächsten Spiegel und schauen Sie sich in die Augen, lassen Sie Ihren Blick in Ihren Augen ruhen, bis Sie merken, dass Sie wirklich bei sich angekommen sind, und dann sagen Sie sich selbst auf den Kopf zu: Mein Schöpfer hat mich vollständig erschaffen.

Regt sich Widerstand?

Den meine ich. Der kommt nicht aus dem Nichts. Sie haben Ihre Gründe. Die müssen wir nicht diskutieren – noch nicht. Aber eines kann ich Ihnen sagen. Der Blick in den Spiegel ist der Feind der Vollständigkeit. Die einen vergleichen sich mit den anderen und finden sich im Vergleich zu hässlich. Noch wieder andere vergleichen sich mit ganz anderen und finden sich im Vergleich zu egoistisch, zu geizig, zu gierig, zu rechthaberisch, zu süchtig, zu dumm, zu schwach oder sonst wie mangelhaft. Jedenfalls nicht vollständig. Da ist es wieder, das Dualitäts-Problem, der Antagonismus, Zweiheit anstelle von Einheit, diesmal auf der sozialen Ebene.

Jetzt kann ich der Versuchung doch nicht widerstehen, vor Ihnen anzugeben, denn ich kann Sie vollständig sehen. Das ist ganz einfach. Ich schaue Sie an. Stellen wir uns vor, in diesem Moment, und ich sehe Sie vollständig. Richtig. Ganz und gar vollständig. Genauso vollständig, wie Sie erschaffen wurden.

Was würden Sie erwidern, wenn ich Ihnen sagen würde, dass es heilsam ist für Sie, wenn Sie sich vollständig sehen?

Vielleicht ist Ihnen das jetzt unangenehm. Ein Anzeichen dafür, dass Sie in Bewegung geraten sind. Womöglich nicht direkt und leibhaftig vor dem Spiegel, sondern nur in der Erinnerung. Sie haben sich einfach daran erinnert, wie Sie zum letzten Mal vorm Spiegel gestanden haben, um sich wirklich anzuschauen. Auch gut. Sie werden trotzdem verstanden haben, was gemeint ist mit dem Feind der Vollständigkeit.

Der Schaden, den dieser Feind anrichtet, wird Krankheit genannt.

Auch wenn man ihn für immer besiegt glaubt, kriecht dieser Feind doch umso sicherer aus dem nächsten Loch und fordert zu einem weiteren Kampf. Das ist anstrengend. Das ist nervig. Aber nicht zu vermeiden, weil es um Gesundheit geht. Meine Gesundheit. Ihre Gesundheit. Weil Vollständigkeit eben Gesundheit ist.

In diesem Sinne bedeutet Spirituelle Medizin das heilige, also vervollständigende Wissen von der Gesundheit des Menschen.

17. Kapitel **Eine Härte namens Analyse**

Dieses Buch hat etwas von einer Landschaft, durch die man sich bewegt. Bisher ganz hübsch, doch jetzt wird's anstrengend, denn der weitere Weg führt bergauf. Aber er wird belohnt: Auf dem Gipfel erwartet Sie eine besondere Aussicht. Diese Aussicht ist wirklich großartig, das reine, vollständige Vergnügen. So viel kann ich ohne Übertreibung versprechen.

Ich weiß, dass es hier existenziell zur Sache geht. Umso mehr bemühe ich mich, Ihnen den Weg möglichst unterhaltsam zu gestalten, indem ich Ihnen die schwierigen Grundlagen der Spirituellen Medizin möglichst kurzweilig nahe bringe. Damit Sie nun umso leichter auf den Berg kommen, denn oben wartet die Gipfelerfahrung auf Sie. Nicht wenige Menschen haben dafür ihr Leben riskiert. Wieder und wieder – weil diese Erfahrung so wunderbar ist.

Was den Aufstieg auf jeden Berg besonders hart macht, ist die Analyse. Also das Zerlegen der Wirklichkeit in immer kleinere Teile, um diese möglichst genau unterscheiden zu können. Schritt für Schritt. Also nacheinander. Das ist die Geburtsstunde der zeitlichen Wahrnehmung. Erst durch die Analyse des Weges wird der Weg lang, bekommt damit also eine zeitliche Dimension.

Menschen mit Meditationserfahrung können dies besonders gut nachvollziehen. Solange die Gedanken fließen und das Bewusstsein sich mit ihnen analytisch befasst, kommt einem jede Minute ewig vor. Daher wird empfohlen, sich in der Meditation auf den Atem zu konzentrieren. Einatmen, Ausatmen und das Gleiche nochmal. Jeder Analytiker ist mit der Analyse des Atems schnell überfordert. Einer ist wie der andere. Gleichzeitig war keiner wie der kommende. Einige Momente ist es möglich, sie als nacheinander aufeinander folgend wahrzunehmen, aber schon bald verschwimmt diese Wahrnehmung und wird der Atem als Fluss erlebt und Einatmen nicht mehr von Ausatmen getrennt. Das ist der Moment, wo sich der Analytiker verabschiedet hat und die zeitliche Wahrnehmung gedämpft wird, wenn nicht aufhört.

Ein Schritt nach dem anderen, so geht der Weg auf den Berg, wenn man ihn anstrengend haben will.

Die Analyse ist eine Vorgehensweise, die an unseren Schulen bis zum Erbrechen gelehrt wird, denn das Training des logischen Denkens nimmt fachübergreifend den meisten Raum ein. Intuition aber, die große Schwester des logischen Denkens, kommt als Unterrichtsfach so gut wie gar nicht vor, in Ansätzen nur im Musik- und im Kunstunterricht.

Der Siegeszug des logischen Denkens liegt in einer Kultur begründet, deren wichtigstes Ziel es ist, Recht zu haben und zu behalten. Um Recht zu behalten, muss man logisch argumentieren können, Schritt für Schritt und mit mathematischer Genauigkeit. Ein Fehler, und man hat plötzlich nicht mehr Recht. Das muss um jeden Preis verhindert werden.

Eheleute wollen Recht behalten und streiten sich bis aufs Blut, wer von beiden Recht hat. Jeder will Recht behalten. Politiker, Staaten, Nationen. Das ist krank, und es macht krank, weil es auf Einseitigkeit beruht und geradezu zwanghaft zum Erleben von Trennung und Unvollständigkeit führt.

18. Kapitel ***Der große Antagonismus oder Der Kampf der Hirnhälften***

Diese Einseitigkeit hat sogar eine körperliche Entsprechung: Logisches Denken und Analyse finden maßgeblich in der linken Hirnhälfte statt. Grundsätzlich kann man sagen, dass in der linken Hemisphäre alle weltlichen Reize in rational begreifbare und logisch erklärbare Einheiten zerlegt werden. Schritt für Schritt, als mühsame gedankliche Fleißarbeit. Weswegen mathematisches Denken, also Logik, und das Ergebnis der logischen Betrachtung der Welt, also die rationale sprachliche Äußerung, aus der linken Hirnhälfte erfolgen.

Die rechte Hirnhälfte wiederum denkt nicht, sondern erfasst und assoziiert, bildlich und akustisch. Letzteres in musikalischem Sinne eines Klangbildes. Das Träumen findet in der rechten Hemisphäre statt. Von hier aus meldet sich auch die Stimme der Intuition.

Wenn man die beiden Hirnhälften als Geschwister begreift, so ist die linke der Bruder und die rechte seine Schwester. Denn die linke Hälfte wird mit männlichen Qualitäten in Verbindung gebracht, während die rechte als durch und durch weiblich gilt. Wenn wir unsere Zivilisation anschauen und zur Kenntnis nehmen, welche Rolle das männliche und das weibliche Prinzip in ihr spielen, haben wir schnell eine Antwort auf die Frage, welche Hirnhälfte bei den meisten Menschen die dominante ist.

Die beiden Geschwister könnten verschiedener nicht sein, weshalb sie bei vielen Fragen in Streit geraten. Zum Beispiel bei der Betrachtung religiöser Phänomene. Gleichzeitig sind sie immer wieder gezwungen zusammenzuarbeiten. Zum Beispiel als Gedächtnis. Für Gedächtnisleistungen braucht der Mensch beide Hirnhälften. Ein Grund, warum die Förderung von logischen Leistungen im dominant linkshirnigen Schulbetrieb viel leichter fällt als das Im-Gedächtnis-Behalten von Lernstoff.

Erinnerung setzt sich immer aus einem bildlichen (oder seltener melodischen) Teil und einem logisch beschreibenden Anteil zusammen. Das Bild wird in der rechten Hirnhälfte aufbewahrt, während die Information, wie es einzuordnen und zu verstehen ist, in der linken gespeichert wird. Um die Erinnerung abzurufen, müssen beide Hirnhälften koordiniert zusammenarbeiten. Die linke Hirnhälfte liefert dafür eine Art Stichwort, meistens der Name, mit dem das zugehörige Bild in der rechten Hemisphäre lokalisiert werden kann. Das geht blitzschnell, wenn das Stichwort erinnert wird. Man muss nur das Wort «Eiche» denken und hat schon eine vor Augen.

Möglich ist der Datenaustausch zwischen den beiden Hirnhälften über den so genannten Balken oder Wulst, das *corpus callosum*. Eine Verbindung so subtil wie die geschlechtliche Verbindung von Mann und Frau, da beide gleichermaßen die Vereinigung suchen und die Einheit ermöglichen.

Die Dualität ist in unserem Dasein ebenso angelegt wie der Wunsch zu ihrer Überwindung. Die Dualität schafft ein Drama, dessen Spannung sich aus der scheinbaren Unvereinbarkeit von Gegensätzen ergibt. Ein Drama, das in der übermenschlichen Anstrengung gipfelt, die Trennung, also die Gegensätze an sich, somit auch das Drama, zu überwinden. Ich und Du, Mann und Frau, Krieg und Frieden, Gut und Böse, Arm und Reich, Krankheit und Gesundheit, Leben und Tod lauten die bekanntermaßen dramatischsten.

Selbst Gott wird von vielen Glaubenssystemen dual beschrieben: als göttlicher Vater und göttliche Mutter oder als das ungeformte Sein Gottes, dem männliche, ruhende Eigenschaften zugesprochen werden, und das geformte Sein Gottes, welches gestaltend und weiblich angesehen wird. Zwei Aspekte des Einen, die so widersprüchlich erscheinen wie Glaube und Ratio.

Theoretisch heiß diskutiert bleibt auch der Antagonismus von Geist und Materie. So schreibt der Philosoph Rüdiger Safranski: «Es gibt hier einen Sprung, vielleicht sogar einen Abgrund zwischen Geist und Materie, den die bisherigen Theorien nur dadurch überbrückten, dass sie einen der beiden Pole, entweder Geist oder Materie zum Verschwinden brachten. Die Materialisten reden von der denkenden Materie und sind damit den Geist los; und die Animisten reden von dem sich materialisierenden Geist und sind damit die Materie los.»

Weit weniger dramatisch wirkt ein weiteres Paar: Einatmen und Ausatmen. Dabei vergessen wir, dass unser Dasein als eigenständig verkörpertes Individuum in dieser materiellen Welt mit einem ersten Atemzug beginnt und einem letzten endet. Und auch die duale Struktur unseres Gehirns ist den wenigsten Menschen bewusst. Sie analysieren, assoziieren, erinnern und sind froh, dass es funktioniert. Ein weiterer Grund zur Freude ist die Tatsache, dass die Einheit nicht nur als spirituelle Größe existiert, bei den Buddhisten das so genannte Klare Licht, in dem sich jede Wesenhaftigkeit, also auch jegliche Dualität auflöst. Sie existiert auch nicht nur als Gedankenspiel oder Argumentationsform, nämlich der Auflösung des Widerspruchs von These und Antithese in der Synthese. In der Biologie zeigt sich die Einheit in der DNS, als reine Information, dem Wesen nach also immateriell, und gleichzeitig materiell. In der Physik ist es die doppelte Natur des Lichtes, das zugleich einen materiellen Charakter hat, der als Korpuskel beschrieben wird, und eine immaterielle Wellennatur. Und das Einheitsprinzip zeigt sich auch in den Elementarteilchen, den kleinsten Partikeln, die in unserem Universum nachgewiesen werden können. Sie haben die Fähigkeit, an zwei Orten gleichzeitig zu sein, und können außerdem existieren und zum selben Zeitpunkt nichtexistent sein. Das ist die Aufhebung der Dualität, folglich muss es die Einheit sein.

19. Kapitel ***Von der Einsicht, nämlich der Sicht in das Eine***

Ich hasse Theorie, sagen Kinder und auch viele Erwachsene, und es würde mich nicht wundern, wenn auch Sie, liebe Leserin, lieber Leser, sich dem anschließen würden, wahrscheinlich mit einer weniger krassen Formulierung. Diese Äußerung entspringt dem Wunsch, einem in der linken Hirnhälfte gefangenen Denken zu entkommen, weil es auf die Dauer anstrengend ist. Kinder sagen auch, sie lieben es zu träumen, was in der rechten Hemisphäre passiert und entspannend ist, also eher Kraft gibt als kostet.

Ich hätte Ihnen, liebe Leserin, lieber Leser, diese theoretische Betrachtung nicht zugemutet, wenn sie keinem tieferen Sinn dienen würde. Ich hätte es Ihnen erspart, sich mit Ihrer linken Hirnhälfte durch diese Seiten zu wühlen, wenn es nicht etwas befördern würde, was für das Verständnis und die Praxis der Spirituellen Medizin von unverzichtbarem Wert wäre.

Das ist die Einsicht. Die Sicht in das Eine. Nicht auf das Eine, denn dann wären Sie von dem Einen ja getrennt, könnten also von außen draufgucken oder auch draufspucken. Allerdings nur in Ihrer Einbildung. Denn das Eine erlaubt keine Draufsicht, sondern nur die Einsicht.

Einsicht ist ein Vorgang, der mit Logik beginnen kann, also in der linken Hirnhälfte mit einem Saatgedanken, der dann in der rechten Hirnhälfte gespeicherte Urbilder aktiviert (Archetypen des kollektiven Unterbewusstseins nach Jung), woraufhin beide in geschwisterlicher Eintracht, nämlich dem Trachten nach dem Einen, zur tatsächlichen Einsicht führen. Einsicht kann aber auch aus dem Unterbewusstsein in der rechten Hemisphäre ins rationale Oberbewusstsein der linken Hirnhälfte steigen und so das Gesamtbewusstsein einnehmen. Nicht wenige Heiler gelangen auf diesem Weg zu ihrer Einsicht.

Die Sicht in das Eine ist der subtilste Erkenntnisprozess, zu dem wir in der Lage sind. Um die Einsicht zu ermöglichen, ist es notwendig, das Drama der Dualität in seinem vollen Ausmaß wahrzunehmen. Es beginnt mit einem biblischen Bild, nämlich dem ersten Menschen, Adam. Er trägt einen männlich klingenden Namen, ist aber weder Mann noch Frau, sondern die materialisierte Absicht des Einen, sich selbst zu spiegeln. Damit beginnt das Drama der Dualität, erster Akt. Allerdings ist sich der Mensch dieses Dramas nicht bewusst, denn er ist allein im Garten Eden, einer wirklich göttlichen Gegend, wo die Trennung in Gut und Böse noch nicht stattgefunden hat. Ob Adam sich im Garten Eden langweilte oder einsam fühlte und deshalb um Begleitung bat, wird in der Bibel aus einem logischen Grund nicht thematisiert. Es liegt in der Natur der Schöpfung, dass sie teilt und trennt, das Licht von der Finsternis, den Tag von der Nacht, den Abend vom Morgen, das Land vom Wasser. Es liegt in ihrer Natur, dass sie aus eins zwei macht. Deshalb musste sie aus dem einen Menschen zwei machen mit gegensätzlichen und gleichzeitig ergänzenden Eigenschaften: Adam und Eva, Mann und Frau, der zweite Akt des Dramas. Auch für Adam und Eva existiert noch keine Trennung, kein Ich und Du, kein Richtig und Falsch, biblisch beschrieben als Zustand der Schamlosigkeit, denn sie verdeckten ihr Geschlecht noch nicht voreinander, kannten also die Sünde nicht. Das ändert sich im dritten Akt durch das Essen vom Baum der Erkenntnis. Essen bedeutet in sich aufnehmen und meint einen fundamentalen Prozess. Erkennen heißt Unterscheiden. Mit der Frucht vom Baum der Erkenntnis nahm das erste Menschenpaar die Sünde des trennenden Bewusstseins in sich auf. Die Geburtsstunde des dualen menschlichen Bewusstseins. Die Geburt des dualen Bewusstseins und die Ersterfahrung der Trennung wird auch die Ur-Wunde oder das Ur-Trauma genannt. Kein körperlicher Schmerz reicht an diesen seelischen heran.

Um zur Sicht in das Eine zu gelangen und damit zur Einsicht, ist es notwendig, die zeitliche Dimension der biblischen Erzählung vollständig wegzulassen und sich vorzustellen, dass sich die menschliche Schöpfungsgeschichte in diesem Augenblick, ja, genau in diesem Moment, nämlich jetzt in Ihnen abspielt.

Genau jetzt.

Und nochmal.

Und wieder und wieder.

Kraft der Erkenntnis, und damit ist jetzt die analytische Erkenntnis gemeint, kraft dieser Erkenntnis wird das Eine genau jetzt in winzige Teile zerteilt, sodass es als Ganzes nur noch sehr schwer sichtbar ist. Jeder rationale Gedanke führt uns mit seiner abtrennenden Natur von dem Einen und der Erfahrung des Einen weg. In diesem Sinne findet Schöpfung in ständiger Wiederholung permanent in uns statt. Wie ein schlechter Film, der so tut, als sei er die Wirklichkeit, aber in Wirklichkeit nur der Werbetrailer für rationales, duales Denken ist. Das ist das Drama. Auf die Dauer wird es langweilig. Auf die Dauer macht es müde. Und auf die Dauer schläfert es ein. Es bleibt schmerzhaft, und ich vermute, Sie haben jetzt wirklich verstanden, warum.

20. Kapitel ***Der Gipfel und wieso man von hier oben alles ganz sieht***

Jetzt sind Sie auf dem Gipfel. Stellen Sie sich bitte vor, tatsächlich auf einem Gipfel zu stehen, nein, zu sitzen, dann wird Ihnen nicht schwindelig. Es ist windig hier oben. Immer wieder bläst Ihnen der Wind ins Gesicht und bringt Sie in einen Zustand höchster Wachsamkeit. Dieser Tag ist günstig für eine Gipfelerfahrung, denn die Sonne scheint, Sie können weit sehen, sehr weit sogar, auf weitere Gipfel, schneebedeckt und weiß glitzernd im hellen Licht, grün die Täler, ein herrlicher Blick. Freude steigt auf, während Sie sich umschauen, und so sitzen Sie still da und genießen Ihre Freude. Die ist so überwältigend, dass Sie an nichts mehr denken können, nur noch da sitzen und genießen. Einfach genießen. Diesem Gefühl überlassen Sie sich. Und dann passiert etwas Seltsames. Schauer laufen Ihnen den Rücken herunter, die umliegenden Gipfel leuchten noch heller, die Täler noch grüner. Sie spüren ein Kribbeln am ganzen Körper, ein feines Vibrieren, und plötzlich haben Sie das Gefühl, als würden Sie brennen, nicht auf schmerzhafte Weise, sondern auf köstliche Art. Sie brennen ebenso, wie die Welt um Sie herum brennt. Alles brennt, leuchtet, und Sie fühlen sich mit allem verbunden. Den Bergen, den Tälern, dem Wind, der Sonne, einfach mit allem, was ist. Und Sie lieben es, in dieser Verbundenheit zu sein. Sie lieben die Erfahrung der Einheit mit allem, was ist.

Das ist die Gipfelerfahrung, die Einsicht.

Genau: Das menschliche Dasein gipfelt in der Erfahrung der Einsicht.

Die Sicht in das Eine schließt zumindest zeitweise die Ur-Wunde und löst das Ur-Trauma, eine Erfahrung, die für dieses Leben in der rechten Hirnhälfte gespeichert bleibt.

Diese Erfahrung ist heilsam.

Diese Erfahrung ist stärkend.

Diese Erfahrung vitalisiert.

Wenn Sie den Gipfel nun wieder verlassen, weil im Tal Aufgaben auf Sie warten, dann ist es hilfreich, die Erkenntnis der Einsicht bewusst mitzunehmen.

Sie lautet: Alles ist Eins.

Wenn das Prinzip der vollständigen Erschaffung des Menschen das Königsprinzip der Spirituellen Disziplin ist, so ist die Einheit von allem, was ist, ihr kaiserliches Edikt. Beide Prinzipien sind untrennbar verbunden. Dass Menschen vollständig erschaffen sind, ergibt sich zwangsläufig aus dem Einheitsprinzip. Und umgekehrt muss es die Einheit geben, wenn Menschen vollständig sind.

Ebenso wie ich annehme, dass Sie in Ihrem Leben mehr als einmal einem anderen Menschen die Hand aufgelegt und ihn vielleicht auch nur unbewusst geheilt haben, ebenso sicher glaube ich, dass Sie die Einheit in Ihrem Leben schon einmal erfahren haben. Oder sind Sie noch nie durch den Wald gegangen und haben sich plötzlich eins mit den Bäumen gefühlt? Sind Sie noch nie an einem windigen Nachmittag am Fluss oder am Meer spaziert und haben sich plötzlich eins mit dem Wind gefühlt? Oder haben Sie noch nie in einem See gebadet und sind auch noch nie im Meer geschwommen und haben sich auf einmal eins mit dem See oder dem Meer gefühlt? Und haben Sie auch noch nie einen geliebten Menschen im Arm gehalten, Ihr Kind oder Ihren Partner, und sich plötzlich eins mit Ihrem Kind oder Ihrem Partner gefühlt?

Ich weiß, dass Sie das Gefühl der Einheit kennen. Vielleicht nur in Ansätzen. Und ich weiß auch, warum. Es hat Ihnen Angst gemacht. Das Gefühl der Einheit kam wie eine Welle auf Sie zugerollt, ja, wie ein Wellenbrecher, mächtig und überwältigend, mit so großer Macht, dass Sie fürchteten, den Boden unter den Füßen zu verlieren, also haben Sie sich gegen die Welle gestemmt, und da ist sie verebbt. Das ist normal. Die Erfahrung der Einheit sind wir nicht gewohnt, denn wir wachsen mit der Trennung auf. Aber gibt es etwas Traurigeres als die verpasste Einheit?

Die Einheit von allem, was ist, macht Geistiges Heilen überhaupt erst möglich. Denn in der Einheit hört jede Trennung auf, es gibt weder eine räumliche noch eine körperliche, noch eine zeitliche. So kann der Heiler bei dem Patienten Heilungsprozesse in Gang setzen, obwohl er ihn nur anschaut oder die Handflächen in seine Richtung hält. Heiler und Patient müssen nicht einmal im selben Raum sein, nicht einmal in derselben Stadt. Denn Einheit und Vollständigkeit speisen sich aus einer Alles verbindenden Kraft.

Geduld, ich werde es nicht sofort aussprechen, denn im Moment der Nennung schrumpft es zu einem ganz gewöhnlichen Wort. Das ist traurig. Zu traurig, um es Ihnen und mir anzutun. Es bedarf einer besonderen Haltung, um das L-Wort mit vollem Bewusstsein zu sagen.

Die meisten Menschen glauben, das L… genau das ist, was sie im Fernsehen unter dieser Rubrik zu sehen bekommen, was sie in Romanen darüber lesen, ja, was ihnen unsere wunderbare Spaßgesellschaft in immer wieder neuen Varianten und Verrenkungen vermittelt.

Nichts gegen Romane! Besonders in so genannten Groschen-Heften schlummert häufig Weisheit, sorgfältig verborgen hinter den oberflächlichen Handlungen der Hauptakteure und ihren flachen Psychogrammen. Und dann all die kurzweiligen Nachmittagsshows, in denen die netten Leute von nebenan ihre erotischen Träume ausbreiten, ihr Beziehungsleid bejammern und kundtun, was sie unter L… verstehen. Bisweilen finde ich das sogar unterhaltsam.

Womöglich werden Sie jetzt denken, ich könnte all dies gar nicht schreiben, also nicht in dieser Form und mit diesen Worten zu Ihnen sprechen, wenn ich nicht wenigstens einige dieser erhellenden Nachmittagsshows gesehen hätte, in denen Menschen wie Sie und ich ihr Seelenleben bis aufs letzte entblößen und dabei meistens von L… reden. Oder vielmehr den Schwierigkeiten, die sie damit haben.

Wahrscheinlich gar nicht so falsch. Das Leben und Alles, was ist, betrachte ich als mein Spezialgebiet, und ich habe in möglichst viele Richtungen geschaut, um etwas darüber zu lernen. In vielerlei Hinsicht muss ich schwer von Begriff gewesen sein. Jedenfalls hat auch mich das L-Wort immer wieder in Schwierigkeiten gebracht.

Warum? Weil auch ich lange geglaubt habe, es meine das so genannte Gefühl. Ein Gefühl, das ich von mir selbst und anderen einfordern kann. Glauben Sie mir, wer das glaubt, macht sich Probleme. Die jeweilige Größe der Probleme lässt sich leicht in den Gesichtern unserer Mitmenschen und in einem Spiegel ablesen.

Vor etwa zehn Jahren lud mich der Imam der Frankfurter Nuur-Moschee zu einer Gebetswoche. Ich hatte darüber schreiben wollen und ihn deshalb angerufen. «Nuur» heißt Licht auf Arabisch, und der Besuch wurde zu einem erhellenden Erlebnis für mich. Der Imam erwartete mich am Eingang. Lächelnd trat er mir entgegen und umarmte mich, als ob er mich schon ewig kannte, dabei hatten wir nur telefoniert. Ich kannte zwei seiner Bücher. Eines über den Islam und ein frühes über seine LSD-Erlebnisse und Zeit als Hippie. Auch er hatte etwas von mir gelesen. Damals kein Grund, einander sofort in den Arm zu fallen. Seit er zum Islam konvertiert war, nannte er sich Hadayatullah. Ich mochte ihn vom ersten Moment an. «Ich habe dafür gebetet, dass du gut herfindest», sagte er, «al-hamdullilah», und klopfte mir dabei auf den Rücken.

Die Tage in der Moschee waren köstlich. Der pakistanische Moschee-Diener bekochte mich mit herrlich würzigen Speisen. Hadayatullah erzählte von den Segnungen des Islam und unterrichtete mich in den Glaubens-Ritualen, Waschungen, Verbeugungen, Rezitationen. Wir beteten fünfmal am Tag, ich mit wachsender Freude.

Das blieb Hadayatullah nicht verborgen. Am dritten oder vierten Tag kam er mit einem kleinen Buch auf mich zu. «Das islamische Gebetbuch» las ich auf dem Umschlag. Darin würde ich den Azan, den heiligen Gebetsruf, finden, erklärte er mir. Ich möge ihn gut auswendig lernen, denn er habe mich dafür ausersehen, die Gläubigen an diesem Freitag als Muezzin vom Minarett der Moschee zum Gebet zu rufen.

Ich weiß nicht mehr, ob ich noch im selben Moment das Ausmaß der Ehrung ermessen konnte, welches er mir zuteil werden ließ. Jedenfalls übte ich den Ruf in jeder gebetsfreien Minute. Ich kann ihn heute noch: «Allaho-akbar, Aschado-allaa Illaha ilallah, Aschado-anna, Muhammadar-Rassulullah, Hayya-ala-s-salläh, Hayya-ala-I-falläh, Allaho-akbar, La-illaha-ilallah.» Die Wiederholungen habe ich in der Lautschrift weggelassen. Zu Deutsch: Allah ist der Größte. Ich bezeuge, dass niemand anbetungswürdig ist außer Allah. Ich bezeuge, dass Mohammed der Gesandte Allahs ist. Kommt her zum Gebet! Kommt her zum Erfolg! Allah ist der Größte. Niemand ist anbetungswürdig außer Allah.

Ich übte den Ruf wie ein Mantra in ständiger Wiederholung im Geiste, und sobald ich allein war, sang ich ihn laut. Wunderbar. Allerdings fürchtete ich mich ein wenig vor dem öffentlichen Auftritt. Immer wieder machte Hadayatullah mir Mut. Der Herr, der Heilige, die Quelle des Friedens, der Verleiher der Sicherheit, der Beschützer, der Allmächtige, der Allweise, Allumfassende, der Lebensspendende und Liebevolle werde mir den nötigen Mut geben. Darauf könne ich ruhig vertrauen.

Dann kam der Freitag, und die Stunde des Gebetes rückte näher. Kurz vorher führte mich Hadayatullah in die Moschee, drehte mich in Richtung Mekka und hieß mich den Gebetsruf einmal zur Probe zu singen. Und ich sang. Meine Stimme schallte durch die Moschee. Ich sang, wie ich noch nie zuvor gesungen hatte. Der fremde Klang der fremden Worte hüllte mich wie in einen hellen Nebel, und irgendetwas daran muss mir vertraut gewesen sein, denn plötzlich kamen mir die Tränen. Es gelang mir, unter Tränen weiterzusingen.

Hadayatullah legte mir von hinten die Hand auf den Rücken. Weinend sang ich den Azan und hatte das Gefühl, endlich nach Hause zu kommen. Das mag seltsam klingen und sich seltsam lesen, aber genau so war er, der direkte und bewusste Kontakt zum Göttlichen, wie ich ihn damals erlebte.

Die vermittelnde Kraft für diesen Kontakt ist die LIEBE, am besten zu beschreiben als eine Resonanz, die durch menschliche Absicht eine Verbindung mit göttlicher Gnade eingeht und in den Zustand des oder der Liebenden mündet.

Während ich den Azan sang, öffnete ich mich für diese Erfahrung. Im Moment, wo die Ich-Abgrenzung vollständig aufreißt, erlebt der Mensch emotionale Ekstase, also Freude und Trauer gleichzeitig und das machtvolle Gefühl, nach Hause zu kommen in die ureigene Heimat. Dieses Gefühl ist überwältigend, es ist wunderbar. Es ist nicht die Liebe, aber es deutet auf sie hin. Die Liebe ist der Zustand, in dem sich der Mensch befindet, wenn er im Kontakt mit dem Göttlichen ist. Dabei treten begleitende liebevolle Gefühle auf. Die meisten Menschen verwechseln diese Gefühle mit dem Daseins-Zustand der Liebe und verirren sich so in übertriebene Erwartungen und haltlose Hoffnungen, um sich schließlich in die Jagd nach diesen Gefühlen zu verstricken.

Das war mir passiert. Der Gebetsruf hat mich davon befreit. So überraschend, dass ich mich nicht dagegen wehren konnte. Ich bin deshalb kein Muslim geworden, was Hadayatullah sich wohl erhofft hatte, umso hilfreicher war die innige Begegnung mit einer fremden Religion und einem ihrer Vermittler. Für diese Erfahrung bin ich dankbar. Sie hatte die Kraft einer Initiation. Denn durch die Erfahrung des Zustandes der Liebe konnte ich mich in eine Haltung der Liebe begeben.

Können Sie sich vorstellen, wie heilsam das für mich war?

Durch pure Dummheit verlasse ich hin und wieder die Haltung der Liebe und falle in irgendein liebloses Gebaren. Ja, das kommt vor. Glücklicherweise hat die Haltung der Liebe die Tendenz, immer kraftvoller zu werden, und so kann ich den Zustand der Lieblosigkeit leichter wieder verlassen.

Gefühle wie Liebe, Hass, Zorn, Trauer deuten auf Zustände und Haltungen, sollten aber nie damit verwechselt werden. Denn dann sieht sich das Individuum diesen Gefühlen ausgeliefert. Die orgeln auf seiner Seele und spielen das Lied vom Opfer-Dasein. Wer Gefühle mit ihnen zugrunde liegenden Zuständen und Haltungen verwechselt, sinkt in einen Sumpf voller trügerischer Erwartungen.

Liebe bedeutet Öffnung, Ausdehnung. Der größte Feind der Liebe ist die Angst, ein Gefühl, dass Rückzug und Zusammenziehen bewirkt, also Stauchung und Einengung. Angstgefühle verhindern oder beenden den Zustand der Liebe, also das Sein in der Ausdehnung. Wie groß die Ausdehnung sein kann, wie weit sich ein Mensch machen kann, hängt von seinem spirituellen Wachstum ab. Treten in der Ausdehnung Angstgefühle auf, fällt der Mensch in sich zusammen. Das ist auch feinstofflich zu bestätigen. Die Aura schrumpft durch Angst und weitet sich durch Liebe. Je größer die Angst, umso mehr zieht sich ein Mensch in seinen physischen Körper wie in eine Festung zurück. Im Moment höchster, monströser Angst ruht der individuelle Kern fest verkapselt im Herzen und wird zum Angstzustand.

Interessanterweise, und ich habe das selbst erlebt, bietet dieser Zustand eine besondere Chance zur Öffnung. Wie ein nachtschwarzer Raum, in den ein Lichtstrahl fällt. Im Moment der Todesangst macht sich die Individual-Seele so klein, wie es nur geht, winzig wie ein Energiepunkt in der Festung des physischen Körpers versteckt. In seiner Winzigkeit und Kompaktheit erlebt sich das Individuum als Einheit. Ist dieses Erleben stark genug, kann die Angst im selben Moment überwunden werden.

Eine Analogie bietet der kosmische Sternentod. Dabei stürzt die Masse einer Sonne in sich zusammen, um im Augenblick größter Zusammenballung zu explodieren, sich also innerhalb kürzester Zeit größtmöglich auszudehnen. Ist die Angst, der sich ein Mensch ausgesetzt sieht, groß genug, kollabiert er mental. Alle geistigen Schilde und psychischen Abwehrmechanismen stürzen in sich zusammen und ballen sich um das Ich. Im Moment größter Zusammenballung erlebt der Mensch seinen Ich-Tod als Ergebnis des vollständigen Kollapses und explodiert in die Einheit. Dies ist das Ende jeglicher Angst, aber nicht das Ende des physischen Daseins, sondern, im Gegenteil, ein radikaler und höchst vitaler Übergang in den Zustand der Liebe, also eine Öffnung ins Leben. Als ehemaliger Kriegsreporter habe ich das mehrfach und sehr beglückend erlebt.

Liebe und Einheit sind wie göttliche Geschwister. Der Zustand der Liebe führt zur Erfahrung der Einheit, die wiederum direkt in den Zustand der Liebe mündet. Dies ist das dritte Gesetz der Spirituellen Medizin.

In der Mathematik gibt es dafür einen Begriff, die Rekursion oder seltsame Schleife. Wer sich in so einer rekursiven Daseinsschleife bewegt, so könnte man meinen, bewege sich immer wieder an den Anfang zurück, denn Anfang und Ende scheinen eins, symbolisiert in der Schlange, die sich in den Schwanz beißt, oder durch den Kreis der Vollkommenheit.

Aus der Perspektive der dualen Welt bleibt der Kreis ein Kreis. So wie ein glücklicher Mensch von einem unglücklichen als immer gleich glücklich angesehen wird, so als würde sich der glückliche in seinem Glück und durch sein Glück keinen Millimeter vom Standpunkt seines Glücks weiterbewegen oder -entwickeln und immer nur um sein eigenes Glück kreisen. Das Gleiche denkt der Zyniker über den Gläubigen und der Hoffnungslose vom Hoffnungsfrohen. Denn aus dem Blickwinkel des Hoffnungslosen, des Zynikers, des Unglücklichen sehen Freude, Glaube und Glück eben immer gleich aus. Daher kommt die Annahme, dass Glück, Glaube und Freude auf Dauer irgendwie langweilig sind.

Tatsächlich ist der rekursive Prozess von Liebe, die zur Einheit führt, und die Sicht in das Eine, die den Zustand der Liebe nährt, kein Lebenskreis ohne Anfang und Ende, sondern eine Spirale, die den Menschen durch die ekstatische Erfahrung von Liebe und Einheit, also Einheit und Liebe, über die Grenzen seiner Ich-Bezogenheit und die Begrenzungen der dualen Welt erhebt. Versinnbildlicht durch den kreiselnden Tanz der Derwische, eines islamischen Mönchsordens.

In der Drehung um die eigene Achse kreist der tanzende Derwisch um sein eigenes Ich. Den Blick hat er hoch zu Allah erhoben, dem einzigen Gott. Im Hinblick auf Gott wird das Bewusstsein in der Drehung über sein Ich erhoben. Ebenso wie die Fliehkraft die Schwerkraft überwindet, kann sich das Bewusstsein mit einem besonderen Dreh von der Anziehung des Ichs lösen und in einer Spiralbewegung zu Gott erheben. In der Drehung und mit dem Blick auf Gott taucht der Tänzer in den Zustand der Liebe ein und erfährt den Zustand der Einheit und erfährt den Zustand der Liebe, der Einheit, der Liebe, der Einheit … und alles gleichzeitig als göttliche Vollkommenheit. Das ist der Moment, wo die Derwische zu Boden sinken, getragen von dem ekstatischen Empfinden, vollkommen mit Gott verbunden zu sein.

Wenn es heißt, das Leben ist ein Tanz, so ist genau das damit gemeint, auf ein irdisches Dasein ausgedehnt.

Ich weiß jetzt, dass Sie ein Tänzer sind. Wenn Sie glauben, dass Sie bloß haltlos vor sich hin taumeln, so irren Sie sich. Allein durch die Lektüre dieses Buches bewegen Sie sich in eine heilsame Richtung. Selbst wenn Sie nur dieses Kapitel gelesen haben und nicht vorhaben, ein weiteres anzufangen, so sind Sie doch in Bewegung. Es ist nicht notwendig, ein Derwisch zu werden, um sich der Vollkommenheit zu nähern. Allerdings ist es hilfreich, um den richtigen Dreh zu wissen, denn dann geht der Tanz erst richtig los. Würden Sie sagen, dass auch dies heilsam ist?

Sagen Sie ja, denn sonst müsste ich Sie bitten, die Philosophie der Spirituellen Medizin noch einmal von Anfang bis Ende zu lesen und dann womöglich noch einmal von Anfang bis Ende und wieder und wieder. Das ist die Schlange, die sich in den Schwanz beißt. Sie sind also mittendrin im Kreisel, der das Bewusstsein erhebt.

Fragt sich nur, ob Sie diesen neuen Dreh jetzt als Kreis oder als Spirale betrachten.

Teil C

Angewandte Spirituelle Medizin *Patient Carsten K. und die Methoden des Geistigen Heilens*

22. Kapitel ***Der Anruf, das Bild, der Beginn***

Der Anrufer hieß Carsten, ein Mensch mit einer jugendlichen Stimme, der durch eine Teilnehmerin meiner wöchentlichen Lerngruppe an mich verwiesen worden war. Ich fragte ihn nach dem Grund seines Anrufes, woraufhin ich minutenlang nur die Telefonleitung rauschen hörte. Schließlich erklärte er mit stockender Stimme, er habe Depressionen, würde Antidepressiva einnehmen, die aber kaum Linderung brächten, weshalb er seit einem Jahr arbeitsunfähig sei.

Während er das sagte, sah ich vor meinem geistigen Auge plötzlich ein Bild. Ein Baby in einem Kinderwagen. Es hielt etwas mit der rechten Hand oder im rechten Arm, einen Teddy vielleicht oder ein Stofftier, genau konnte ich das nicht sagen. Ebenso wenig wusste ich sein genaues Alter zu bestimmen. Das Baby hatte einen roten Kopf, denn es schrie. Während ich es sah, hörte ich es schreien. Es war ein Schrei, von dem man annehmen könnte, dass er Glühbirnen zum Platzen bringt. Eine Mischung aus unsagbarer Verzweiflung und Wut.

Dann hörte ich wieder die Stimme am Telefon, und ohne dass ich den exakten Grund benennen konnte, war ich mir sicher, ich hatte den Anrufer soeben als Baby gesehen.

«Sind Sie noch da?», fragte die Stimme am Telefon.

«Natürlich. Könnten Sie bitte den letzten Satz noch einmal wiederholen.»

Er räuspert sich. An der Art, wie er sich räuspert, erkenne ich seine Ungeduld. «Ich bin seit acht Jahren depressiv. Ich habe es satt. Ich will endlich wieder mit Freude aus dem Haus gehen, arbeiten können. Sie wissen, was ich meine?»

«Ja, sicher.»

«Dann können Sie mir helfen.»

«Ich glaube, ja.»

Ich höre ihn atmen. «Wann kann ich vorbeikommen?»

Wir vereinbaren einen Termin.

Carsten K. war einer meiner frühen Patienten. Einige Monate zuvor hatte ich meine Ausbildung zum Geistheiler beendet und direkt danach begonnen, andere Menschen energetisch zu behandeln. Die kamen wie gerufen, auf geradezu magische Weise von Beginn an, so konnte ich gleich anwenden, was ich in den eineinhalb Jahren meiner Ausbildung bei Attilio Ferrara, einem Sardinier, gelernt hatte. Außerdem hatte ich begonnen, schamanische Praktiken und Meditationstechniken, die ich schon länger beherrschte, in kleinen Gruppen zu unterrichten. Ohne dass ich es bewusst geplant hatte, floss auch das bei Attilio Erlernte mit ein. Und wurde dankbar aufgenommen.

23. Kapitel **Mein Lehrer Attilio**

Attilio hatte einen Großteil der ersten Hälfte seines Lebens als Elektriker im Hafen gearbeitet und in der zweiten Hälfte seine Berufung als Geistheiler entdeckt, blieb also in gewissem Sinne Elektriker, nur mit einer Leitung, durch die jetzt eine andere Art Strom fließt. Sich mit Attilio zu verständigen ist nicht leicht, weil er nur gebrochen Deutsch spricht und ich kein Italienisch. Das muss hilfreich gewesen sein, denn mit seiner Hilfe und ohne viele störende Worte machte ich Erfahrungen von überwältigender Intensität.

Attilio ist im streng katholischen Carloforte aufgewachsen, einem kleinen Fischerdorf auf der Insel Di San Piedro im Südwesten Sardiniens, und als Erwachsener nach Deutschland übergesiedelt. Sein Erweckungserlebnis zum Geistheiler hatte er, als er eines Morgens von einer Nachtschicht im Hamburger Hafen nach Hause kam und im Garten einen Busch brennen sah. Der Busch brannte lichterloh, und Attilios erster Impuls war, ins Haus zu laufen und die Feuerwehr zu rufen. Aber irgendwas an dem Busch kam ihm seltsam vor. So blieb er einfach stehen, um weiter zu beobachten. Schließlich verlöschten die Flammen, woraufhin Attilio den Busch in Augenschein nahm und feststellte, dass er nirgendwo verkohlt war, sondern grüne Blätter trug. Tage darauf begegnete ihm die Madonna im Garten. Ob sie ihm etwas sagte oder einfach nur da war, hat er keinem seiner Schüler je verraten, und natürlich gibt es logische Gründe, Attilios gesamte Erzählung zu bezweifeln.

Ich muss ihm irgendwie geglaubt haben, sonst hätte ich bei ihm ja nicht die genannte Ausbildung gemacht. Die Dramaturgie der monatlichen Lernabende bei Attilio war nahezu immer gleich. Die acht bis zehn Schüler setzten sich mit ihrem Lehrer in einem Kreis vor einen kleinen Altar mit Marienbild. Während Attilio zu erzählen begann, schlief eine ältere Frau meistens sofort ein, aber das störte ihn nicht, solange sie nicht zu schnarchen begann, dann kitzelte er oder einer der Schüler sie kurz am Fuß. Attilio erzählte von den Heiligen, mit denen er kommunizierte, und von wunderbaren Heilungen, die sich in seinem Haus ereigneten. Die Art, wie er sprach, versetzte die Gruppe in eine meditative Stimmung, einige hörten mit geschlossenen Augen, verträumten Mienen und halb im Liegen zu, andere saßen kerzengerade und schauten Attilio unverwandt an. Schließlich machte er bei jedem seiner Schüler eine oder mehrere Energieübertragungen, um, wie er sich ausdrückte, «das spirituelle Wachstum voranzubringen». Danach zeigte und erklärte er uns Behandlungsmethoden.

Ich erzähle das in dieser Ausführlichkeit, weil Carsten der erste Patient war, bei dem ich alles, was ich von Attilio gelernt hatte (und einiges, was ich vorher von einem schamanischen Lehrer gezeigt bekommen hatte), zur Anwendung brachte. Ich wendete es Schritt für Schritt an. Sehr bewusst, weil ich mir die einzelnen Behandlungsprozeduren noch selber deutlich machen musste, um ja nichts falsch zu machen. Denn etwas falsch oder nicht ganz richtig, nur fast richtig zu machen – davor hatte ich am Beginn meiner Tätigkeit als Geistiger Heiler ein bisschen Angst. Jedenfalls konzentrierte ich mich umso mehr. Das geschah während eines langen sonnigen Nachmittags und ist mir dank dieser Konzentration und anfänglichen inneren Aufgeregtheit so detailliert im Gedächtnis geblieben, dass ich es jetzt ebenso genau beschreiben werde.

24. Kapitel **Die Säule aus goldenem Licht**

Bevor Carsten klingelt, bleibt mir noch ein wenig Zeit, meinen Schutz zu aktivieren.

Menschen, die energetisch arbeiten, verfeinern sich. Je feiner und empfänglicher sie werden, umso notwendiger wird es, sich vor groben Einflüssen zu schützen. Nicht wenige Heiler vergessen oder missachten das – und wundern sich, wenn sie von Fremdenergien unangenehm berührt werden.

Das passiert täglich, zum Beispiel beim Einkaufen. Es passiert auch all jenen, die es nicht wahrhaben wollen, weil sie finden, dass derartige Dinge ins Reich der Phantasie gehören. Trotzdem bemerken sie, wenn eine Person in ihrem Rücken sie anschaut, und drehen sich um, weil sie es bemerkt haben. Gleichzeitig bezweifeln sie den energetischen Kontakt zu anderen Menschen. Der ist offensichtlich und wird umso offensichtlicher, je mehr man sich damit beschäftigt. Ein zwingender Grund, sich daher sorgsam zu schützen.

Am besten morgens nach dem Aufstehen, das reicht dann für den ganzen Tag. Heute habe ich das vergessen. Also muss ich es jetzt tun. Es gibt Leute, die behaupten, dass ein energetischer Schutz beim Duschen zerstört oder wenigstens geschwächt wird. Entweder habe ich den Schutz noch nie vorm Duschen aktiviert, oder die genannte Behauptung ist ganz einfach Unsinn. Ich vermute Letzteres.

Ich muss zugeben, dass ich schon oft vergessen habe, den Schutz zu aktivieren, und es hinterher genauso oft bereute. Es mag einem idiotisch vorkommen, aber es hilft. Und es ist einfach. Was will man mehr?

Um den Schutz zu aktivieren, stelle ich mich gerade hin, atme einige Male ruhig ein und wieder aus, dann schüttele ich meine rechte Hand und schaue dabei auf die Fingerspitzen. Ich könnte auch die linke nehmen, aber ich bin Rechtshänder, also bleibe ich dabei. Während ich die Hand ein wenig schüttele, nicht gewaltsam, nur ganz leicht, sehe ich goldenes Licht aus den Fingerspitzen strahlen. Feine, gebündelte Strahlen, die eine leuchtende Verlängerung meiner Finger bilden.

Zu Anfang musste ich es einige Male probieren, bis ich die goldenen Lichtstrahlen endlich sah. Und ich erblickte sie mit geschlossenen physischen Augen und offenen geistigen. Inzwischen spielt es keine Rolle mehr, ob ich meine physischen Augen schließe oder nicht. Das Licht ist wie auf Befehl einfach da.

Ich hebe nun meine Hand mit den Leuchtfingern in Höhe meines Kopfes, sodass die Goldstrahlen in Richtung Erdboden weisen, und male dann im Uhrzeigersinn und in Armlänge einen Zylinder aus goldenem Licht um meinen Körper.

Zwei-, dreimal lasse ich meine Hand kreisen. Das ist pure Gewohnheit, denn einmal richtig reicht aus. Dann lasse ich die Hand sinken, fahre die Leuchtfinger wieder ein, weil es für einen Hellsichtigen womöglich seltsam aussieht, wenn ich mit leuchtenden Scherenhänden durch die Gegend laufe. Der Goldzylinder bleibt bestehen: als sicherer Schutz vor jeglicher Art von Fremdenergien.

Andere Menschen haben schon auf unangenehmste Weise versucht, meine Energie abzuzapfen. Selten als stromklauerischer und bewusster Frontalangriff, meistens unbewusst, weil es ihrem niedrigen eigenen Energielevel entspricht, sich Extrarationen bei Menschen mit höherer Energie zu holen. Diese Leute tauchen manchmal aus dem Nichts auf, heften sich einem ohne erkennbaren Grund an die Fersen, reden irgendwas oder auch nichts, wollen einfach nur da sein und tanken.

Das kann anstrengend sein. Schließlich will ich auch ganz normal ins Kino oder Konzert gehen, ohne dabei energetisch gemolken zu werden. Daher der Schutz durch den goldenen Zylinder. In jeder Lebenslage zu gebrauchen.

Und noch etwas habe ich festgestellt: Der Goldzylinder ist auch sehr hilfreich in einer Situation, die ich nicht einfach so verlassen kann, obwohl sie mir unangenehm ist, zum Beispiel, wenn ein Presslufthammer in der Nähe dröhnt. In solchen Fällen, wo ich die

Wirklichkeit ausblenden oder wenigstens dämpfen will, lasse ich den goldenen Zylinder im Uhrzeigersinn rotieren. So schnell, bis der gewünschte Dämpfungseffekt eintritt. Hilfreich auch im Kino gegen unangenehme Gewaltszenen.

Bei Behandlungen hat mich der Goldzylinder noch nie gestört. Solange er nicht rotiert, bleibt die Wahrnehmung unbeeinträchtigt und wird auch die Übertragung der Heilenergie nicht behindert.

25. Kapitel ***Heilsame Fragen***

Zur verabredeten Stunde klingelte Carsten an meiner Tür. 35 Jahre alt, Börsenmakler, allein lebend. Er schaut auf meinen Mund, während er spricht, und hat die Hände in den Seitentaschen seines dunkelgrauen Business-Sakkos. Die Hände beulen die Taschen und kommen mir geballt vor. Unter den Augen hat er dunkle Schatten, er wirkt übernächtigt und erzählt mir auf mein Nachfragen, dass er die vorangegangenen drei Nächte kaum geschlafen habe.

Ich führe ihn in mein Behandlungszimmer, bitte ihn, sich zu setzen, und frage ihn nach seiner Lebenssituation. Er beschreibt mir Tage, die er überwiegend im Bett verbringt, meistens vor dem Fernseher, um sich abzulenken, weil ihm die Konzentration zum Lesen fehle, und erzählt von Nächten, in denen er nur stundenweise Schlaf findet, oft erst gegen Morgen, sodass er dann den Vormittag verschläft.

«Wie fühlen Sie sich in diesem Moment?», frage ich.

Er blickt sich suchend im Zimmer um. «Ganz gut.» Er lächelt.

«Wann erlebten Sie die letzte Depression?»

«Gestern Nacht. Der Schub fühlt sich immer gleich an. Ich kriege so etwas wie einen Sack über den Kopf. Schwarz und undurchdringlich. Er nimmt mir den Atem, und ich bekomme Angst.»

Sehr präzise beschreibt er mir das Abtauchen in die Depression. Das Gefühl, von der Dunkelheit verschluckt und von einem unsichtbaren Klammergriff in vollkommener Schwärze gefangen gehalten zu werden, gefolgt von der Horrorvision, in der Hand unsichtbarer Peiniger zu sein, ausgeliefert, allein, malträtiert, gequält, gefoltert.

Seit wann er diese Schübe habe, frage ich.

Daran erinnert er sich nicht genau. «Heftig seit meinem 28. Lebensjahr.» Aber in den beiden Vorjahren sei er auch schon phasenweise depressiv gewesen.

Zu der Zeit habe er sein Studium beendet und direkt danach als Trainee bei einer großen Bank angefangen, zur gleichen Zeit sei auch eine Beziehung in die Brüche gegangen.

Ich frage nach der Art der Beziehung.

Ja, es sei schon Liebe gewesen, das könne er rückblickend sagen. Damals wäre ihm das nicht so bewusst gewesen, überhaupt habe er lange nicht mehr daran gedacht.

Ich erkundige mich nach seiner Kindheit.

«Die war sehr schön», erwidert er. «Nichts Negatives.»

«Gar nichts, das gibt es doch gar nicht.»

«Nur dass ich Einzelkind bin. Ich habe mir immer einen Bruder gewünscht. Aber nach meiner Geburt wollte meine Mutter kein Kind mehr. Sie hat mal angedeutet, dass meine Geburt sehr hart war, danach fürchtete sie sich wohl vor einer weiteren Geburt.»

Nicht alle Heiler befragen ihre Patienten vor der Behandlung, sondern lassen sich in Kürze von den Symptomen berichten, um direkt im Anschluss Energie zu übertragen. Das dauert nur wenige Minuten und ist hochwirksam. Also gibt es nichts daran zu kritisieren.

Ich frage gern, allein schon deshalb, weil das Finden der Antworten ein Teil der Heilung für die Befragten ist. Leben und Tod, Krankheit und Gesundheit sind Teil der Dualität, deren Dramatik ich bereits beschrieben habe. Der Tod begleitet uns auf Schritt und Tritt während unseres Weges durch unser Leben. Meistens erscheint er uns weit entfernt, und wir leben in der Illusion, dass unser Leben ewig ist, allein schon deshalb, weil wir uns den Tod kaum vorstellen können. Deshalb ist der Tod der beste Ratgeber, um uns daran zu erinnern, was für ein unendlich kostbarer, weil endlicher Zustand unser momentanes Leben ist. Das Gleiche gilt für unsere Gesundheit. Ohne den Widerpart der Krankheit kann es sie nicht geben. Sie ist der beste Lehrmeister der Gesundheit. Beide gemeinsam dienen der Vollständigkeit.

In diesem Sinne ist die Frage eigentlich nur, welche Lehren in welcher Härte und in welchem Umfang das Individuum zum Erkennen seiner Vollständigkeit braucht, um gänzlich heil zu sein, denn alles andere bringt Un-heil.

Und ich frage auch deshalb, weil mich die Antworten in eine Richtung leiten, die Einfluss auf die Art der Behandlung hat. In diesem Fall ist es so offensichtlich, dass es schwer ist, die Hinweise zu übersehen.

26. Kapitel **Das Feedback**

Folgendes sage ich Carsten K. Nach meiner Einschätzung zum jetzigen Zeitpunkt habe er eine besonders traumatisierende Geburt erlebt. Aller Wahrscheinlichkeit steckte er im Geburtskanal fest und ist dort fast gestorben. Um deutlich zu machen, was für titanische Kräfte bei der Geburt wirken, beschreibe ich Carsten die einzelnen Phasen der Geburt, beginnend mit dem ozeanischen, schwebenden Gefühl während der ersten Monate im Mutterleib, gefolgt von dem aufkommenden Gefühl einer Enge nach Erreichen einer bestimmten Größe, gefolgt von periodisch auftretender noch größerer Enge während der ersten Wehen bis zu dem Moment, wo er zur Geburt in den Geburtskanal gepresst wurde.

Aller Wahrscheinlichkeit nach war das Becken seiner Mutter sehr eng im Verhältnis zu seiner Größe gewesen. Aller Wahrscheinlichkeit nach war die Geburt sehr lang, und er steckte eine schier endlos lange Zeit im Geburtskanal. Aller Wahrscheinlichkeit nach hat die Dauer der Geburt seine Mutter beinahe zu Tode erschöpft. Und aller Wahrscheinlichkeit nach hat sie dadurch schreckliche Angst bekommen und womöglich aus Angst sogar den Geburtsprozess blockiert.

Ich sage «Aller Wahrscheinlichkeit nach», aber ich meine sicher, denn ich bin mir sicher, sage das allerdings nicht, weil es nicht meine Aufgabe ist, irgendwen zu belehren. Nicht immer bin ich so präzise, wenn ich ein Feedback gebe. Oft ist es wünschenswert, dass mein Gegenüber die Antworten aus eigener Kraft in sich selbst findet.

Carsten nickt. «Möglich.» Das Gesagte arbeitet in ihm.

Was ich nicht sage: Am Geburtsprozess sind Mutter und Kind gleichermaßen beteiligt. Wenn der Prozess als solcher zu einer noch extremeren Härte wird, als er es meistens ohnehin ist, fühlen sich beide Beteiligte wechselseitig auf geradezu monströse Weise einander ausgeliefert. Dies ist eine Erfahrung der Ohnmacht. Alles schwarz, nichts geht mehr, das kindliche Herz rast. Diese Erfahrung führt geradezu zwangsläufig zu ohnmächtiger Wut auf die Mutter. Die eigene Mutter zu lieben ist im frühkindlichen Stadium ein kaum zu unterdrückender Reflex. Also wird die Wut unterdrückt, schlummert im Unterbewusstsein, vergiftet die Seele, macht krank, depressiv.

Genau das war bei Carsten passiert. Nicht immer sehe ich das gleich so klar. Oft bekomme ich erst im Zustand eines erweiterten Bewusstseins nähere Informationen zur Befindlichkeit der zu behandelnden Person.

Um ganz sicher zu sein, werde ich Carsten noch einmal mit ganz anderen Augen anschauen.

27. Kapitel **Die Erdung oder Der verbindende Faden**

Spätestens jetzt ist es notwendig, eine Prozedur bei mir selbst ablaufen zu lassen, die ich zu Anfang gleichfalls lästig fand, weil sie da noch einige Minuten Zeit kostete und mir überflüssig schien. Trotzdem habe ich das folgende Verfahren immer angewandt. Heute ist es ein fast sekundenschneller Reflex, den ich gar nicht beschreiben könnte, wenn ich ihn mir nicht in aller Ausführlichkeit wieder und wieder bewusst gemacht hätte: die Erdung.

Die meisten Menschen denken, weil sie mit den Füßen auf dem Boden stehen, also Bodenkontakt haben, sind sie auch in Kontakt mit der Erde, also geerdet. Aus energetischer Sicht ist das nur teilweise richtig.

Der Mensch verfügt über ein kompliziertes feinstoffliches Energiesystem. Dieses feinstoffliche, also nicht materiell greifbare System kann kosmische Energie, Sonnen-Energie und die Energie der Erde aufnehmen, leiten und abgeben. Die Eintrittsstelle für die Erdenergie befindet sich auf dem so genannten Damm zwischen Geschlechtsorgan und Anus. Die Eintrittsstelle für die Sonnen-Energie befindet sich eine Handbreit oberhalb des Bauchnabels. Und die kosmische Energie gelangt durch den höchsten Punkt unseres Kopfes in unser Energiesystem.

Wenn ich von Erdenergie rede, spreche ich von einer Energieform, die laut magischer Tradition seit über zweitausend Jahren so bezeichnet wird, weil sich ihre feinstoffliche Beschaffenheit am besten mit Erdqualitäten benennen lässt.

Nicht wenige Autoren erfinden dauernd neue Namen für etwas, was längst einen hat. Solange ein Phänomen nicht zwingend nach Umbenennung schreit, benutze ich die eingebürgerten Namen, weil sie das Verständnis ohnehin komplexer Prozesse erleichtern.

Erdung funktioniert folgendermaßen: Wenn ich in diesem Moment nicht bereits sitzen würde, nämlich Carsten gegenüber, so würde ich mich jetzt für den Erdungsprozess hinsetzen, weil es im Sitzen leichter ist als im Stehen.

Dann schließe ich die Augen, vergegenwärtige mir die energetische Eintrittsstelle zwischen den Beinen. Ich weiß, das könnte man jetzt irgendwie anrüchig finden. Mit dieser Art von Albernheit habe ich keine Schwierigkeiten. Allerdings: Die beschriebene energetische Eintrittsstelle befindet sich zwischen zwei wichtigen Körperöffnungen, ist aber weder mit der einen noch der anderen identisch. Das vergessen Schüler manchmal im ersten Moment.

So wie ich mir die Stelle vergegenwärtigt habe, visualisiere ich einen silbernen Faden, kein Seil, kein Kabel, keine Hochspannungsleitung und auch keinen Schlauch, um womöglich Energie wie mit einer Wasserpumpe hochzusaugen. Nur einen simplen silbernen Faden stelle ich mir vor, der aus der genannten Körperstelle austritt und in Richtung Erde wächst. Wo immer ich gerade bin, im Hochhaus oder im Zelt, ich lasse den silbernen Faden bis zum Erdboden wachsen, lasse ihn kraft meiner Vorstellung in den Erdboden hineinwachsen, tief genug, um eine Baumwurzel zu finden, um die ich meinen Silberfaden dann mehrmals schlinge.

Als ich das die ersten Male versuchte, verfolgte mein silberner Faden offenbar eigene Ziele und löste sich immer wieder, bis es mir erst durch mehrmalige Konzentration gelang, ihn dauerhaft um eine Wurzel zu schlingen.

Das ist der Moment, wo ich mich plötzlich verbunden fühle. Eine Verbindung, die Kraft gibt und ebenso hilfreich wie gesund ist. Spätestens, wenn oben im Kopf die kosmischen Blitze einschlagen.

Die Beschreibung klingt so, als wäre die Erdung zeitaufwändig. Das gilt für den Anfänger, sehr schnell wird eine noch schnellere Routine daraus.

In Carstens Wahrnehmung habe ich nur einmal kurz die Augen geschlossen und wieder geöffnet, um ihn nun umso deutlicher zu sehen.

28. Kapitel ***Das Anhalten des inneren Monologs und die Wesensschau***

Natürlich beschreibe ich Carsten nicht jeden Schritt. Das würde ihn nur ablenken. Für ihn sieht es so aus, als würde ich die Behandlung ruhig beginnen, was ja auch richtig ist, nur nicht gleichbedeutend mit Untätigkeit.

In diesem Moment blicke ich ihm mit meinen physischen Augen direkt ins Gesicht. Im nächsten schaue ich ihn an, ohne direkt auf seine Augen zu fokussieren. Ich zwinkere auch nicht mehr mit meinen Augen, sondern halte sie unverwandt geöffnet. Das gelingt mir nahezu ohne Anstrengung, denn ich habe es schon sehr oft gemacht.

Ich bemerke seine Irritation durch meinen Blick und sage ihm, während ich ihn weiterhin ohne zu zwinkern anschaue, dass er mich angucken kann, wenn er mag, aber auch an mir vorbeischauen könne, wenn es ihm angenehmer ist; seine Augen zu schließen wäre gleichfalls in Ordnung. Nur abwenden möge er sich bitte nicht.

Carsten lächelt. «Dafür bin ich nicht hergekommen.»

Während ich gesprochen habe und auch seine Antwort hörte, ist etwas Seltsames passiert. Mit jedem Wort hat sich meine eigene Stimme weiter von mir entfernt. Und seine Antwort klingt wie über eine sehr weite Distanz gesagt. Auch sein Gesicht verändert sich. Kurz sehe ich es überpräzise. Wie auf einem Foto mit extrem erhöhter Tiefenschärfe. Dann wird es umso unschärfer und wechselt dabei die Farbe. Das Lächeln verblasst, die Stirn und obere Hälfte des Gesichts werden von einer grau-grün-gelblichen Wolke wie ein eingefärbter Schatten überlagert. Das Gesichtsfeld öffnet sich, und ich «sehe» farblose Schattierungen auf der Schulter und an beiden Schlüsselbeinen, rechts ausgeprägter als links, so wie eine transparente braunrote Wolke am Herzen.

Dies nehme ich wahr, ohne irgendetwas zu erwarten, zu denken, zu deuten, zu wollen. Es rückt einfach in meine Wahrnehmung. Wie ich Carsten sehe, von Schatten bedeckt, formuliere ich innerlich erst im Nachhinein. Im Moment des Gewahrwerdens bin ich in wortloser Stille. Ich höre keine innerlichen Kommentare oder irgendein anderes Gequatsche. Der innere Monolog hat aufgehört.

Das Anhalten des inneren Monologes beendet die Existenz der rationalen Welt. Es beendet die Wahrnehmung des Phänomens Zeit und die analytische Betrachtung der Wirklichkeit. Carsten und ich sind nicht mehr getrennt. Das ist ohne Worte einfach so. In dieser Position der Einheit ereignet sich erhöhte Sinneswahrnehmung. Wenn ich mich in die Position der Einheit begebe, weiß ich, dass diese veränderte Haltung aller Wahrscheinlichkeit nach von erhöhter Sinneswahrnehmung begleitet sein wird, erzwingen kann ich das nicht. Ebenso wenig, wie ich mich in die Position der Einheit hineinzwingen kann. Beides ereignet sich, wenn ich darauf gut vorbereitet bin.

Dazu zählt im Allgemeinen meine Absicht, mein Leben auf das zu konzentrieren, was mir wesentlich erscheint, also meinen individuellen Weg zum Erkennen meiner Vollständigkeit, um Vollkommenheit und Seligkeit zu erlangen. Und im Besonderen ist es die Art meines konzentrierten Blicks, die diese Absicht im Augenblick der Schau vollständig versammelt. In Folge ereignet sich das Verschmelzen mit der Einheit, die im gleichen Augenblick erhöhte Sinneswahrnehmung ermöglicht. Wie die genau geartet ist, hängt von individuellen Talenten ab. Meine Wahrnehmung ist überwiegend optischer Natur und nur sehr selten akustisch.

Carsten hält den Kopf bewegungslos und schaut mich dabei ruhig an, was hilfreich ist, denn umso klarer kann meine Wahrnehmung sein, während der grau-grüne Schatten nun verblasst und sich das Gesicht insgesamt verändert. Es ist ein weibliches Gesicht mit ungesunder bleich-grauer Haut. Es ist das Gesicht einer Frau, die mich mit schreckgeweiteten Augen direkt anschaut. Wiederum überscharf, wie bei einem Kontrastprogramm zur Bildbearbeitung auf dem Computer. Sie hat eine Frage, die sie nicht aussprechen muss, weil sie ihr aus jeder Pore dampft. Die Frage lautet sinngemäß: Warum habe ich mein Kind getötet? Das ist die Frage, die ihr gesamtes Sein beschäftigt. Ich weiß das, weil es durch die Aufhebung der Trennung irgendwie als Gewissheit in mir ist. Was genau passiert ist und zu dieser Frage geführt hat, kann ich später nicht mehr exakt benennen. Ebenso wenig ist mir bekannt, ob dieses Kind ein Junge oder ein Mädchen war. Allerdings bin ich sicher, dass es zum Tod des Kindes Jahre nach seiner Geburt kam, vermutlich durch einen Unfall, an dem sich die Mutter die Schuld gibt, auch nicht durch ein Verbrechen, denn dann sähe die Frau anders aus. Ihre vor Schreck weiten Augen legen nahe, dass sie Zeugin des Todes ihres Kindes war. In ihrem Blick erkenne ich die Selbstverdammung angesichts von Mitschuld und die Umnachtung und die Angst vor den Dämonen der Erinnerung.

All dies formuliere ich im Nachhinein, während der Schau gibt es nur wortlose Wahrnehmung. Ich verlasse den Zustand der Einheit, indem ich einfach dem Impuls der Analyse folge. Sofort werde ich in die rationale Realität zurückgeworfen.

Vor mir sitzt ein junger Mann mit ergrauenden Schläfen und einem dunkelgrauen Anzug. Die Ärmel sind zum Aufknöpfen, billig kann der Anzug also nicht sein. Die Taschen muss er mit den Händen glatt gestrichen haben, denn sie beulen sich nicht mehr.

Was habe ich im Zustand erweiterter Sinneswahrnehmung «gesehen»? Zuletzt sein voriges Leben, das von einer furchtbaren Erfahrung geprägt war, die zu Selbstverdammung und in tiefste Verzweiflung geführt hat und sich in großem Maße auf sein heutiges Leben auswirkt. Davor energetische Blockaden in den Schultern, die sich hauptsächlich durch seine lang andauernde Selbstverneinung in diesem Leben gebildet haben. Ganz sicher hat er dort auch auf biologischer Ebene schmerzhafte Verhärtungen, spürbar in diesem Moment. Als ich ihn danach frage, bejaht er.

Die Schattierung am Kopf sagt mir, dass sich die Depression vor längerer Zeit als mentales Muster in seiner Seele verankert hat und diese nach und nach verschleiert und vergiftet. Ich vermute, dadurch wird auch auf körperlicher Ebene sein Immunsystem geschwächt, was Carsten bestätigen kann. Im vergangenen Jahr habe er eine Gürtelrose gehabt, die mit Medikamenten behandelt wurde. Die braunrote Wolke über dem Herzen weist wiederum nochmals auf unterdrückte Wut hin.

Es gibt Geistheiler, die behaupten zu wissen, was die jeweiligen Farben in diesem Zusammenhang bedeuten. Ich widerspreche dem. Auch zwei gleichermaßen hellsichtige Menschen haben bei der übersinnlichen Betrachtung einer dritten Person niemals die gleichen Farbwahrnehmungen. Nach meiner Erfahrung sind sie nicht einmal ähnlich. Jeder Mensch sieht anders. Nur die Ampel auf der Kreuzung ist immer gleich rot. Auf der Ebene der verfeinerten Wahrnehmung wird Farbigkeit individuell. Deutbar ist sie ebenfalls nur individuell. Ich teile die Überzeugung, dass die Farbe Rot häufig für Wut steht, die Farbe Grün grundsätzlich für Wachstum und Wandel, Gelb für rationale Denkprozesse, Grau für Langeweile, Unbehagen und verdeckte Angst und Schwarz für Tod. Allerdings steht Weiß für die Auferstehung. Schwarz muss dem also vorangegangen sein.

Bei der Interpretation der Schau sind allgemeine Farbschlüssel nur bedingt hilfreich. Auf dieser Wahrnehmungsebene sind Farben zu vielschichtig, um sich einfach kategorisieren zu lassen. Umso vorsichtiger bin ich mit den Schlüssen, die ich ziehe.

Mit der so genannten Aura-Fotografie habe ich mich allein schon deshalb nicht befasst, weil mir technische Hilfsmittel jeglicher Art im Zusammenhang mit energetischer Arbeit unsympathisch sind. Das mag töricht sein, wahrscheinlich auch etwas überheblich. Allerdings weiß ich auch, dass das Tragen einer Uhr ganz sicher zum Verlust des Zeitgefühls führt.

Carsten sieht mich fragend an. Ich sage ihm, dass ich eine karmische Belastung gefunden hätte, die es zunächst und direkt aufzulösen gelte, denn sie würde die aktuelle Situation verschärfen.

29. Kapitel **Karma oder Die Muster, die Inkarnationen überdauern**

Carsten fragt mich, was Karma ist. Er habe das Wort schon oft gehört, aber sich nie etwas darunter vorstellen können. Ich erkläre es ihm so: «Angenommen, Sie hätten vor wenigen Minuten auf eine heiße Herdplatte gefasst und sich furchtbar verbrannt, würden Sie die heiße Herdplatte jetzt wieder berühren?»

«Um keinen Preis der Welt», grinst Carsten.

«Sehen Sie, das ist Karma, ein begleitendes Reaktions- und Verhaltensmuster, welches sich auf eine starke Initial-Erfahrung begründet. Nur dass es sich bei der zeitlichen Folge nicht um Minuten, Stunden, Tage oder Jahre handelt, sondern ganze Leben.»

«Dazu muss man aber an Wiedergeburt glauben», erwidert Carsten.

«Sie müssen das nicht», entgegne ich. «Der Erfolg Ihrer Behandlung hängt nicht davon ab, ob Sie an Reinkarnation glauben oder nicht. Es reicht, wenn mir das Phänomen vertraut ist und ich Sie dementsprechend behandele. Sind Sie damit einverstanden?»

«Ich habe ja nichts zu verlieren.» Aus seinem Grinsen ist ein Lächeln geworden.

«Doch», widerspreche ich, «Sie haben etwas zu verlieren. Ein karmisches Reaktionsmuster aus Ihrem vorigen Leben, welches in Ihrem jetzigen sehr ungesund ist.»

Karma ist ein Wort aus dem Sanskrit und bedeutet «Tat», «Handlung». Der Brockhaus meint dazu: «Nach der Lehre vom Karma setzt jede gute oder schlechte Tat einen Vergeltungsprozess frei, der unbeeinflussbar eine Vergeltung in einem weiteren Leben bedingt.» Das ist die verbreitete Auffassung von Karma, und sie ist nach meiner Kenntnis unsinnig. Es geht weder um Vergeltung noch um unbeeinflussbare Prozesse. Webster's Dictionary ist da näher an der Wahrheit. Hier wird Karma definiert «als die Gesamtheit der Handlungen einer Person in einem der aufeinander folgenden Stadien der Existenz, von denen man annimmt, dass sie das Schicksal der Person im nächsten Stadium definieren».

Das ist richtig, lässt sich noch einfacher aber so beschreiben: Eine Frau wird im 18. Jahrhundert von ihrem Mann erschlagen. Im 19. Jahrhundert wird sie als Frau wiedergeboren, heiratet jung einen jähzornigen und gewalttätigen Mann, zu dem sie sich aus unerklärlichen Gründen hingezogen fühlt. Ihre Leidenschaft für ihn ist ihr unheimlich, denn sie wird begleitet von dem Gefühl einer Lebensbedrohung. Also zieht sie sich in sich selbst zurück, verweigert sich zunehmend seiner Liebe, was ihn in Wut und Rage bringt. Im Streit schlägt er sie. Erschlägt er sie, hätte ich jetzt auch sagen können, aber darauf kommt es gar nicht mehr an, denn die karmische Geschichte geht so weiter. Wie genau, mag sich jeder selbst ausdenken. Das ist das karmische Prinzip. Es gilt für alle Erfahrungen, trennende, also negative, ebenso wie für Einheit stiftende, also in diesem Sinne positive. Für Gedanken ebenso wie für Gefühle und Handlungen. Die Muster begleiten den individuellen Geist auf seinem Weg durch die Inkarnationen. Zum Beispiel als Opferimpuls mit ähnlichem Charakter und ähnlicher Intensität. Das Geschlecht der Person spielt in diesem Zusammenhang häufig eine geringere Rolle als Charakter und Intensität der Opfer-Erfahrung. Opfer- und Täter-Schema sind ebenso austauschbar. Auch hier ist die Frage, ob Täter oder Opfer weniger wichtig ist als der Charakter und die Intensität der Erfahrung.

Gleiche Erfahrungen wollen aus wechselnder Perspektive immer wieder neu durchlebt werden. Von Inkarnation zu Inkarnation. Das ist das Rad der Wiedergeburt. So betrachtet, ähnelt es einem Hamsterrad. Denn was das Lernen durch Verhalten betrifft, sind

Menschen aus der himmlischen Perspektive gesehen auch nicht viel schlauer als ein Hamster, der Tag für Tag im immer gleichen Trott in seinem Rad rennt.

Kein Grund zum Verzweifeln. Kleiner Trost: Es gibt ja die Erleuchtung, oder noch besser, das Verlöschen im Nichts, also die Auflösung des Ichs mit all seinen doofen Anhaftungen, vorstellbar als ein Sack voller blöder Verhaltensweisen, die das Individuum durch seine vielen Inkarnationen schleppt. Wieder und wieder, denn eine der Gesetzmäßigkeiten menschlicher Geburt ist der Verlust der Erinnerung an frühere Inkarnationen. Alles weg, bei den meisten Menschen jedenfalls. Es sei denn, es wird durch so genannte Rückführungen wieder zugänglich gemacht.

Wozu? Um Vollständigkeit zu erreichen, also Gesundheit. Denn jede Trennung ist krank. In diesem Fall vor allem die Abtrennung, denn bei der Betrachtung von Karma geht es um Integration. Das Opfer sieht den Täter, unter dem es furchtbar gelitten hat, als wirklich böse an und errichtet eine Mauer zwischen sich und dem Bösen, um der Bedrohung durch das Böse hinter der Mauer zu entgehen, und verachtet sich gleichzeitig für seine Ohnmacht und Angst. Der Täter sieht das Opfer, voller Angst, erniedrigt und beleidigt, gequält und malträtiert, fühlt seine Macht als Täter und die Angst des Opfers, sein Ausgeliefertsein und seine Hilflosigkeit, die er verachtet. Aber noch mehr verachtet er seine eigene Grausamkeit und die Freude daran.

Es ist keine gute Idee, einen Massenmörder leibhaftig aufzusuchen und sich, aus welchem Impuls auch immer, bei ihm einzuquartieren. Davon möchte ich deutlich abraten.

Es ist allerdings sehr hilfreich zu erkennen, dass all das, was wir nicht sein wollen, umso sicherer ein Teil unseres Wesens ist, den wir in einem früheren Leben wahrscheinlich sogar einmal ausgelebt, also in Handlung umgesetzt haben.

Es ist richtig, dass wir Mörder meiden. Ein Problem ist nur, wenn wir den Mörder in uns erkennen und ihn in irgendeiner Seelenecke einmauern, um ihn ja nicht weiter zu sehen, ja nicht daran erinnert zu werden, dass er da und schon einmal irgendwie aktiv geworden ist. Das Prinzip des Bösen gehört als Gegenpol zum Guten. Es ist Teil des Dramas der Polarität.

Die gute Nachricht ist: Im Moment, wo wir allem, was uns ausmacht, Negativem wie Positivem, erlauben, einfach da zu sein, verblasst das Unangenehme, Feindliche, Böse in uns. Das kann man sich ungefähr so vorstellen wie die Morgensonne, die plötzlich ein dunkles Zimmer erhellt. Im Augenblick, wo wir dem Negativen gestatten, einfach da zu sein, verblasst es und muss nicht mehr zwanghaft gelebt werden. Der Prozess der Integration führt zur Vollständigkeit. Das ist weder positiv noch negativ, sonders jenseits der Worte einer dualen Welt. In Wahrheit auch weder krank noch gesund, sondern ganz einfach jenseits von einschränkenden Begriffen und Erfahrungen wie Krankheit und Gesundheit.

Ich sage Carsten, was ich «gesehen» habe, weise gleichzeitig darauf hin, dass ein Irrtum möglich ist, die Beschreibung seiner früheren Inkarnation womöglich ein bloßes Produkt meiner Phantasie ist und kein direkter Zusammenhang zu seinem jetzigen Leben besteht, was ich allerdings kaum glaube.

Carsten sitzt mit gekreuzten Beinen, schaut sinnierend an mir vorbei und sagt nichts dazu.

Ob wir dann weitermachen wollen?

Er nickt nur.

30. Kapitel **Das menschliche Energiesystem, erster Teil: Sieben Räder**

Jede Geistige Heilsitzung eröffne ich mit einem energetischen Check, um herauszufinden, in welchem Zustand das so genannte feinstoffliche Energiesystem der zu behandelnden Person ist. Dazu werde ich Carsten nun ein zweites Mal mit erweiterten Sinnen «anschauen», beginnend mit seinem Wurzel-Chakra.

Chakra ist Sanskrit, wird richtig eigentlich «Cakra» geschrieben, in jedem Fall «Schackra» ausgesprochen und heißt «Rad», weil es meistens in Drehbewegung ist (im Uhrzeigersinn bei Energie-Aufnahme, im Gegenuhrzeigersinn bei Abgabe), und meint einen Energiewirbel. Laut altindischen Schriften hat ein Mensch über 80 000 solcher Wirbel auf seinem ganzen Körper verteilt, die in bis zu 350 000 Energiebahnen münden, so genannte Nadis. Nadis und Chakren verlaufen und liegen sehr ähnlich wie die Meridiane und Akupunktur-Punkte der chinesischen Medizin. Allerdings sind Nadis und Chakren feinstofflicher Natur, also nicht physisch greifbar, während Meridiane und Akupunktur-Punkte das sehr wohl sind, allein schon der Schmerz beim Einstechen erinnert daran. Und doch ist die Verbindung von Chakren und zumindest einigen Akupunktur-Punkten nicht zu übersehen.

So kennzeichnet der Akupunktur-Punkt «Stempelhalle», chinesisch «Yintang», den Punkt zwischen den Augenbrauen und der Nasenwurzel. Bei Kopfschmerzen und Verwirrungszuständen kann in diesem Punkt eine Nadel gesetzt werden. Im feinstofflichen Energiesystem liegt hier ein Neben-Chakra des so genannten Dritten Auges, Instrument des Hellsehens. Wer an dieser Stelle «genadelt» wird, dem gehen buchstäblich erst mal die Lichter aus. An gehen sie bei einer Punktur auf dem Scheitel des Kopfes, die sich «Die vier geistigen Weisen» nennt. «Die vier geistigen Weisen» sind vier

Nadeln in den vier Richtungen des Kopfes etwa eineinhalb bis zwei Zentimeter von einer zentralen Nadel entfernt. Die heißt «Baihui», zu Deutsch «Hundert Zusammenkünfte», und sitzt im Zentrum des höchsten Chakras, auch Krone genannt – das feinstoffliche Tor zur Erfahrung der kosmischen Urkraft. Beim Einstechen der «Hundert Zusammenkünfte» und «Vier geistigen Weisen» fühlt man sich, als würde eine Jalousie im Kopf aufgezogen, und dann leuchtet gleißendes klares Licht herein.

Auch für das Wurzel- oder Basis-Chakra gibt es einen Akupunkturpunkt: «Huiyin», «Treffpunkt der Erde». Das ist die bereits beschriebene Stelle am Damm zwischen Sexualorgan und Anus, so intim, dass hier nur in Notfällen eine Akupunktur-Nadel gesetzt wird. Zum Beispiel bei einem vollkommenen Darniederliegen der physischen Vitalkräfte, also chronischer Erschöpfung.

Das Wurzel-Chakra (Sanskrit: Muladhara-Chakra) ist das erste der sieben so genannten Haupt-Chakren, und es regelt die automatischen Körperfunktionen, reguliert die physischen Vitalkräfte und dient der Aufnahme einer Energie, die sich am einfachsten als Lebenskraft bezeichnen lässt und den göttlichen Willen zur materiellen Schöpfung beinhaltet.

Dieser Energiewirbel hat meistens eine runde Trichterform von individueller Größe und Farbe. Allgemein heißt es, dieses Chakra wäre in seiner gesunden Form rot, mit einem geringen Anteil von Orange und noch geringeren Spuren von Gelb, etwa sieben Zentimeter groß und würde an einem etwa drei Zentimeter langen Stiel wie eine Blüte in Richtung Erdboden aus dem Körper wachsen. Ich habe aber sehr wohl gesunde Wurzel-Chakren gesehen, die für meine Wahrnehmung orange oder grün waren.

Das Wurzel-Chakra steht in direkter Verbindung mit dem siebenten Wirbel, dem Kronen-Chakra (Sahasrara-Chakra), denn ein

Teil der vom Wurzel-Chakra aufgenommenen Lebenskraft wird für das Funktionieren des Kronen-Chakras benötigt. Kommt es hier zu Blockaden, sind Störungen der Hirnfunktionen die Folge.

Carstens Wurzel-Chakra ist in einem besseren Zustand als erwartet. Das muss ich an dieser Stelle zugeben: Bisweilen führen mich meine Erwartungen auf Abwege. Dafür sind Denkprozesse nötig. Um die zu vermeiden, gehört Gedankenstille zu den fundamentalen Notwendigkeiten der Spirituellen Medizin.

Ich hatte mit einem kleinen, an den Rändern womöglich leicht ausgefransten Trichter gerechnet und «sehe» eine Art Suppenschale, cirka sechs Zentimeter groß, braunrot, allerdings in langsamer Linksdrehung, also in einem Zustand des Energieverlustes, was ich später umkehren werde.

Also weiter zum zweiten Wirbel (Svadhishthana), Sakral- oder Sexual-Chakra genannt, eine Handbreit unter dem Bauchnabel gelegen, in gesunder Färbung häufig orange bis hellrot. Sitz der körperlich gebundenen Emotionen und zuständig für die emotionale Dimension des Zeugungs- und Empfängnis-Impulses. Hier wird die auf Vereinigung zielende Schöpferkraft verdichtet, also die Urkraft jeglicher Kreativität, die auf eine schöpferische Fortpflanzung des eigenen Seins drängt. Auf biologischer Ebene regelt dieses Chakra den weiblichen Zyklus ebenso wie die erotische Erregung. Fehlfunktionen äußern sich zum Beispiel in Blasenentzündungen, Impotenz, Sterilität, auch Prostata-Krebs.

Das zweite Chakra steht in besonderer Verbindung zum sechsten, also dem Dritten Auge (Ajna), dem Stirn-Chakra, auch Auge der Weisheit oder Inneres Auge genannt, Sitz der übersinnlichen Wahrnehmung. Jegliche Kreativität, alles Schöpferische ist nur heilsam im Hinblick zur Einheit. Dazu dient das Dritte Auge. Wird die eigene Sexualität nicht gelebt, ist auch diese Wahrnehmung begrenzt. Krankt das zweite Chakra, ist auch das sechste kaum gesund.

Carstens Sexual-Chakra ist klein, braungrau, nicht rund, sondern oval und steht still. Sein zweites Chakra zeigt blockierte Sexualität und bedarf dringend einer Behandlung.

Der dritte Wirbel (Manipura), auch Solar-Plexus-Chakra oder Sonnen-Zentrum genannt, etwa zwei Finger breit oberhalb des Bauchnabels gelegen, dreht sich sehr langsam im Uhrzeigersinn und zeigt sich mir blassgelb mit orangerotem Rand, einigermaßen rund, nicht zu klein, allerdings an den Rändern ausgefranst.

In vollständig gesundem Zustand ist es häufig leuchtend gelb mit mehr oder minder leuchtenden Anteilen von Grün, Blau, Rot und Violett. Ich habe aber auch schon gesunde Solar-Plexus-Räder gesehen, die grün waren mit Anteilen der übrigen genannten Farben, aber auch anderen. Einmal habe ich sogar ein nahezu farbloses drittes Chakra gesehen. Es leuchtete strahlend und irgendwie transparent mit winzigen Anteilen von Grün und gehörte zu einer Frau von seltener Klarheit und Kraft.

Durch das dritte Chakra wird dem Menschen eine Energie zugeführt, die um der Einfachheit willen Sonnen-Energie genannt wird, weil nur in Verbindung mit dieser Energie ein sonniges Gemüt möglich ist. Durch dieses Chakra gewinnt der Mensch seine bejahende Kraft. Ohne Vitalität und Schöpfungswillen wäre sie sinnlos und müsste wie eine Supernova verpuffen, daher bilden die drei unteren Chakren einen energetischen Akkord.

Das dritte Chakra oder der zehnblättrige Lotus wird auch als Tempel der Persönlichkeit bezeichnet, durch den wir in emotionale Beziehung zu anderen Menschen treten. Die Energie der unteren beiden Wirbel wird hier in eine unser Leben gestaltende bewusste Kraft umgewandelt.

Die Transformation der Vital-Energie des ersten Chakras und der Schöpfungsimpuls des zweiten in Verbindung mit der «Sonnen-Energie» des dritten kann als eine Art energetischer Verdauungsprozess betrachtet werden. So ist es nicht verwunderlich, dass Störungen des Verdauungsapparates hier entstehen, sowie Erkrankungen des vegetativen Nervensystems und Immunschwäche.

Ich verlasse den Zustand des «Sehens» und frage Carsten, ob er häufig unter Verstopfung leide, und er nickt.

Das dritte Chakra steht neben der genannten Beziehung zu den beiden unteren in direkter Verbindung mit dem fünften, dem Kehlkopf- oder Hals-Chakra (Vishuddha), Sitz der Kommunikations- und Kontakt-Fähigkeit, vor allem durch sprachlichen Ausdruck. Menschen mit einem chronisch unterversorgten dritten Chakra sind nicht in der Lage, vor anderen Menschen eine Rede zu halten, sprechen meistens mit leiser Stimme und verhaspeln sich leicht, wenn sie nur den Mund aufmachen.

Das ist bei Carsten nicht der Fall und stützt meine Wahrnehmung: Sein drittes Chakra ist pflegebedürftig, aber nicht in Besorgnis erregendem Zustand.

Sein vierter Wirbel – in der Mitte der Brust in Höhe des Herzens gelegen und Herzchakra genannt – hat keine für mich erkennbare Drehrichtung und changiert in den Farben Braun, Orange und Rot, alle drei aber durch Anteile von Grau gebrochen. Es ist eher klein, hat die Form eines schmalen Trichters und macht einen blockierten Eindruck.

In gesundem Zustand zeigt es sich oft in den Farben Grün, Rosa, Goldgelb und ist das Zentrum der selbstlosen Liebe. Selbstlos verströmende Liebe gibt uns das Gefühl, über uns hinauszuwachsen und mit allem, was ist, in Berührung zu kommen. So gesehen ist der vierte Wirbel das Tor der Verschmelzung. Von hier aus macht sich der individuelle Geist auf den Weg aus der Enge seiner Persönlichkeit, um die Einheit zu erleben.

Allerdings ist dies nur möglich bei einem harmonischen Gleichklang aller sieben Energie-Räder, denn das vierte Chakra oder Herzzentrum (Anahata) ist die Zentrale des gesamten Chakren-Systems, sinnbildlich dargestellt als die mittlere Flamme des siebenarmigen jüdischen Leuchters (hebräisch: Menorah). Die sieben Flammen oder sieben Strahlen der Individualität stehen auch für die sieben feinstofflichen Aura-Schichten des Menschen, die sieben Entwicklungsstufen des menschlichen Bewusstseins sowie die sieben Sphären der Schöpfung, deren zentrales Fluidum die Liebe ist.

Das fünfte Energie-Rad ist bei Carsten in relativ gutem Zustand. Es dreht sich rechtsherum, ist dunkelblau und ist die energetische Entsprechung seiner verbalen Ausdrucksfähigkeit. In vollständig gesundem Zustand ist dieses Chakra häufig hellblau, auch hellgrün, manchmal auch silbrig.

Sein sechstes Chakra, also das Dritte Auge, ist winzig, wirkt verschlossen, ohne erkennbare Drehrichtung, kurz: unterentwickelt. In einer Sitzung kann das nicht behoben werden. Dafür ist ein spiritueller Wachstumsprozess notwendig, der ausschließlich von seiner Bereitschaft abhängt.

Sein siebentes, auch Tausendblättriger Lotus genannt (Sahasrara) dreht sich kaum wahrnehmbar im Uhrzeigersinn, ist also in schwach aufnehmendem Zustand, aber zugleich von geringer Größe und sieht dabei eingefaltet aus, weißgrau mit einem Hauch von Blau. Ein wesentliches Ziel der heutigen Sitzung wird sein, dieses Chakra zu öffnen, um dem Bewusstsein einer kosmischen Verbundenheit Zutritt zu ermöglichen.

Eine verstopfte Krone bedeutet, mit dem Gefühl eines unerklärlichen Verlassenseins durch die Welt zu irren. Das ändert sich unmittelbar und direkt, wenn dieses Chakra geöffnet wird, denn dann empfängt der Mensch etwas, was im westlichen Kultur-Raum am ehesten mit dem Wort Christusbewusstsein zu benennen ist: eine Verbundenheit mit dem gestaltlosen Gewahrsein des ewigen, ungeformten Gottes. Im Christusbewusstsein erfährt das Individuum bedingungslose Liebe zu sich selbst und allen anderen Wesen.

Das Empfangen dieses Bewusstseins strahlt wiederum in umgekehrter Reihenfolge auf alle unteren Chakren (natürlich auch die Neben-Chakren) aus.

Daher ist es sinnvoll, die Reinigung oben, an höchster Stelle zu beginnen.

31. Kapitel **Die Reinigung der Chakren**

Die Reinigung der Wirbel wird meistens Chakren-Harmonisierung genannt. Dafür bitte ich Carsten, seine Augen zu schließen. Falls ihm das etwas ausmache, könne er sie aber gern offen halten. Außerdem wäre es ratsam, sich ruhig dem Fluss der Gedanken zu überlassen, sie aber möglichst nicht zu bewerten, sondern nur zur Kenntnis zu nehmen, wie das Wasser in einem Fluss, das von der Strömung mitgenommen wird, egal, ob wir am Ufer sitzen und zuschauen oder nicht.

Wieder nickt er nur, schließt die Augen und lehnt sich gerade an die Rückenlehne.

Zur damaligen Zeit behandelte ich jeden so. Ausschließlich im Sitzen, allerdings je nach Geschmack entweder auf einem Stuhl oder einem Meditationskissen. Ich selbst setzte mich in eineinhalb bis zwei Metern Entfernung vor die zu behandelnde Person. Das hatte ich von meinem Lehrer Attilio so gelernt und beibehalten. Bis vor wenigen Monaten. Da wollte eine Frau mit Arthrose in den Kniegelenken und Füßen im Liegen behandelt werden. Durch die entspannte Position wurde eine besonders tiefe meditative Erfahrung möglich. Im Anschluss ging sie beglückt und mit deutlich gelinderten Symptomen. Seither harmonisiere ich manchmal auch die Chakren in einer horizontalen Position. Für die Qualität der Harmonisierung spielt Lage oder Sitzposition jedoch keine Rolle.

Bevor ich beginne, kontrolliere ich noch einmal, ob meine eigenen Chakren vollständig geöffnet sind. Dazu «schaue» ich sie beginnend bei dem Wurzel-Chakra mit meinen Geistigen Augen an, während ich gleichzeitig ins jeweilige Chakra hineinatme. Ist es nicht ganz offen oder hat sich aus irgendeinem Grund, und das kommt vor, selbst geschlossen, so öffne ich es erneut, in dem ich visualisiere, dass es sich öffnet. In Folge springt es auf wie eine Knospe, die im Zeitraffer zur Blüte wird.

Das eigentliche Reinigungsverfahren zu beschreiben ist nicht ganz einfach, weil es seinem Wesen nach jenseits aller Worte liegt. Diese können hier nur mehr oder minder grobe Begriffe für etwas unaussprechlich Feines sein. Es beginnt bei mir wiederum mit Gedankenstille. Wenn zwei Menschen in einem Raum sind und einer der beiden in Gedankenstille ist, so geht sein Gegenüber immer in Resonanz. Selten wird dadurch eine Gedankenflut ausgelöst, resultierend aus einer Abwehrhaltung, meistens tritt eine sofortige Beruhigung ein mit gelegentlichen Gedankenpausen. Das allein ist schon eine heilsame Erfahrung.

Auch jetzt falle ich fast reflexartig ins wortlose Sein. Gleichzeitig bewirkt die Absicht der Chakren-Harmonisierung eine Abfolge von Handlungen, die ohne begleitende Gedanken als Automatismus erfolgen.

Erster Schritt: Auf dem Scheitel meines Kopfes öffnet sich das Kronen-Chakra, so weit es geht.

Zweiter Schritt: Mein Kronen-Chakra geht auf vollen Empfang für eine Kraft, die ich in der Tradition meines Lehrers als die diamantweiße Energie des ungeformten, ewigen, göttlichen Seins bezeichnen möchte.

Dritter Schritt: Die genannte Energie sinkt ein, sowie ich auf Empfang bin. Ich erkenne sie an ihren wahrnehmbaren Qualitäten. Denn in meinen Scheitel strömt nun angenehme Kühle, während mir gleichzeitig ein Licht aufgeht. Ich sehe leuchtendes Weiß und einen Nebel aus unendlich feinen Kristallen in mich einsinken. Ein elektrisierendes Gefühl, weshalb mir augenblicklich Schauer den Rücken herunterlaufen.

Vierter Schritt: Die Energie fließt durch den Kopf in meinen gesamten Körper. Auch in meine Arme und Hände. Ich spüre sie in den Handflächen kribbeln.

Fünfter Schritt: Ich hebe die rechte Hand. Die linke würde es wiederum genauso tun, aber ich bleibe Rechtshänder, hebe also die rechte Hand in Höhe des Kronen-Chakras meines Gegenübers, entfalte das Neben-Chakra in meiner Hand und lasse, ohne ihn jedoch körperlich dabei zu berühren, kraft meiner Absicht göttliche Energie aus meinem Hand-Chakra in Carstens Krone strömen. Eigentlich müsste es «leuchten» heißen, und das ist auch richtig, denn die Energie bildet eine Art Lichtbogen, während sie strömt, doch ist es eher ein Fließen als ein Leuchten.

Sechster Schritt: Ich gebe dem siebenten Chakra so viel Energie, wie es aufnehmen kann, dann dem sechsten Chakra wiederum die Energie, die es aufzunehmen in der Lage ist, gefolgt vom fünften und so weiter. Beim ersten angekommen, stelle ich die Verbindung zur Erde her, indem ich ein Energieband zur Erde wachsen lasse. Fertig.

Nun schaue ich mir das Ergebnis an. Alle Chakren drehen sich jetzt im Uhrzeigersinn. Die Farben sind nahezu unverändert. Das sechste hat sich geringfügig geöffnet, das siebente aber steht zu meiner Überraschung offen und ist größer als zuvor.

Ich frage Carsten, ob er etwas gefühlt habe.

«Ja», lächelt er, so eine Art weiße Wolke um seinen Kopf. Seine Nase habe plötzlich angefangen zu kitzeln.

Eine nicht ungewöhnliche körperliche Reaktion auf das Einströmen dieser Energie. Was bedauerlicherweise allerdings nicht heißt, dass alle Menschen, die niesen, gerade in Kontakt mit dem ungeformten Sein Gottes sind.

Ich freue mich über die Reaktion von Carsten, vor allem seine optische Wahrnehmung, denn sie zeigt mir, dass sein Bewusstsein reif für diese Art Erfahrung ist.

32. Kapitel ***Das menschliche Energiesystem, zweiter Teil: Die (un)sichtbaren Mäntel***

Nach der Reinigung begutachte ich mit den Chakren auch die Aura, also den feinstofflichen Energiekörper.

Aura stammt aus dem Lateinischen und ist eine Verknappung von Aurora, der Morgenröte. Der Energiekörper hat sieben Schichten, und jedes der sieben Haupt-Chakren öffnet sich in eine davon. Dies ist bei allen Menschen gleich. Nur die Dicke und Beschaffenheit der Schichten ist immer unterschiedlich.

Viele Menschen können die erste Schicht wahrnehmen. Meistens als einen in unterschiedlichen Farben leuchtenden unstrukturierten Mantel aus Licht, in der Regel nicht dicker als vier Zentimeter. Deutlich weniger Menschen können in der ersten Auraschicht Strukturen erkennen, denn in ihr sind alle Organe, das Knochengerüst, die Muskeln und Sehnen, die Blut- und Lymphgefäße, die Nervenleitungen, Meridiane und Energiebahnen wie aus Licht nachgezeichnet.

Die alten Griechen nannten den Wohnsitz der Götter Äther, eine feine, jegliche Materie durchdringende Himmelsluft, die später als Weltseele aufgefasst wurde und noch später als hypothetische Substanz mit den Eigenschaften eines Botenstoffes zwischen den Zuständen Energie und Materie. Die erste Aura-Schicht wird auch Ätherleib genannt, denn sie ist die immaterielle Blaupause des physischen Körpers. Als verbindende Schicht zwischen den subtilen, also feinstofflichen Körpern des Menschen und der grobstofflichen Physis übermittelt sie Informationen aus den höheren Schichten, die sich erst durch den Ätherleib materiell auswirken. Erst durch das energetische Kraftfeld des Ätherleibs existiert der biologische Körper überhaupt. Ohne das ätherische Energiefeld zerfällt er, was an Toten sehr genau zu beobachten ist.

Der Ätherleib liegt wie ein Schutzmantel um den biologischen Körper, hält Krankheitskeime ab und führt ihm über das erste und dritte Chakra Energie zu.

Für die energetische Arbeit ist der Ätherleib sehr wichtig. Blockaden, die im Ätherleib aufgelöst werden, haben einen schnellen physischen Effekt. Ein Krebs, der hier schrumpft, wird auch auf biologischer Ebene kleiner.

Die nächste Schicht ist der Emotional-Körper, auch Astralleib genannt. Oft wird diese Schicht als die nächsthöhere bezeichnet, was bei flüchtiger Wahrnehmung auch richtig ist, denn der Astralleib liegt wie ein zweiter Mantel aus farbigem Nebel um den ersten, also den Ätherleib. Aber genauso wie der Ätherleib den physischen Körper des Menschen durchdringt, ausfüllt und umhüllt, tut dies auch der Emotional-Körper und durchdringt und umhüllt gleichzeitig auch den Ätherleib. Dieses Prinzip gilt auch für alle weiteren Aura-Schichten, deshalb wird es hier auch nur einmal beschrieben.

Der Astral-Körper ist das emotionale Gedächtnis des Individuums und kann bei sehr hoch entwickelten Persönlichkeiten raumfüllend sein. Alle Gefühle, die der Mensch hat und je hatte, auch in früheren Inkarnationen, zeigen sich hier als farbige, mehr oder minder helle Wolken. Negative Gefühle sind an dunklen, bedeckten Farben zu erkennen. Positive leuchten hell.

Um das Prinzip der Zuordnung von Gefühlen und Farben zu verstehen, ist es notwendig, sich folgende Tatsache vor Augen zu führen: Alles, was wir mit unseren physischen Augen sehen, ist reflektiertes Licht unterschiedlicher Frequenz. Die Höhe der Frequenz entscheidet darüber, welche Farbe wir optisch wahrnehmen, denn mit unterschiedlicher Farbwahrnehmung erkennt unser Gehirn verschiedene Frequenzen in einem bestimmten Bereich, dem Farbspektrum.

Wieso die Spektralfarben auch mit erweiterten Sinnen «gesehen» werden, bietet Stoff für weit reichende Vermutungen. Wichtig ist, dass Gefühle eine Frequenz haben, denn sonst wären sie im Emotional-Körper ja nicht zu erkennen. Es gibt viele Bäume auf dieser Welt. Sie sind unterschiedlich grün, unterschiedlich groß, haben unterschiedliche Blätter oder Nadeln. Es gibt mehrere Dutzend verschiedene Arten von Wut. Keine zeigt sich gleichermaßen dunkelrot wie eine andere. Allerdings sind Ärger, Zorn und Wut grundsätzlich in diesem Frequenzbereich zu finden. Dies zu begreifen ist mindestens so hilfreich wie die Kenntnis von Farbtabellen mit den emotionalen Entsprechungen.

Der Emotional-Körper ist für die meisten Menschen ohne Training unsichtbar. Hellsichtige Menschen können ihn sehen. Bei sich selbst oder bei anderen. Einige Menschen können diese Aura-

Schicht nicht sehen, dafür aber fühlen. Wer sie auch nach längerem Training nicht wahrnehmen kann, ist nicht grundlos blockiert, sondern wird wahrscheinlich von seinem Unterbewusstsein vor dieser Art Wahrnehmung geschützt.

Mit anderen Worten: Wer will schon in Bahn oder Bus sitzen und ständig zerzauste und irgendwie verkleisterte Auren sehen, mit schwarzen Schatten über Organen, die nicht mehr funktionieren oder Krebstumoren. Und das passiert. Ist die Gabe einmal erwacht, lässt sie sich nicht so ohne weiteres abstellen. Dann schaltet sich plötzlich wie von selbst erweiterte Sinneswahrnehmung ein. Zum unpassendsten Zeitpunkt, womöglich beim Vorbeigehen an den Junkies vom Hauptbahnhof. Ein schlechter Trip, durch den man nur auf einen Horror kommt. Die unbewusste Angst vor der Möglichkeit, zu viel zu «sehen», ist der Hauptgrund, warum die meisten Menschen mit erweiterten Sinnen gar nichts «sehen», also auf ihrem geistigen Auge blind sind. Ganz besonders deutlich ist das bei der Frage der Aura-Sichtigkeit.

Während ich in diesem Moment Carstens Emotional-Körper anschaue, nehme ich an seinem Gesicht ein helles Grün wahr, vermischt mit Schlieren von Blau, in Stirnhöhe wie durch einen Schatten abgedunkelt. Den gleichen Schatten habe ich zu Beginn schon einmal als grau-grün-gelbliche Wolke gesehen. Insgesamt liegt sein Emotional-Körper eng um seinen Ätherleib, Zeichen einer engen, eingeschnürten, zwanghaften Persönlichkeit, die sich selber kaum Raum gibt, gefangen in ihren Ängsten. Die Schatten an den Schultern erweisen sich bei erneuter Betrachtung als Löcher im Emotional-Körper, bekannt als Wasserträger-Syndrom. Der braunrote Schatten am Herzen hat sich geringfügig aufgehellt. Vermutlich ein Akt der Selbstheilung während der vorangegangenen Minuten, denn noch habe ich energetisch nur Vorarbeit geleistet.

Der Emotional-Körper ist ständig in Bewegung, wahrnehmbar als Farbenfluss. Jede Gefühlsregung des Individuums zeigt sich mit bunter Deutlichkeit in seiner Aura. So sehe ich an orange-gelblichen Tönen auf der linken Seite seines Kopfes, dass Carsten nachdenkt oder wenigstens nachdenklicher Stimmung ist.

Sein Emotional-Körper oder Astralleib wird wiederum durchdrungen und umhüllt von einer weiteren Auraschicht: dem Mental-Körper, Träger bewusster und unbewusster Gedanken. Den Mental-Körper eines Menschen zu sehen ist meistens sehr schwierig. Er scheint transparent und ist leicht mit darunter liegenden Schichten zu verwechseln. Allerdings sind Farben auf Gedankenebene eher die Ahnung einer Farbe als eine tatsächliche Tönung. Insofern ist eine Unterscheidung bei genauer Betrachtung möglich. Bei Menschen, die festgelegten Regeln folgen und sich in einem Zustand lang anhaltender geistiger Stagnation befinden, aufgelockert nur durch regelmäßige Fernsehabende, ist der Mental-Körper meistens irgendwie grau und klebt dicht am Emotional-Körper. Hoch entwickelte Persönlichkeiten haben nicht selten einen Mental-Körper, der über ihren ohnehin schon raumfüllenden Emotional-Körper wiederum einige Meter hinausreicht.

Carstens Mental-Körper umkleidet seinen Emotional-Körper etwa zehn Zentimeter dick und wirkt gesünder als erwartet. Jedenfalls kommt es mir so vor, weil ich mir meiner Wahrnehmung nicht sicher bin. Immer wieder verblasst sie, dann sehe ich stattdessen den Astralleib. Diese Wahrnehmung ist kaum geeignet, um weitere Informationen daraus zu ziehen.

Das Gleiche gilt für die folgenden vier Energie-Körper. Sie werden meistens als Spiritueller Körper zusammengefasst, weil ihre Unterscheidung mindestens so schwer ist, wie sie überhaupt zu «sehen».

Je weiter das Individuum in seiner spirituellen Entwicklung fortgeschritten ist, umso leichter wird es, seinen Spirituellen Körper wahrzunehmen. Der leuchtet dann in sehr hellen, durchscheinenden Farben der höchsten Frequenz und hat eine Ausdehnung von mehreren Metern, bei spirituellen Meistern, die ihre göttliche Natur erkannt und entfaltet haben, sogar kilometerweit.

Der Spirituelle Körper wird auch Kausal-Körper genannt, weil er das Geheimnis unserer Individualität bewahrt. Der Grund, warum wir die Trennung von Gott wählten und in Folge ein individuelles Dasein, verbirgt sich in dieser Aura-Schicht. Ebenso führt der umgekehrte Weg wiederum über den Spirituellen Körper. Um die Einheit zu erfahren, müssen wir uns aus dem Herzen heraus bis zu den Grenzen unserer Persönlichkeit ausdehnen. Also bis an die Ränder dieser Aura-Schicht. Danach kommt auch schon die Erfahrung der Einheit. Die ist dann fast unvermeidlich.

Carstens Spiritueller Körper ist etwa einen Meter dick, umkleidet ihn in Eiform und schimmert ein wenig wie Perlmutt. Allerdings ist diese Beschreibung nur eine Analogie aus der physischen Welt für das Schwingungsmuster einer sehr feinen Frequenz und zeigt die wachsende Schwierigkeit bei der Betrachtung der feinen und hochfeinen Sphären.

Jedenfalls ist Carsten in einem guten Zustand für die Reinigung der Aura.

33. Kapitel **Die Reinigung der Aura**

Attilio nennt die Reinigung der Aura den Christussegen, weil der erlösende Geist die höchste Energieform auf der Transformations-

Ebene ist, wo die Reinigung geschieht. Ich mag die Bezeichnung Christussegen sehr, gebrauche sie aber selten, weil sie häufig Widerstände weckt. In jedem Fall liebe ich die Prozedur. Sie hat wiederum rituellen Charakter und soll laut Lehre auf genau vorgegebene Weise erfolgen. Ich vermute, diese Art Reinigung ist nicht zwangsläufig an die in Folge beschriebenen Handbewegungen gebunden. Allerdings ist die Wirksamkeit in der beschriebenen Weise so stark, dass es nie eine Gelegenheit gab, um festzustellen, ob es anders womöglich auch geht. Denn Behandlungen sind kein Feld zum Experimentieren. Das Beste soll immer möglichst gut gegeben werden. Also gibt es nicht den geringsten Grund, etwas Bewährtes über Bord zu werfen.

Auch jetzt kann die Person, die gereinigt werden soll, denken, was sie mag, solange sie dabei still sitzen kann. Besser mit geschlossenen Augen als mit geöffneten, weil dann die Ablenkung durch optische Reize geringer ist. Kinder sind meistens zu neugierig dazu. Auch gut, es hilft so oder so.

Durch die Ausführlichkeit der bisherigen Beschreibungen könnten Sie, liebe Leserinnen und Leser, den Eindruck eines langen Behandlungsverlaufes gewinnen. Das ist nicht der Fall. Noch ist keine Stunde vergangen.

Carsten sitzt gerade wie zuvor, ohne erkennbare Regung oder Gemütsverfassung. Ein Zustand, für den das Wort «geduldig» sehr treffend ist.

Ich rücke mit meinem Stuhl dicht an ihn heran und schließe gleichfalls meine physischen Augen. Das ist nicht notwendig, oft aber hilfreich, weil ich mit geschlossenen Augen anders «sehe» als mit offenen. Wiederum bin ich nahezu augenblicklich in Gedankenstille und beginne die Prozedur. Oder vielmehr lasse ich sie beginnen, denn mein Ich und sein Wille haben sich irgendwie verflüchtigt, wie ein Objekt im Vordergrund eines Bildes, das plötzlich mit veränderter Perspektive Teil des Hintergrunds wird. Nicht mehr als ein Muster neben vielen. Wiederum als Reflex mit einer mechanischen Dimension beginnt die Reinigung. Ich bin eine Marionette an den Fäden eines Puppenspielers. Der hat alles in der Hand. Und selbst wenn die Marionette einen klitzekleinen Verstand hätte, bräuchte sie ihn nicht zu bemühen, denn die Fäden werden woanders gezogen.

Meine Hände heben sich mit den nach oben zeigenden Handflächen etwa einen Zentimeter über meine Knie. Durch die geschlossenen Augenlider sehe ich Carstens Aura. Sie ist unverändert, allerdings erblicke ich sie noch detaillierter als kurz zuvor. Erkenne kleine und kleinste grau-dunkelrote Fetzen, die an ihr hängen, entdecke graubraune Klumpen in der Leistengegend, weitere dunkle Verklumpungen in Höhe des Herzens, umgeben von rostroten Schlieren, und im Gesicht eine Wolke von winzigen braun-grünen Krümeln. Langsam heben sich meine Hände und sammeln dabei die Fetzen, Klumpen, Krümel und Schlieren in seiner Aura ein. Ich spüre das in meinen Händen. Nicht im Sinne eines physischen Gewichts, weil ich ja das meiner eigenen Hände hebe, sondern im Sinne einer beschwerenden emotionalen Frequenz, die zusätzliches Gewicht hat.

Sehr langsam und immer höher heben und füllen sich meine Hände. Bis in Höhe seines Kopfes. Dann darüber hinaus. Bis ich sie höher nicht recken kann.

Ich weiß, diese Darstellung wirkt sonderbar. Zwei Menschen sitzen einander mit geschlossenen Augen gegenüber. Der eine hat seine Hände im Schoß, der andere hält sie mit den ausgestreckten Handflächen vor sich, um sie dann langsam zu heben. Über den Kopf der gegenübersitzenden Person hinaus, wobei die Person mit den wandernden Händen gleichzeitig ihren Kopf hebt, als würde es irgendeinen Sinn ergeben, obendrein noch mit geschlossenen Augen, der Hebung der Hände zu folgen.

Was ist das für ein komisches Anbetungsritual, könnte man sich fragen und die Beteiligten kurzerhand für verrückt erklären. Wer die Vorstellung lustig findet, ist herzlich eingeladen, seinen kicherigen Gefühlen freien Lauf zu lassen, denn es kommt noch besser, und das ist eine sehr ernste Angelegenheit für mich.

Wenn sich meine Hände zum höchstmöglichen Punkt gehoben haben, reichen sie in die Sphäre der Heiligen. Das ist die Meister- oder Transformationsebene. Auf dieser Ebene zeigt sich der Spirituelle Körper eines Menschen. Hier kann alles Negative, Schädliche, Krankmachende, Ungesunde, jedes Suchtmuster, jedes Gierverhalten, jedes Hassgefühl, jede Wut, jeglicher Ärger, alle Trauer, jedwede Angst und eben auch das karmische Reaktionsmuster aus einem oder mehreren Vorleben in etwas Positives umgewandelt werden. Dazu sind die Heiligen da. Darin besteht ihr Job, und sie machen ihren Job nach meiner Erfahrung sehr gern.

Man muss ihnen also nur die ganze Scheiße hochreichen und bekommt etwas ganz Tolles zurück, also Gold gewissermaßen?

Richtig. So einfach ist das.

Allerdings muss die Person, bei der diese Reinigung stattfindet, ihren Ballast wirklich loswerden wollen und in der Tiefe ihrer Persönlichkeit bereit dafür sein. Und für den Behandelnden besteht die Kunst nicht zuletzt darin, all das störende Zeugs auch wirklich hochzureichen auf die Ebene der Transformation, denn halb reicht nicht. Das ist zumindest meine Erfahrung, wie Sie gleich noch besser verstehen werden.

Den Transformationsprozess erkenne ich an einem deutlich wahrnehmbaren Leuchten um meine Hände und dem Gefühl von Erleichterung. Nicht selten sehe ich auch, wie sich ein Geistiges Wesen der Transformationsebene über meine Hände beugt. Genauer möchte ich das nicht beschreiben, weil alles, was bei der Transformation passiert, ein unbeschreibliches Mysterium ist.

Danach verändere ich die Position meiner Handflächen, bis sie einen Winkel bilden. Das dient der Konzentration der Energie, die durch die Transformation versammelt ist. Im Anschluss öffne ich beide Hände und lasse die Energie zurück in die Aura der entsprechenden Person fließen. In diesem Moment in Carstens Aura. Zu «sehen» als ein goldener Strom, der in seine Aura sinkt

Ohne ihn mit meinen physischen Augen zu betrachten, weiß ich, dass er den Energiestrom spürt, denn wieder fühle ich eine körperliche Resonanz.

Dieses Reinigungs-Ritual habe ich schon oft angewandt. In meinen Kursen habe ich es auch schon anderen gezeigt. Nicht immer mit Erfolg. Wird der Dreck aus der Aura emporgehoben, aber aus irgendeinem dummen Grund nicht transformiert, also im gleichen Zustand wie vorher auf die zugehörige Person zurückgekippt, so fühlt sich das wie ein Eimer voll Jauche an, der plötzlich über einem geleert wird.

Ich öffne die Augen und sehe, dass Carsten weint. Er weint still, und die Tränen perlen über die Wangen und tropfen auf sein Jackett. Auch er hat die Augen geöffnet und schaut mich weinend an. Dann lächelt er.

Kurz sehe ich sein Gesicht in himmelblauen Nebel gehüllt, der Schatten, der vorher da war, ist nur noch sehr blass erkennbar.

«Jetzt sind wir ein gutes Stück weitergekommen», sage ich.

«Das glaube ich auch», erwidert er.

Folgendes weiß ich zu diesem Zeitpunkt: Carstens Kronen-Chakra hat sich durch die Reinigung der Wirbel geöffnet, seine negativen Aura-Verunreinigungen wurden in positive Energie verwandelt und konnten ihm als solche wiederum zugeführt werden. Dies ist ein Vervollständigungs- und Heilungs-Prozess, der die Aura stabilisiert und eine Erfahrung der Einheit vermittelt, allerdings auf einer vorwiegend unbewussten Ebene.

Folgendes vermute ich zum jetzigen Zeitpunkt: Das karmische Erinnerungsmuster, geboren aus einer vorigen Inkarnation als Frau mit massiven Schuldgefühlen, ist weitgehend aufgelöst. Die Wahrnehmung des nahezu verblassten Schattens im Gesicht spricht dafür. Genau weiß ich das nach der jetzt folgenden energetischen Heilung.

Dafür schließe ich meistens meine Augen. Damals habe ich es ganz sicher getan. Dann setze ich mich kerzengerade hin. Ich könnte auch in krummer Haltung halb im Liegen heilen, vermute ich. Allerdings bin ich mir sicher, dass eine aufrechte, konzentrierte Körperhaltung für meine Ausrichtung auf den Prozess der Heilung sehr förderlich ist.

Wenn sich mein Kronen-Chakra während der vergangenen Minuten aus irgendeinem Grund geschlossen hätte, was nicht der Fall ist, dann würde ich es jetzt wiederum weit öffnen. Gleichzeitig blicke ich mit einem Geistigen Auge, dem dritten nämlich, hoch auf die Transformations-Ebene.

Ich könnte auch nach unten blicken, also gewissermaßen zu Boden, denn die Transformations-Ebene ist oben und unten oder vielmehr weder oben noch unten, weil sie jenseits von oben und unten ist. Trotzdem sind Analogien für die Praxis hilfreich. Wenn ich also von oben spreche, meine ich eine Sphäre sehr hoher Schwingung.

Blicke ich dabei auch nach oben, so bekommt mein Gehirn durch komplexe Muskelkontraktionen, Sehnen-Verkürzungen und -Verlängerungen und Knochenstellungen auch das physische Signal für «oben», was eine positive und daher hilfreiche Verstärkung bedeutet. Ein Grund, warum viele Menschen den Blick heben, wenn sie von Gott sprechen, und andere ihren Blick senken, wenn sie keine Lust haben, über ihn zu reden.

Während ich also mit geöffneter Krone und geöffnetem Dritten Auge, aber geschlossenen physischen Augen nach oben schaue, um mich auf die Transformations-Ebene «einzuschwingen», gleite ich wie ein Surfer auf einer besonders prächtigen Welle wiederum in wortlose Stille. Ich muss wahrscheinlich nicht noch einmal betonen, wie schön ich diesen Zustand empfinde. Aber so ist es: Wie gern ich auch rede, zum Beispiel in diesem Moment mit Ihnen, verehrter Leser, hoch geschätzte Leserin, so sehne ich mich doch gleichzeitig nach Gedankenstille. Vielmehr sehnte ich mich danach, denn inzwischen lerne ich zunehmend, aus dieser Stille heraus zu sprechen, also nicht zu denken und dennoch zu reden. Man könnte annehmen, ziemlichen Unsinn, weil die meisten Menschen ohne nachzudenken den reinsten Blödsinn reden. Aber urteilen Sie selbst, denn ich schreibe auch aus der Stille heraus. Manchmal unterbrochen durch Phasen des Nachdenkens. Bis die nächste Welle kommt.

Diese trägt mich hoch auf die Transformations-Ebene. Dort nehme ich Kontakt auf mit einer besonderen Energie. Besonders deshalb, weil sie nicht die einzige auf dieser Ebene ist. Es gibt andere Energien dort von ähnlicher Kraft, auch Heilkraft, nur sind sie mir nicht gleichermaßen vertraut und zugänglich. Es sind die Energien göttlicher Wesen, die sich einen Rest ihrer Individualität bewahrt haben, um agieren zu können und auffindbar zu bleiben, weil sie

Helfer, Heiler und Wächter aller darunter liegenden Daseinssphären sind. So existiert der Engel des Todes und Bewacher des Lebens auf der Transformations-Ebene. Wer ihn gesehen hat, beschreibt ihn als freundliche, sehr verständnisvolle Erscheinung, die nichts Dunkles hat. Ich kann das nicht beurteilen, denn ich habe ihn noch nicht gesehen.

Vor Jahren habe ich bei einer außerkörperlichen Erfahrung von der Geistigen Welt einen Namen gesagt bekommen. Dieser Name, so wurde mir bedeutet, würde mich durch alle Inkarnationen begleiten und sei insofern auch eine Erinnerung an meine göttliche Herkunft als wandernde Seele. Natürlich habe ich mich im Nachhinein gefragt, wozu braucht eine Seele einen Inkarnationen überdauernden Namen, wo sie doch als Seele eigentlich nur einen Energiezustand hat. Ich habe mir das dann so erklärt, dass man diesen individuellen Zustand zwecks Wiedererkennung wohl irgendwie benennen muss, damit es auf geistiger Ebene kein Durcheinander gibt. Kurz: Ich habe den Namen an-, und weil ich schon mal dabei war, auch in Gebrauch genommen.

Das klingt nach Kinderglauben, aber es ist Kinderwissen, nichts für Erwachsene, die gern wegrationalisieren und in den Mysterien am liebsten Humbug sehen.

Ich bin nicht erwachsen, sondern gewachsen. Das ist ein feiner Unterschied. Der führt auf die Transformations-Ebene, denn wachsen hat etwas mit Ausdehnung und sich ausdehnen zu tun. Und genau das ist der Prozess: Ich dehne mich in Stille aus, bis ich die Transformations-Ebene erreiche. Ein Teil meines Seins ragt in diese Ebene und hat dementsprechende Wahrnehmungen. Zum Beispiel die geistigen Wesen auf dieser Ebene. Eine Energie namens Maria. In der Bibel beschrieben als die Mutter des göttlichen Sohnes. Auch das ist eine Analogie. Sie beschreibt einen energetischen

Zustand, der als weiblich, liebend, Form gebärend, fürsorgend und heilend angesehen werden kann im Unterschied zur Energie des ungeformten Seins Gottes, die aus einer noch höheren Sphäre kommt, und der transformatorischen Christus-Kraft.

Es ist leicht möglich, die Energiewesen mit anderen Namen als den biblischen zu benennen, denn Hindus und Buddhisten wissen mindestens genauso gut um ihre Existenz wie christliche Mystiker, allerdings komme ich aus dem christlichen Kulturkreis, und so sind mir die biblischen Namen vertraut.

Im Moment der Kontaktaufnahme mit der Energieform namens Maria fühle ich wiederum ein Einsinken durch mein siebentes Chakra.

Was sinkt dort ein?

Energie, die mir in dieser Verbindung gegeben wird. Sie hat einen warmen Charakter, und ich nehme sie als erwärmend wahr, während sie in mich hineinströmt. Sie hat eine sehr feine rötliche Farbe, ist also hellrosa, und hat eine niedrigere Frequenz als die Energie des ungeformten göttlichen Seins. Das ist auch notwendig, damit sie auf physischer Ebene, nämlich direkt im biologischen Körper, Blockaden und Disharmonien auflösen kann.

Die Energie strömt in meinen Körper und in meine Arme. Bis in meine Hände. Das spüre ich umso deutlicher, weil die Handflächen zu kribbeln beginnen.

Das ist der Moment, wo ich erneut die rechte Hand mit der erhobenen Fläche vor Carsten hebe. Zuerst vor sein Gesicht, etwa einen halben Meter entfernt, ohne ihn auch jetzt direkt zu berühren. Warum ich am Gesicht beginne, weiß ich nicht exakt zu sagen. Eine Vermutung: Seine Probleme haben auch da begonnen und sich erst in Folge zum Herzen verlagert.

So wie die Hand in der Zielposition ist, also frontal vor Carstens Gesicht, strömt die Marien-Energie. Kein weiteres Tun oder Wollen ist dafür nötig. Es geschieht einfach, weil es in der Natur dieser Energie liegt, genau diesen Weg zu nehmen und genau diese Wirkung zu haben, eine höchst heilsame, die bösartige Krebszellen zurückbilden, kalkige Ablagerungen in arthritischen Gelenken auflösen kann und vieles mehr, so auch Carstens Depressionsmuster im Gehirn.

Die Energie strömt in dem Maße, wie sie gebraucht wird. Das zu beurteilen liegt nicht in meiner Hand. Als der Fluss stoppt, weiß ich, dass es an dieser Stelle gut ist, und senke meine Hand zu Carstens Herzen. Wieder strömt die Energie, soweit erforderlich. Danach kommt der Magen dran, im Anschluss wandert meine Handfläche zur Milz, weil ich an der Stelle plötzlich eine schwarze Körnung sehe.

Während des Kontaktes zur Energie auf der Transformations-Ebene, dem Energiefluss und der Behandlung fühlt sich mein Körper irgendwie «elektrisch» an. Ein Phänomen, hervorgerufen durch die hohe Energetisierung der Aura. Während der ersten Male hat mir das Angst gemacht, dann lernte ich das Gefühl zu genießen, heute liebe ich es. Es tritt unterschiedlich stark auf und sagt etwas über die Qualität und Tiefe der Behandlung aus, nicht über die Qualität der Energie. Diese ist immer gleich, wird aber von jedem, an den sie übertragen wird, unterschiedlich an- und aufgenommen.

Je heilsamer sie aufgenommen wird, umso stärker spüre ich das als elektrisierendes Gefühl.

Heute ist es deutlich und stark zu spüren, was mich für Carsten freut.

Ich beende die Behandlung, indem ich meine Energiehand sinken lasse, mich mit Demut und Dank aus der Verbindung auf der

Transformations-Ebene löse und in meinem Tagesbewusstsein versammele.

Carsten wirkt gelöst. Ich frage ihn, ob er etwas gespürt hat.

«Ja», sagt er, «mein Kopf ist sehr warm geworden. Dann meine Brust und mein Bauch. Das hat sich gut angefühlt.» Er schaut mich abwartend an.

«Noch etwas?», frage ich.

«Ja, ich habe die ganze Zeit meine frühere Freundin vor Augen gehabt. So schön hat sie noch nie ausgesehen. Sie war einfach da, und ich hatte das Gefühl, in ihren Armen zu liegen.»

Wieder muss er weinen. Ich bleibe still, um ihn nicht zu stören. Nach einer tränenreichen Pause spricht er weiter: «Irgendwie habe ich etwas zurückbekommen, was ich verloren hatte. Ich weiß nicht genau, was es ist, aber ich weiß, dass es jetzt wieder da ist.»

Inzwischen beende ich eine Erstbehandlung meistens an dieser Stelle, freue mich über das Erreichte und sage dem Patienten, dass es während der kommenden drei Tage zu einer Erstverschlimmerung der Symptome kommen könne, was aber normal wäre, kein Grund zur Sorge. Meistens würden die Symptome anschließend umso sicherer abklingen. Natürlich könnten sie mich jederzeit anrufen oder bei Bedarf wiederkommen. Allerdings frühestens nach einer Woche (bis auf wenige Ausnahmen), damit der Genesungsverlauf einzuschätzen sei.

Bei Carsten habe ich nichts dergleichen gesagt, sondern einfach weitergemacht. Wie gesagt, er war einer meiner frühen Patienten, und in diesem Stadium der Behandlung überkam mich ein Ehrgeiz, der mir eingab, den Weg der Heilung mit allen zur Verfügung stehenden Mitteln an diesem einen Tag zu Ende zu gehen, denn ich wollte, dass er vollkommen geheilt zur Tür herausspaziert und auch nie wiederzukommen braucht.

Ich muss vor dieser Art Ehrgeiz warnen, denn in neunundneunzig Prozent aller Fälle tut man dem Patienten keinen Gefallen damit. Heilung ist ein Reifungsprozess, der Zeit braucht und nicht durch den Ehrgeiz eines Heilers übereilt werden darf. Das wusste ich schon damals.

Allerdings: Was heißt hier Zeit? Auf der Ebene spirituellen Seins existiert diese Dimension nicht. Auch das wusste ich damals schon. Also habe ich ihm in der Küche einen Tee aus frisch gepresstem Ingwer gemacht. Sehr erwärmend, sehr beruhigend, sehr heilsam. Wir sprechen nicht über die vorausgegangenen Erfahrungen. Mir kommt es so vor, als vermeide er absichtlich, darüber zu reden. In meinem privaten Zimmer hat er Bücher und CDs gesehen und fragt mich plötzlich, wie ich Julien Greens Roman «Mitternacht» beurteilen würde. «Großartig» erwidere ich. «Mitternacht» ist zufällig einer meiner Lieblingsromane. Neben «Mysterien» von Knut Hamsun. Wir schwärmen einige Minuten von «Mitternacht», dann empfehle ich ihm die «Mysterien». Im Anschluss reden wir über Rockbands, die wir beide schätzen. Erst danach bitte ich ihn zurück ins Behandlungszimmer.

Auf die Frage, wie er sich jetzt fühle, schließt er seine Augen, öffnet sie gleich wieder und sagt: «Sehr gut.»

«Fein», erwidere ich, weil das exakt seinem Zustand entspricht. Nach meiner Wahrnehmung ist der Grund seines Besuches, die Depression, zu diesem Zeitpunkt bereits aufgelöst, also Vergangenheit. Das erkläre ich ihm mit dem Hinweis, dass ich mich irren könne (was auch tatsächlich schon vorgekommen ist). Falls ich mich in diesem Fall jedoch nicht irre, gäbe es zum jetzigen Zeitpunkt weitere Schritte, die unternommen werden könnten, um die gegenwärtige Gesundheit für die Zukunft zu stabilisieren. Ob das in seinem Sinne sei?

Über eineinhalb Stunden sind inzwischen vergangen. Ich spüre keine Behandlungsmüdigkeit. Auch Carsten will unbedingt weitermachen.

Also erkläre ich die kommenden Schritte: drei Rituale, die zu weiterer Vervollständigung führen. «Vereinigung der Eltern» heißt das erste.

35. Kapitel ***Ritual zur Vereinigung der Eltern***

Ich bitte ihn, sich wiederum auf den Stuhl zu setzen, sich mit dem Rücken an der Lehne abzustützen, gerade, aber bequem zu sitzen und sich nicht von der Haltung ablenken zu lassen.

Er rückt einige Male auf dem Stuhl hin und her, schließt sofort die Augen und öffnet sie auch nicht, als ich zunächst mit einer Erklärung beginne.

Die lautet: «Menschen sind spirituelle Wesen, denn sie haben einen individuellen Geist, der sich von Inkarnation zu Inkarnation in einem anderen menschlichen Körper niederlässt. Wie ein Vogel, der von einer Insel zu nächsten fliegt, für einige Zeit dort landet, also die Insel mit seinem Vogeldasein beseelt und dann weiterfliegt zur nächsten Insel und immer so weiter. Der individuelle Geist hat gleichfalls Flügel. Im Moment des menschlichen Todes fliegt er aus dem Körper in die feinen Sphären, um nach einer gewissen Zeit in einem neuen Körper zu landen. Diesen Körper und ein Leben in diesem Körper sucht sich der beflügelte Geist auf folgende Weise aus. Aus der geistigen Sphäre kann er in die materielle Welt sehen, sie aber ohne materiellen Körper nicht betreten. Also kein leckeres Essen beim Inder. Keine Besuche in Rockkonzerten. Keine Körper, die sich zärtlich berühren. Keine wohligen Schauer, die einem den Rücken herunterlaufen. Keine körperliche Erschöpfung. Keine

Glückshormone im Hirn. Kein Tanzen, kein Lachen, kein Weinen. Nur die geistige Erinnerung an Lachen, Weinen, gutes Essen, körperliche Liebe und ein lebendiges Leben.

So blickt der beflügelte Geist voller Sehnsucht auf die materielle Welt, wo andere Geister in biologischen Körpern agieren. Solange er diese Sehnsucht hat, wird er wiedergeboren werden, das ist das Gesetz jeglichen Daseins.»

Carsten hält die Augen noch immer geschlossen. Ich rede ihn jetzt direkt an. «Auch Sie haben sich vor Ihrem jetzigen Leben in genau dieser Sphäre befunden. Ein beflügelter Geist, der aus einer schwebenden Position auf die Welt materiellen, biologischen Daseins blickt und sich nach Wiederverkörperung sehnt. Im Zustand dieses Sehnens waren Sie von großer Weisheit erfüllt, denn Weisheit und Wissen sind grundsätzliche Attribute beflügelter Geister. In dieser Schwebehaltung, getragen von den feinen Winden körperlosen Seins, kannten Sie all Ihre Vorleben, waren sich all Ihrer negativen und positiven Erfahrungen bewusst und suchten nun eine neue Inkarnation, um weitere lehrreiche Erfahrungen zu machen. Erfahrungen, die nur einem Ziel dienen, nämlich der absoluten Vollständigkeit und Befreiung von jeglicher Sehnsucht, also dem Ende des Hungers nach Wiederverkörperung und damit augenblicklichen Auflösung des individuellen Selbst im selbstlosen Ozean göttlichen Seins.»

Ich sehe die Andeutung eines Lächelns in Carstens Gesicht und rede weiter: «In diesem herrlichen, von Sehnsucht nach der Welt erfüllten Schwebezustand hielten Sie Ausschau nach den geeigneten Eltern für Ihre jetzige Inkarnation. Denn so geht das. Als beflügelte Geister wählen wir unsere Eltern, um in diesem Leben die optimale Startposition zu haben, um die gewünschten Erfahrungen zu machen. Es kann sein, dass wir Eltern wählen, die wir später verfluchen, weil sie uns eine harte Kindheit bescheren und wir vergessen haben, dass wir sie als beflügelte Geister mit all unserem Wissen und unserer Weisheit selber wählten. Auch Sie haben Ihre Eltern selbst gewählt. Aus der Schwebeposition haben Sie Ihre Eltern beobachtet. Ihre Mutter, verliebt in Ihren Vater. Ihren Vater, zärtlich zu Ihrer Mutter. Beide auf ihre Weise schön in diesem Moment. Versetzen Sie sich bitte jetzt einmal in die Position des beflügelt schwebenden Geistes. Wie ein Vogel schauen Sie aus der Vogelperspektive auf Ihre Eltern. Stellen Sie sich vor, wie sie damals waren. Wahrscheinlich haben Sie Ihre Eltern auf alten Fotos gesehen und können sich jetzt ausmalen, wie sie damals lachend, verliebt, zärtlich waren. Sie sehen Ihre Eltern jetzt kurz vor Ihrer Zeugung. Sehen Sie Ihre Eltern in diesem Moment?»

«Ja», erwidert Carsten leise und konzentriert, «ich sehe sie.»

«Dann beobachten Sie Ihre Eltern bitte, so gut es geht.» Ich bemerke, wie sich Carstens Augen unter den geschlossenen Lidern bewegen und schließe daraus, dass er tief in der Wahrnehmung ist, lasse ihm daher einige Minuten Zeit, sich mit seinen Eltern zu beschäftigen. Schließlich lächelt er, und ich weiß, dass es gut ist.

«Nun strecken Sie bitte Ihre beiden Hände nach links und rechts aus, in einer Haltung, die nicht anstrengend ist und mit den Handflächen nach oben, sodass Sie gut etwas darin halten können.»

Carsten tut, wie ihm geheißen.

«Erinnern Sie sich nun bitte an Ihre Mutter, genau so, wie Sie Ihre Mutter eben gesehen haben, als junge Frau. Ihre Mutter hat ein besonderes Wesen, man könnte auch sagen, eine besondere Energie. Vergegenwärtigen Sie sich bitte diese Energie. Gelingt Ihnen das?»

Carsten nickt. «Ja.»

«Welche Ihrer beiden Hände ist die richtige Hand, um in diesem Moment die Energie Ihrer Mutter zu spüren?»

«Die linke», erwidert Carsten ohne zu zögern.

«Gut, dann stellen Sie sich nun bitte vor, dass die Energie Ihrer Mutter in Ihre linke Hand fließt. Formen Sie bitte Ihre Hand zu einer Schale, damit die Energie Ihrer Mutter gut hineinfließen, aber nicht abfließen kann.»

Sofort verändert Carsten die Fingerstellung seiner linken Hand. Schön zu sehen, wie konzentriert er mitmacht.

«Spüren Sie nun die Energie Ihrer Mutter in Ihrer linken Hand. Ist sie liebevoll? Hat sie Humor? Wie stark ist sie? Spüren Sie die Qualitäten der Energie Ihrer Mutter in Ihrer linken Hand? Was spüren Sie?»

Er antwortet erst nach einer Weile. «Ihre Zärtlichkeit spüre ich, eine feine verletzbare Zärtlichkeit. Und Angst. Sie hat ein bisschen Angst. Ich spüre, dass sie Angst hat, weil sie liebt und fürchtet, verletzt zu werden. Ich spüre ihre Verletzungen. Sie ist ein Kind, das verletzt worden ist und sich von seinen Verletzungen nicht erholt hat. Ich spüre ihre Schwäche. Ich spüre, wie zart sie ist.» Carsten schweigt. Ich warte einen Moment ab, aber mehr sagt er nicht.

Ich gebe die gleichen Anweisungen für die rechte Hand und die Energie des Vaters. In seine Energie muss sich Carsten länger hineinfühlen, aber schließlich gelingt es ihm. Stärke verbindet er mit dieser Energie, Humor, aber auch eine tief sitzende Unsicherheit, unter seiner zur Schau gestellten Kraft, Härte gegen sich selbst, aber auch Zärtlichkeit, immer wieder verdeckt von seinem aufbrausenden Naturell.

Ich bitte Carsten, sich nun die beiden Energien und ihre unterschiedlichen Qualitäten in seinen Händen möglichst deutlich bewusst zu machen. Also beide Energien gleichzeitig und mit all ihren Unterschieden zu spüren.

Carsten sitzt vollkommen konzentriert.

Ich bin froh, mit ihm das Ritual zu machen, und frage ihn, ob er eine Spannung zwischen den Energien in seinen beiden Händen spüre, so etwas wie eine Anziehung.

Er nickt wortlos.

«Dann bewegen Sie nun bitte Ihre Hände ein wenig aufeinander zu. Wie fühlt sich das an?»

«Die Anziehung wird stärker.»

«Gut, dann bewegen Sie Ihre Hände noch ein wenig mehr zueinander hin.»

Wieder bewegen sich seine Hände. Noch sind sie ungefähr einen halben Meter voneinander entfernt.

«Wie fühlt sich das nun an?»

«Die Anziehung wird noch stärker. Ein schönes Gefühl.»

«Dann bringen Sie die Hände noch ein wenig dichter zusammen.»

«Wie ist es jetzt?»

«Wunderbar», flüstert Carsten.

«Dann bringen Sie Ihre Hände noch dichter zusammen, aber achten Sie darauf, dass sie sich noch nicht berühren.»

«Was empfinden Sie jetzt?»

«Freude», erwidert Carsten. Und mit einem aufleuchtenden Lächeln. «Ich glaube, Vorfreude.»

«Dann bringen Sie Ihre Hände nun zusammen, als wollten Sie mit beiden Händen eine Kugel bilden, und vereinigen Sie die Energien Ihrer Mutter mit denen Ihres Vaters.»

Ich sehe Staunen in Carstens Gesicht, wechsele unbewusst in erhöhte Sinneswahrnehmung und sehe ein hellblaues Leuchten um seinen Kopf. Ich liebe diesen Moment, immer wieder bringt er mich selbst zum Staunen. Ich muss wahrscheinlich nicht betonen, wie wunderbar ich es finde, wie groß meine Freude darüber ist, dass ich diese Arbeit machen darf.

Nach einigen Minuten bitte ich Carsten, seine Hände nun zu seinem Herzen zu führen und die vereinigte Energie von Vater und Mutter, also den Impuls zu seiner biologischen Zeugung, in sein Herz fließen zu lassen. Durch diesen Impuls hätten die Eltern seine Verkörperung in seinem jetzigen Körper willkommen geheißen. Beide Energien gehören zu seiner Herkunft in diesem Leben in dieser Welt. Es ist sehr gut, diese Herkunft genau zu kennen, und es ist sehr gut, diese Herkunft anzunehmen.

Carsten öffnet die Lider und schaut mich mit glänzenden Augen an. Einen Moment sind wir ohne Worte. Ich habe noch niemanden erlebt, bei dem dieses Ritual keine Wirkung zeigt.

36. Kapitel ***Der Dankes-Ritus für Mutter und Vater***

Das Erspüren der Eltern-Energien bis zum Moment der Vereinigung ist eine sehr gute Vorbereitung für die nun folgende Handlung: die Äußerung der Dankbarkeit gegenüber den Eltern. Dies geschieht auf eine formelle Weise. Dadurch wird ein starkes und sehr heilsames Erleben möglich.

Die meisten Menschen machen in ihrer frühen Kindheit Erfahrungen mit den Eltern, die sie als sehr negativ empfinden, und nicht wenige hegen daher einen lebenslangen tiefen Groll gegen sie. Bei anderen entstehen die trennenden Empfindungen gegenüber der Mutter schon bei der Geburt und werden durch ein Gefühl des Verlassenseins während der frühen Kindheit genährt. Oder sie werden den Glauben nicht los, dass ihre Mutter gar nicht ihre leibliche Mami ist, sondern eine Austauschmutter, deren Dasein auf einer Verwechslung beruht. Oder sie haben einen nebulösen Widerwillen gegen die Mutter, den sie mit gefühlskaltem Verhalten begründen oder mangelnder mütterlicher Zuwendung. Tausendundein

Oder ließe sich jetzt noch finden. Sie haben alle eines gemeinsam. Sie schwächen den Menschen, rauben ihm die Kraft, die er braucht, um als Jugendlicher in die Welt hinauszugehen und als Erwachsener sein Glück zu machen.

Jeder macht sein Glück. Oder sein Unglück. Beides ist hausgemacht. Das tut kein anderer für uns. Das Glück liegt in unserer eigenen Verantwortung. Fühlen wir uns vom Pech verfolgt, wird es umso schwerer, sich etwas Glück zu machen. Wer sich von den Eltern nicht geliebt glaubt, wer sich von ihnen nicht mit ganzem Herzen gewollt fühlt, der trägt schwer unter dieser Last und kann umso schwerer sein Glück machen, weil die Last ihn dabei behindert. Deshalb machen viele Menschen schlapp, bevor sie ihr Glück machen. Kriegen einen krummen Rücken und schleppen sich mit letzter Kraft in ihr Unglück.

Falls jetzt ein naiver Mensch wie ich einen guten Rat geben will und sagt: Wenn du so nicht weiterkommst, dann wirf doch besser deine Last ab. Wie lautet dann die Antwort? Ich kenne zwei. Scher dich zum Teufel, ist die erste. Die zweite klingt freundlicher, aber auch nicht hoffnungsvoller: Nein, nur das nicht, meine Last ist doch das Einzige, was ich habe.

Mit Reden kommt man an dieser Stelle nicht weiter, denn dies ist ein psychologisches Gesetz: Je größer die Last ist, umso verzweifelter klammert sich das Individuum an sie und würde sie für kein Geld einfach so abwerfen wollen. Der Grund: Identifikation. Ich bin meine Last, wenn ich sie wegwerfe, werfe ich mich selber weg, lautet die Angst, die auf dem Missverständnis der Identifikation beruht. Die Größe dieses Missverständnisses bemisst sich nach der Größe der Last. Wie mächtig sie Menschen in die Knie zwingt, habe ich immer wieder erlebt.

Carsten ist da kein Sonderfall. Allerdings ist seine Bereitschaft Lasten abzuwerfen bemerkenswert.

Ich lege ein Kissen auf den Boden und sage ihm, dass ich ihn gleich bitten werde, sich darauf zu knien. Zu knien, weil dies eine Demutshaltung ist. Die Haltung an sich macht bereits demütig. Knochen- und Muskelstellung signalisieren dem Gehirn: Jetzt ist Demut angesagt. Das ist notwendig, denn nur in Demut kommt der dabei geäußerte Dank wirklich an der richtigen Stelle an.

«Kein Problem», meint Carsten.

Ich frage ihn, wie seine Mutter heißt.

«Elisabeth», erwidert er.

«Und wie reden Sie Ihre Mutter an?»

«Ich sage Mutti zu ihr.»

«Sind Sie bereit, sich bei Ihrer Mutter für Ihr Dasein zu bedanken? Sind Sie bereit, ihr für ihre Liebe zu danken, die Sie genährt hat? Sind Sie bereit, Ihrer Mutter für alles zu danken, was sie Ihnen gegeben hat? Ihre mütterliche Aufmerksamkeit, ihre Fürsorge und all die Talente und Begabungen, die Sie von Ihrer Mutter vererbt bekommen haben? Sind Sie bereit, ihr für alles und jedes, was Sie von ihr bekommen haben, zu danken, auch für die nicht ganz so guten Erfahrungen, auch für die nicht ganz so angenehmen Lehren? Sind Sie bereit, ihr auch dafür zu danken, weil auch diese Erfahrungen und Lehren Sie genau zu diesem heiligen Punkt Ihres Lebens geführt haben?»

«Ja, ich glaube schon», antwortet Carsten.

«Dann knien Sie sich jetzt bitte hin. Schauen Sie in die Richtung, in der Sie gleich Ihre Mutter sehen, und schließen Sie die Augen.»

Auch ich wähle einen anderen Platz, damit ich nicht in Carstens Blickrichtung sitze. Im Anschluss gebe ich ihm die Anweisung, nun seine Mutter vor seinem geistigen Auge zu sehen.

«So wie sie heute ist?», fragt Carsten.

Ich bejahe. Er möge mir ein Zeichen geben, wenn er sie klar und deutlich sehen würde.

«Jetzt», sagt Carsten.

«Behalten Sie das Bild deutlich vor Augen, indem Sie Ihre Mutter die ganze Zeit bewusst anschauen. So gut es geht.»

«Okay», sagt Carsten.

«Ich werde Ihnen jetzt einige Sätze vorsprechen, die Sie bitte wiederholen. Dann werde ich sagen: Finden Sie nun weitere eigene Worte, um Ihren Dank auszudrücken, was Sie dann bitte aus eigener Kraft tun. Äußern Sie alles, wofür es sich bei Ihrer Mutter zu bedanken gilt. Finden Sie das Positive auch in weniger angenehmen Erfahrungen mit Ihrer Mutter, und danken Sie ihr auch dafür. Und wenn Ihnen überhaupt nichts mehr einfällt, warten Sie noch einen kleinen Moment, weil aus der Tiefe Ihres Unterbewusstseins bestimmt noch etwas hochkommt, wofür Sie Ihrer Mutter in diesem Moment danken sollen. Wenn Sie all Ihren Dank ausgesprochen haben, dann verneigen Sie sich bitte vor Ihrer Mutter, bis Ihre Stirn den Boden berührt. Spüren Sie all Ihre Liebe und Dankbarkeit gegenüber Ihrer Mutter in der Verneigung vor ihr. Noch Fragen?»

«Nein.»

«Dann sprechen Sie mir nun nach: Liebe Mutti, hier knie ich nun vor dir, dein Sohn Carsten, um dir in Liebe und Demut zu danken.»

Carsten wiederholt mit zitternder Stimme das Gesagte.

«Liebe Mutti, ich möchte dir für all das danken, was du mir gegeben hast.»

Carsten kämpft mit den Tränen.

«Für all deine Liebe, all deine Fürsorge, mit der du mich großgezogen hast.»

Er wischt sich mit der Hand über die Augen, wiederholt die Worte.

«Liebe Mutti, ich weiß, es war nicht immer leicht, mich großzuziehen. Manchmal war die Verantwortung über mein Dasein sehr schwer für dich. Ich möchte dir danken, dass du diese Verantwortung übernommen hast.»

An Carstens Stimme höre ich, wie tief er das Gesagte fühlt, und bitte ihn, nun seinen Dank mit seinen eigenen Worten zu äußern.

«Liebe Mutti, ich möchte dir danken, dass du mich vor Vati in Schutz genommen hast, als ich …» Er stockt. «… gestohlen hatte und Vater mich schlagen wollte. Liebe Mami, ich danke dir dafür, dass du mich nicht gezwungen hast, in den Kindergarten zu gehen, als du gemerkt hast, dass ich nicht will. Liebe Mami, ich danke dir für die Zärtlichkeit, die du mir gegeben hast. Die habe ich auch von dir geerbt. Auch dafür danke ich dir. Und ich danke dir …»

Nicht alles, was Carsten sagt, möchte ich wiedergeben. Nicht alles erinnere ich überhaupt noch. Jedenfalls fällt ihm sehr viel ein. Zu keiner Zeit wirkt er irgendwie abgelenkt. Und er geht auch nicht dem Verstand in die Falle, der ihm einreden könnte: Was machst du hier für einen Schwachsinn, kniest hier, sprichst mit deiner Mutter, die aber eigentlich gar nicht anwesend ist. Hör auf mit diesem Blödsinn, bevor du dich noch lächerlicher machst.

Als Carsten all seinen Dank geäußert hat, verbeugt er sich, bleibt minutenlang mit der Stirn am Boden. Es ist nicht zu übersehen, dass er meint, was er tut.

Nachdem er sich schließlich wieder aufgerichtet hat, frage ich ihn, wie er sich nun fühle.

«Erleichtert», antwortet er.

Sehr gut, genau die Art Antwort, auf die ich gehofft hatte.

Das Dankes-Ritual gegenüber dem Vater verläuft weniger spektakulär, weniger tränenreich, aber ähnlich konzentriert. Wieder fällt Carsten sehr viel ein, was ein guter Hinweis für echte Ernsthaftigkeit ist. Wieder bleibt er lange in der Verbeugung, was diesen Eindruck noch verstärkt.

Wer seinen Dank gegenüber den Eltern in dieser intensiven Weise geäußert hat, wird ein für alle Mal von seinen Vorbehalten gegenüber Mutter und Vater befreit. Eine Last fällt damit für immer ab. Was einen schon lange beschwert hat, ist nun weg. Erleichtert und befreit kann man nun den eigenen Eltern begegnen. Das verändert auch das Verhältnis zur gesamten Umwelt. Erst wer sich bei seinen Eltern ernsthaft für sein Dasein und mehr bedankt hat, ist wirklich erwachsen, denn er hat sich von der ewigen Hungerhaltung des undankbaren Kindes befreit.

Carsten versteht genau, was ich meine, denn diese Befreiung ist eine für ihn deutlich spürbare Erleichterung.

37. Kapitel **Das Schließen der Chakren**

Nur noch wenig gilt es zu tun, bevor ich den Patienten Carsten K. nach diesem Heilungs-Marathon von inzwischen über drei Stunden entlassen kann.

Im Vergleich zu seiner Ankunft sieht er jetzt ganz anders aus. Da er nun ganz ist im Gegensatz zu vorher, wo er noch nicht ganz war, sieht er jetzt logischerweise ganz anders aus. Allerdings ist er im Moment auch nicht ganz dicht, und in dem Zustand sollte er noch nicht auf die Straße gehen.

«Nicht ganz dicht sein» meint einen Zustand energetischer Offenheit und Durchlässigkeit, der so fein ist, dass er bei der geringsten Überlastung aus seiner fragilen Harmonie kippt. Dies geschieht besonders leicht, wenn die Energiewirbel im feinstofflichen Körper weiter geöffnet sind, als es dem augenblicklichen Zustand der jeweiligen Person entspricht. Eine Analogie: Es gibt Medikamente, die

Pupillen extrem weiten, notwendig für bestimmte Untersuchungen beim Augenarzt. Wer mit derart geweiteten Pupillen in die grelle Sonne tritt, wird so schmerzhaft überstrahlt, dass keine optische Wahrnehmung mehr möglich ist. Bis die Person sich zurück in einen dunklen Raum begibt oder eine dunkle Brille aufsetzt.

Wer mit zu weit geöffneten Chakren unter Menschen geht, muss sich nicht wundern, wenn er «sich alles reinzieht», wie es heißt. Noch so eine weise Formulierung aus der Umgangssprache. Sich nämlich die energetischen Befindlichkeiten anderer Menschen ohne es zu wollen reinzieht. Durch die Chakren ins eigene Energie-System. Dieses wird in einem weit offenen Zustand von den Energien anderer Menschen sehr schnell auf eine überfordernde und verwirrende Weise überschwemmt. Kein Wunder, wenn dann Energie-Leitungen heißlaufen und an zentralen Schaltstellen einige Sicherungen rausspringen. Diese Prozesse laufen für die meisten Menschen auf einer unbewussten Ebene ab. Womöglich fühlen sie ihre Feinheit und Aufnahmefähigkeit, haben aber keine Vorstellung, in welchen Situationen und in welcher Gesellschaft sie ihre feinen Türen und Tore besser schließen sollten, damit ihr feines Dasein keinen groben Schaden nimmt.

Leute mit groben Schäden sehen wir täglich in den Einkaufspassagen. Bei einigen denken wir, die sind ja nicht ganz dicht, und das ist eine sehr treffende Beschreibung.

Aus den genannten Gründen achte ich sehr darauf, dass mich meine Patienten in einem stabilen Energie-Zustand verlassen. Denn die beste Behandlung war nur halb so gut, wenn die behandelte Person im Anschluss in eine energetische Überreizungssituation gerät, der sie nicht, noch nicht gewachsen ist und auch nicht sein kann. Denn auch das gilt es bei jeder Behandlung zu bedenken. Besonders eine sehr intensive Arbeit ist mit spirituellen Erfahrungen verbunden, die häufig eine längere Zeit nachwirken müssen, bis sie sich im Tagesbewusstsein verankert haben. In diesen Phasen beschleunigten Wachstums muss umso mehr auf die energetische Statik geachtet werden.

Wenn aus dem Wurzel-Chakra wie aus einem Gartenschlauch Energie abfließt, das Solar-Plexus-Chakra sperrangelweit offen ist, wie ein Scheunentor, aus dem jegliche Wärme entweicht, muss sich niemand wundern, wenn die Immunabwehr kollabiert und Nervenzusammenbrüche folgen. Ich habe das etwas drastisch ausgedrückt, um es deutlich zu machen. So drastisch ist die Realität in Wahrheit glücklicherweise selten.

Ich bitte Carsten, sich ein letztes Mal auf den Stuhl zu setzen. Möglichst bequem. Mit geschlossenen oder offenen Augen. Wie er mag. Zu denken, was er mag. Und noch einige wenige Minuten geduldig zu sein.

Sein Wurzel-Chakra ist jetzt weit offen, immer noch braunrot, aber heller als zuvor und in Rechtsdrehung. Gut, das kann so bleiben. Sein Sexual-Chakra dreht sich langsam nach rechts, ist geöffnet, aber nicht zu weit, leuchtet jetzt eher braunorange als braungrau. Kann auch so bleiben. Sein Solar-Plexus-Chakra dreht sich schnell nach rechts, ist von gleicher Farbe wie zuvor, aber zu weit geöffnet. Ich schließe es ein wenig, indem ich mich darauf konzentriere, dass es sich wie eine Blüte einfaltet. Das gelingt nicht sofort beim ersten Mal, aber erfreulicherweise beim zweiten Versuch. Jetzt ist es auch für mich Zeit, zum Schluss zu kommen.

Sein Herz-Wirbel dreht sich gleich nach rechts, changiert braun, rot, orange, aber nahezu ohne Grauanteil. Auch dieses Chakra ist zu weit geöffnet. Ich schließe es ein wenig. Diesmal gelingt es sofort. Das Hals-Chakra oder Kommunikations-Rad ist ebenfalls zu weit geöffnet, weshalb es auch geringfügig geschlossen wird. Das Dritte

Auge dreht sich nicht, ist auch kaum größer geworden, aber es hat sich geöffnet. Nicht zu weit, kann so bleiben. Sein siebenter Wirbel, die Krone steht sehr weit offen. Das ist wunderbar und kann so bleiben, weil Menschen weder bewusst noch unbewusst die Macht haben, da etwas Negatives hineinzuwerfen.

Fertig. Carsten bedankt sich mehrfach und fragt erst jetzt nach dem Preis der Behandlung. Damals arbeitete ich noch ohne eine bestimmte Summe zu verlangen, jeder konnte zahlen, was ihm die Behandlung wert war. Also auch nichts, wenn mein Wirken aus irgendwelchen Gründen wertlos schien, was allerdings nie vorkam.

«Ich kann also wirklich zahlen, was ich will, so viel, wie mir die Behandlung wert ist?», fragt Carsten.

«Richtig», entgegne ich. «So viel Sie wollen. Auch nichts, wenn Sie nicht wollen. Es ist Ihre Entscheidung.»

Das erheitert Carsten. «Sie meinen das wirklich ernst?»

«Genau», erwidere ich.

«So was Verrücktes habe ich ja überhaupt noch nicht erlebt.» Er schaut auf die Uhr. «Sie haben jetzt dreieinhalb Stunden mit mir gearbeitet. Und wenn ich wollte, könnte ich in diesem Moment hier rausspazieren, ohne zu zahlen. Das finde ich wirklich abenteuerlich.»

«Da haben Sie Recht, es ist tatsächlich ein Abenteuer. Irgendwie spannend. So habe ich es überhaupt noch nicht gesehen.»

Wir müssen beide lachen. Er sagt, er wolle schon etwas spenden, das sei ihm jetzt ein Bedürfnis. Ich zeige ihm die Spendenkiste und gehe kurz aus dem Zimmer.

Ich verabschiede ihn mit der Bitte, mich in vierzehn Tagen anzurufen, um mir zu sagen, wie es ihm geht. Ich wiederhole die Bitte, damit er es nicht vergisst. Carsten verspricht, mich anzurufen.

Nach vierzehn Tagen: Kein Anruf. Nach drei Wochen: Kein Anruf. Nach vier Wochen: Nichts. Nach fünf: Wieder nichts. Nach sechs Wochen rufe ich ihn an, erreiche ihn auch sofort. Er entschuldigt sich mehrmals, es tue ihm wirklich Leid, aber es gehe ihm so gut, da habe er einfach vergessen, mich anzurufen.

Darüber habe ich mich noch viel mehr gefreut als über die verblüffend hohe Summe Geldes, die ich in meinem Spendenkästchen nach der Behandlung fand. Wie gesagt: Carsten war einer meiner frühen Patienten, und ich habe ihm viel zu verdanken.

38. Kapitel ***Von Patienten, Krankheiten, Energien und der Matrix***

Schon im theoretischen Teil dieses Buches habe ich mich mit den scharfsinnigen Betrachtungen des Autorenduos Dethlefsen/Dahlke («Krankheit als Weg») auseinander gesetzt. Eine ihrer Grundannahmen lautet: «Der Mensch ist krank.» Will sagen: Er kann nicht krank werden, weil er schon krank auf die Welt kommt. Krankheit ist Teil der Dualität Gesundheit/Krankheit. Keines kann ohne das andere sein. Das ist das Gesetz der Schöpfung. Da alle Menschen vollständig erschaffen sind, können sie nur gesund und krank zugleich erschaffen sein, denn sonst wären sie ja nicht vollständig. Auf welche Art sich Gesundheit und Krankheit im Rahmen der Vollständigkeit jedoch zeigen, ist individuell und immer eine Frage der persönlichen Balance.

Im Sinne der Dualität ist der Tod ein Freund fürs Leben, denn er ist der beste Ratgeber, um es nicht zu verpassen.

Im Sinne der Dualität ist Krankheit der Freund der Gesundheit, denn ohne Krankheit gäbe es keinen Grund, auf die Gesundheit aufzupassen.

Im Sinne der Dualität ist Unvollständigkeit der Freund der Vollständigkeit, denn nur Unvollständigkeit weist uns den Weg zur Vollständigkeit.

Und im Sinne der Dualität kann uns auch nur unsere Unvollkommenheit den Weg zur Vollkommenheit weisen.

Tod, Krankheit, Unvollständigkeit und Unvollkommenheit heißen meine besten Freunde, denn sie geben mir Ratschläge, die ich nicht ignorieren kann. Was der Tod mir sagt, hat oberste Priorität, was Krankheit mir sagt, hat höchste Priorität.

Was meine Freunde Markus oder Louise sagen, finde ich oft interessant, manchmal sehr witzig, manchmal klug, manchmal treffend, manchmal ratsam, nicht selten sehr wahr und hin und wieder weise. Ich höre auf das, was sie sagen. Ich beherzige, was sie sagen. Meistens, vor allem, wenn es weise ist. Manchmal auch nicht. Warum? Nehmen wir an, weil ich keine Lust habe. Blöder Grund, kommt aber vor.

Ich habe den Tod einige Male in meinem Leben etwas zu mir sagen hören. Glücklicherweise gehöre ich zu den Menschen, die nicht lange lauschen müssen, um die Worte des Todes zu hören. Ich habe also seine Stimme gehört und seinen Ratschlag vernommen. Was glauben Sie, was ich daraufhin getan habe? Sie müssen nicht lange raten, denn ich lebe ja noch. Ich habe die Ratschläge des Todes immer befolgt, sonst gäbe es dieses Buch nicht.

Natürlich hat auch mein Freund, die Krankheit, hin und wieder was zu mir gesagt. Früher war ich unwillig. Die neunmalklugen Ratschläge in meinem Ohr nervten mich, also habe ich nicht darauf gehört und musste zum Beispiel fünf Mittelohrentzündungen in Folge innerhalb eines halben Jahres auskurieren. Und wenn mein Freund, der Rückenschmerz mir sagte, sitz jetzt endlich gerade, mein Junge, habe ich gedacht, sei endlich still, muss weiterschreiben, da hat es denn irgendwann «knacks» gemacht, Hexenschuss.

Ach, du liebe Hexe, nun musste ich also von dir lernen, meinst es gar nicht so böse, wie dein Name verheißt, hast mir nur einen Schuss vor den Bug verpasst. Habe ich daraus gelernt? Ja, endlich. Ich sitze jetzt aufrecht, achte auf mein körperlich-seelisch-geistiges Gleichgewicht und brauche also keine Hexenschüsse mehr, die mir sagen, dass die Lebensenergie in den unteren Lendenwirbeln blockiert ist. Dank also an meinen Freund, die Krankheit, die mich zu dieser Erkenntnis geführt hat.

Freund Krankheit tritt in vielen Verkleidungen auf, die alle eine ganz besondere Bedeutung für die Gesundheit haben, deshalb eigene Namen tragen und auch Unterschiedliches besagen.

Freund Krebs zum Beispiel besagt grundsätzlich immer etwas in folgendem Sinne: Ich habe dich in dem Moment befallen, wo du sterben wolltest. Du erinnerst dich? Vor einigen Jahren, da passierte diese Sache, die du ganz schrecklich fandest. Du kamst nicht klar damit, gerietst in eine Lebenskrise. Die war hart für dich. Zu hart, wie du fandest. Da hast du aufgegeben und gedacht, wenn das so ist, dann will ich nicht mehr leben. Trotzig wie ein Kind. Jetzt bin ich da, um dich daran zu erinnern. Mein Ratschlag lautet: Gib deinen Trotz auf, erlöse dich von dem Wunsch zu sterben, indem du die Sache von damals heute verarbeitest. Und noch ein Tipp: Wage etwas gänzlich Neues. Unternimm eine Reise, die dir eine Gipfelerfahrung bringt. Begib dich wieder auf den Weg der Vollkommenheit. So kannst du wachsen und das Ungeheuer in deinem Körper, nämlich mich, besiegen, aber vergiss niemals, dass ich dein Freund bin und es gut mit dir meine.

Natürlich gibt es viele Arten von Krebs und daher einige Dutzend unterschiedlicher Freunde, die ein jeder noch viel genauere Ratschläge parat haben. Die können hier nicht alle genannt werden.

Dann ein weiterer Freund, zum Beispiel die Neurodermitis, eine allergische Hautreaktion, die juckt und oft wie Feuer brennt. Die Neurodermitis hat viele gute Ratschläge zu geben. Sie klingen ungefähr so: Schau dir gut an, vor welcher Macht in deinem täglichen Leben du in Ohnmacht stehst und welcher Liebe du dich in Ohnmacht ausgeliefert siehst. Schau dir gut an, wessen Liebe du glaubtest nie ganz erringen zu können und was dich nun davon abhält, dich selbst zu lieben. Schau dir gut an, wer deine seelischen Grenzen so verletzt hat, dass deine körperlichen brennen und in Flammen stehen. Nimm zur Kenntnis, dass die Unmöglichkeit, eine für dich lebenswichtige Liebe ganz zu bekommen und die Erfahrung der Ohnmacht angesichts dieses Mangels dich immer noch so wütend macht, dass du am liebsten aus der Haut fahren willst und sie dir wieder und wieder aufkratzt, damit sie dünn wird und durchlässig und du endlich heraus kannst aus deinem nach Liebe und Zärtlichkeit hungernden Körper. Aber sieh endlich ein, so wird das nichts. Sei ehrlich und zeige deine Wut, lasse all deinen Ärger raus, spar dir nichts davon für später auf. Und wenn du ihn losgesagt hast, also wirklich erschöpfend rausgebrüllt und rausgeschrien, dann schließe Frieden mit denen, die deinen Zorn erregt haben. Zeige ihnen all deine Liebe, die du immer für sie hattest, die sie aber deiner Vorstellung nach nie genug erwidert haben. Und dann wende dich endlich dir selbst zu, in Eigenliebe, denn das ist die Lektion die ich, die Neurodermitis, dich lehren soll. Du selbst hast es mir so aufgetragen, also beschwere dich jetzt nicht.

Schließlich ein Freund namens Depression. Die Depression stellt eigentlich nur eine Frage. Die lautet: Was weigerst du dich zu lieben, was deine Liebe verdient?

Wenn die Frage so simpel ist, kann auch die Antwort nicht schwierig sein, könnte man denken, aber das Gegenteil ist der Fall, denn die Antwort ist mit dem analytisch forschenden Geist nur selten zu finden. Oft verbirgt sie sich im Saum des Mantels der persönlichen Geschichte. Um die Antwort zu finden, müssen Nähte aufgetrennt werden. Nähte, die irgendwann mit den geheimnisvollen Fäden des Unterbewusstseins gestickt wurden, um die Antwort vor der forschenden Vernunft zu verbergen. Was sie einmal in den Fingern hat, wird gedreht und gewendet, beäugt und begutachtet, analysiert und spezifiziert, sodass man vor lauter neuen Fragen gar nichts mehr von der Antwort sieht. Es ist also sehr gut, dass sich die Antwort gut verbirgt.

Umso wichtiger ist es, sie auf die richtige Art zu suchen, um sie schließlich auf die richtige Weise zu finden.

Die Weigerung zu lieben, was unsere Liebe verdient, führt immer in die Dunkelheit. Ein Weg voller Schmerzen, Trauer, Selbsthass, Wut, Verzweiflung. In der Umnachtung sind alle Lichter wie ausgeknipst, auch das göttliche, die Flamme im Herzen eines jeden Individuums. Dann legt sich die schwärzeste Nacht über den Menschen, und er weiß weder aus noch ein, denn er steckt in seinem Körper fest, umklammert von einer finsteren, alles beherrschenden Macht. In dieser Nacht gibt es keine Antworten, nur noch einige verzweifelte Fragen. Es gibt keine Hoffnung, nur noch zähe, klebrige Zeit, die alle Finsternis zu endlosen Seelen-Nächten dehnt. Die erhellen sich auch nicht, wenn der Morgen graut oder die Sonne strahlt. Sie enden so überraschend, wie sie begonnen haben, wenn der umnachtete Mensch vor Erschöpfung in tiefen Schlummer sinkt.

Sobald er erwacht, meldet sich als Erstes die Furcht vor dem nächsten Fall in die Finsternis. So bleiben selbst die Tage grau und scheint die Sonne verschleiert. Auch zu solchen vergleichsweise lichten Zeiten kann ein Depressiver die Ratschläge seines besten

Freundes kaum verstehen, zumindest nicht bewusst. Umso mehr begibt er sich auf die Suche nach Antworten. Denn selbst wenn alle Lichter verlöschen, die Gewissheit, dass es gute Fragen und lebenswichtige, ja lebensrettende Antworten gibt, diese Gewissheit kann durch die Depression nicht ausgelöscht werden.

Ich habe Carsten helfen können, weil er auf einer unterbewussten Ebene den richtigen Antworten schon aus eigener Kraft sehr nahe war. Es gab keine heftigen Widerstände zu überwinden, nur einige Blockaden zu lösen, um das Fenster der Selbsterfahrung zu öffnen.

Dazu war Energie nötig, und von der möchte ich jetzt gern erzählen. Mit was für einer Energie heilst du eigentlich?, werde ich häufig gefragt. Darauf gibt es eine einfache Antwort, die für den täglichen Gebrauch auch vollkommen ausreicht: mit göttlicher Energie. Wer es ein wenig genauer wissen will, dem berichte ich von der Energie des ungeformten göttlichen Seins und der so genannten Marien-Energie. Das ist auf den vorausgegangenen Seiten mehrmals passiert. Wer es noch genauer wissen will, dem erzähle ich von der Matrix.

Es wird Sie nicht überraschen, wenn ich Ihnen sage, dass ich ein Fan des gleichnamigen Kinofilms bin (genauer: des ersten Teils der Trilogie), allerdings will ich die Matrix nicht als computergenerierte Maschinenwelt verstanden wissen, sondern als das, was das lateinische Wort «Matrix» eigentlich bedeutet: Urmutter, Stamm-Mutter, Gebärerin. Man könnte jetzt sagen, die Matrix ist Gott, und natürlich ist das richtig, allerdings gibt es so etwas wie eine Vorstellung von Gott, die bei der Betrachtung der Ursubstanz auf Abwege führen kann, denn die Matrix ist keine Personalie. In der Physik wird sie «Feld» genannt. Das Feld, auch Ein-Feld, weil es eben nur das eine gibt. Dieses Feld ist die Ursubstanz von allem, was ist, nur hat es keine Substanz, denn Substanz ist etwas, was wir in unserer sinnlichen Wirklichkeit zwar wahrnehmen, aber in der Matrix keine Rolle spielt (wie auch in dem Film).

Trotzdem passiert etwas in der Matrix. Es treten Kräfte auf. Diese Kräfte sind beobachtbar und können als Ereignisse beschrieben werden, weil sie Wirkung zeigen. Die moderne Physik widmet sich mit voll erwachter Leidenschaft diesem Thema. Sie hat herausgefunden, dass es auf subatomarer Ebene keine Teilchen mehr gibt, sondern nur noch Ereignisse, die in so unmittelbarer und ausnahmsloser Beziehung stehen, dass sie nicht als voneinander getrennt zu betrachten sind. Ein Beispiel: Das Phänomen der so genannten «Nichtlokalität». Danach kann eine Quanten-Einheit eine andere noch über eine große Distanz beeinflussen, sofern sie einmal mit dieser in Kontakt geraten war. Für den Physiker Albert Einstein eine «unheimliche Fernwirkung.» Durch die «Nichtlokalität» werden Entfernungen, also Trennungen aufgehoben und für nicht existent erklärt.

Wenn es diese Trennungen nicht gibt, gibt es auch kein Vakuum, kein großes Nichts, wie lange angenommen. Da war noch ausschließlich die Rede von Atomen, gebildet aus einem winzigen Kern, um den in einem riesigen Radius Elektronen in so hoher Geschwindigkeit kreisten, dass die Illusion von Materie entsteht. Demzufolge besteht ein Mensch zu über 99,99 Prozent aus Vakuum und nur zu 0,01 Prozent aus Masse, auch wenn er sich selbst zu 100 Prozent massiv fühlt.

Nach heutigen Erkenntnissen besteht er bei einer bestimmten Vergrößerung immer noch zu 99,99 Prozent aus Vakuum, aber bei einer noch weiteren Vergrößerung, derjenigen nämlich, wo Quanteneffekte auftreten, weder aus Masse noch Vakuum. Dies sind Phänomene einer atomaren Betrachtung. Auf subatomarer Ebene oder Quantenebene, jener Sphäre kleinster wahrnehmbarer Ereignisse, ist der Mensch ein hochkomplexes Ereignismuster, das sich durch die Besonderheit seines Musters von der Matrix abhebt.

Diese kann man sich als eine Art Ursuppe vorstellen, ein feines, unendlich transparentes, alles verbindendes, intelligentes Gewebe, in dem Ereignisse und Phänomene sichtbar werden und Rückschlüsse auf die Matrix zulassen, ohne sie selbst aber dem direkten Blick preiszugeben.

Auf Matrix-Ebene ereignet sich das, was man Geistheilen nennt. Kraft der Aufmerksamkeit des Heilers und seiner Absicht werden die energetischen Zustände von Mustern in der Matrix beeinflusst. Oft mit verblüffenden Wirkungen. Zum Beispiel bei Fernheilungen.

Wenn ich sage, ich leite die Energie des ungeformten Seins Gottes, so bezeichnet dies meine ganz persönliche Art, als individueller und zugleich untrennbarer Aspekt der Matrix mit ihrer fundamentalen transpersonalen Kraft in Kontakt zu kommen. Wenn wiederum von Marien- oder Christus-Energie die Rede ist, so sind zwei Kräfte gemeint, die an Persönlichkeit gebundene Muster bezeichnen, jedoch eine so feine Struktur haben, dass sie schon beinahe einen transpersonalen Charakter haben.

Dies erzähle ich Ihnen, weil Sie mich danach gefragt haben. Für meine Arbeit als Geistiger Heiler ist es hilfreich, davon zu wissen, und noch hilfreicher, nicht dauernd daran zu denken.

Feld, Matrix, hochkomplexe Energiemuster, was bringen mir die?, könnten Sie fragen.

Tut mir Leid, ich habe keine Antwort darauf. Für meine Arbeit ist all das wichtig, wovon ich während der Behandlung berichtet habe. Man braucht keine Theorie, um ein guter Geistheiler zu sein, man braucht auch keine Worte dafür, man muss nicht lesen können und nicht schreiben. Allerdings stört es auch nicht, denn die Matrix ist jedem zugänglich. Wir stecken mittendrin. Wir können sie nicht verlassen. Sie ist da, egal, ob wir sie beachten oder nicht. Ob wir wollen oder nicht. Im Sinne der Ein-Sicht ist es gesund, sich mit ihr zu befassen. In jeder Hin-Sicht. Auch gedanklich.

Für diese Erklärung hätte ich natürlich auch andere Begriffe wählen können. Statt Matrix hätte ich nach Wilhelm Reich auch Orgon-Raum sagen können oder Fluidum, Äther, Plasma. Letzteres ist eine Bezeichnung, die aus unerfindlichen Gründen gerade in Mode kommt. Natürlich spielt es keine Rolle, welchen Namen wir dem Phänomen geben, solange Sie, verehrte Leserin, verehrter Leser, und ich uns einig sind, worüber wir reden.

Viele Bücher sind zum Thema Geistheilen oder Energiearbeit geschrieben worden. Ich habe nicht wenige davon zumindest angelesen. Nahezu alle beschreiben Methoden Geistigen Heilens anhand von Krankheitsfällen. Vielen verschiedenen, an denen dann unterschiedliche Methoden energetischer Arbeit dargelegt werden. Ich habe mich für einen Fall, nämlich Carsten, entschieden, weil mir die Darstellung der Behandlungstiefe wichtiger erschien als eine lückenlose Beschreibung sämtlicher Methoden. Ich habe mich außerdem für die Beschreibung nur eines Falles entschieden, weil eine Aufzählung vieler Patientenschicksale nach meiner Einschätzung auch nur pseudo-lückenlos sein kann. Viele Schicksale erwecken den Eindruck sehr dezidierter unterschiedlicher Methodiken, die von Fall zu Fall unterschiedlich dosiert eingesetzt werden. Das ist nicht der Fall und dient lediglich dazu, Geistigem Heilen einen wissenschaftlichen Anstrich zu geben.

Geistiges Heilen ist eine Wissenschaft, allerdings keine universitäre, die in Hörsälen und anderen Massenveranstaltungen gelehrt werden kann. Weil Geistiges Heilen nicht funktional, also nicht auf folgerichtige Handlungsabläufe konzentriert ist, sondern metafunktional, ist es auch nicht logisch vermittelbar, sondern nur metaphysisch darstellbar.

Ja, aber, könnten Sie jetzt einwenden, jetzt weiß ich sehr viel zur Behandlung eines Depressiven. Was ist mit anderen Krankheitsbildern? Arthrose, Rheuma, Multiple Sklerose, Asthma, Nierensteine, Impotenz, Herz-Schwäche, Immun-Schwäche, Nerven-Schwäche, Schlaflosigkeit, erhöhter Blutdruck, ein Mangel an roten Blutkörperchen, schlechte Blutgerinnung, Krebs und vielen weiteren? Wie sind die zu behandeln?

Antwort: Der rituelle Teil meiner Behandlung richtet sich nach der jeweiligen Symptomatik. Für Arthrose-Patienten sind andere Rituale nötig als für Herzkranke oder Depressive, wie Carsten einer war. Oft entwickele ich ein Ritual während der Behandlung. Dazu frage ich mich, welchen Ratschlag die jeweilige Krankheit ihrem Träger geben will. Wenn ich den Rat kenne, frage ich mich, welche rituelle Handlung diesen Rat für den Patienten erfahrbar macht. Kenne ich eine derartige Handlung, weil ich sie zu anderem Anlass bereits zelebriert habe, bringe ich sie nun nochmals zum Einsatz. Wenn nicht, erfinde ich eine.

Es sprengt den Rahmen dieses Buches, alle möglichen Rituale aufzulisten. Außerdem halte ich es für schädlich, denn es verhindert, dass Sie sich selbst etwas einfallen lassen. Damit Sie eine Idee bekommen, habe ich Ihnen einige sehr wirkungsvolle Rituale beschrieben. Ihre Kenntnis ist eine gesunde Grundlage, um eigene zu entwickeln.

Das gilt auch für die von mir beschriebenen Methoden Geistigen Heilens. Die werden gern sehr kompliziert dargestellt. Auch ich habe das zum Teil getan. Zum Schluss dieses Buchteils möchte ich Ihnen noch eine sehr einfache und hochwirksame Behandlungsmethode beschreiben.

39. Kapitel ***Heilen auf der Transformations-Ebene***

Kürzlich folgte ich einer zweiten Einladung des zu Beginn vorgestellten Arztes Wolfgang Bittscheid nach Meckenheim und arbeitete eine Woche mit in seiner Praxis. Wieder war sein Wartezimmer immer voll. Selbst zu zweit mussten wir uns etwas beeilen, um alle Patienten eines Tages vor Einbruch der Nacht behandelt zu haben. Zur Behandlung legten sich die Patienten mit dem Rücken auf Liegen, vor denen wir auf Rollstühlen saßen oder standen. So war es leicht und bequem möglich, von jeder Seite und aus jeder Position energetisch zu arbeiten. Für eine Chakren-Harmonisierung stellte ich mich neben den Patienten, für die Heilung setzte ich mich an seine rechte Seite, legte die linke Hand auf sein Herz-Chakra und die rechte Hand auf sein Solar-Plexus-Rad. In der Position ließ ich wie beschrieben die genannte Heil-Energie fließen. Bis Wolfgang Bittscheid mich auf eine andere Idee brachte. Wir hatten über die Transformations-Ebene geredet und seine und meine Methodik, die Energie der Sphäre auf unsere Daseins-Ebene zu leiten, woraufhin Wolfgang Bittscheid meinte: «Vielleicht wird Geistiges Heilen noch einfacher, wenn man die Patienten auf die Geistige Ebene bringt.» Der Heiler Aldo Berti würde so verfahren.

Mich faszinierte die Vorstellung, und ich nahm mir vor, sie in die Tat umzusetzen. Die Gelegenheit ergab sich bei einer Asthma-Patientin, knapp sechzig Jahre alt, seit mehr als zwei Jahrzehnten unter den Symptomen leidend. Sie war verzweifelt, erhoffte sich nun endlich Hilfe. Ich setzte mich neben sie, stellte ihr Fragen, um die Ursache der Krankheit zu finden, kam damit aber nicht wirklich weiter. Schlaue Allgemeinplätze wie «Kann den Hals nicht voll genug kriegen» fielen mir ein, führten aber in keine erkennbare heilsame Richtung, also redete ich auch nicht mehr davon, sondern begann gleich mit der Behandlung. Nach der Chakren-Harmonisierung wollte ich wie gewohnt weitermachen, hielt dann aber inne, weil ich die deutliche Aufforderung spürte, diese Patientin auf die Transformations-Ebene zu heben. Nicht ihren physischen Körper, denn der kann dort nicht hingehoben werden, sondern die ätherische Blaupause des physischen Körpers mit dem Emotional- und Mental-Körper.

Dafür schloss ich die Augen, wechselte in den Zustand erhöhter Wahrnehmung und hob die feinstofflichen Körper mit den flachen ausgestreckten Händen auf die Transformations-Ebene. Ich wusste vorher nicht, wer die Patientin nun behandeln würde, brauchte das aber auch nicht zu wissen, weil es auf dieser Ebene keine negativen Kräfte gibt. Wer oder was die Patientin behandelte, kann ich im Nachhinein nicht mehr benennen. Dass es passierte, habe ich deutlich gefühlt. Schließlich spürte ich so etwas wie Erleichterung in meinen Händen und wusste, es war an der Zeit, sie nun wieder sinken zu lassen. Sie könne plötzlich wieder freier atmen, freute sich die Patientin direkt nach der Behandlung.

Geistiges Heilen ist etwas sehr Einfaches. Manchmal klingt es kompliziert, weil der Verstand die Tendenz hat, auch die einfachsten Dinge unendlich kompliziert zu machen. Im Grunde genommen ist Geistiges Heilen nicht mehr als: die Hand auflegen, Energien strömen lassen, möglichst wenig denken und machen. Oder den Kranken einfach direkt in die himmlische Sphäre heben und die Heiligen machen lassen. Das hilft immer. Bei jeder Krankheit. Bei jeder Symptomatik. So einfach ist das, und ich hoffe, genau das habe ich Ihnen im Behandlungs-Teil vermitteln können.

Teil D

Lehrbuch der Spirituellen Medizin *Die Schule des Geistigen Heilens*

40. Kapitel **Eine Verbindung mit VIP-Faktor**

Es gibt viele Gründe, Geistheiler werden zu wollen. Einer lautet: um möglichst gut dazustehen. Ein wirklich hervorragender Grund. So ein exklusiver Draht nach oben erhöht ja geradezu zwangsläufig den Selbstwert. Wenn das keine Verbindung mit VIP-Faktor ist, welche soll es dann sein? Man hört schon die Neider munkeln: Es wird erzählt, Sie haben jetzt diese Beziehungen zu den allerhöchsten Kreisen. Können Sie da nicht auch für mich etwas bewirken? Für jemand mit Ihrem Einfluss kann das doch keine Schwierigkeit sein. Ach, bitte, legen Sie ein gutes Wort für mich ein.

Darauf Sie womöglich überheblich und gönnerhaft: Aber sicher, wir werden sehen, was sich machen lässt.

Das leitet direkt zum nächsten guten Grund. Sie wollen Geistheiler werden, um damit anzugeben. Was macht mehr Eindruck als Wundertaten? Wer will nichts davon wissen? Erzählungen dieser Art sind immer interessant. Also begreifen Sie die Neugier anderer Menschen erst recht als Einladung und blasen sich zu einer Art Guru auf. Nicht wenige Geistige Heiler haben das schon vor Ihnen getan.

Und noch ein dritter Grund: Sie wollen als Geistheiler endlich Macht über andere haben. Echte Macht, die anderen Menschen tiefen Respekt einflößt. Solange Sie denken können, haben Sie sich nach so einer Position gesehnt. Irgendwie privilegiert, irgendwie erhaben, irgendwie besonders und irgendwie mit ganz besonderen Befugnissen ausgestattet.

Sagen Sie jetzt bitte nicht, dass keiner dieser Gründe Sie motiviert, denn es ist alles andere als ideal, diesen Teil des Buches mit einer kleinen Unehrlichkeit zu beginnen – nur, weil Sie sich ertappt fühlen und Ihnen das irgendwie peinlich ist. Die genannten drei Gründe sind nicht schlecht für den allerersten Anfang, denn sich mit ihnen zu befassen reinigt die Motivation, was für Ihr weiteres Fortkommen sehr wichtig ist.

Wer möchte nicht gut dastehen? Wer gibt niemals an? Und wen reizt Macht nicht? Das steckt in jedem von uns. Ob wir uns das eingestehen oder nicht. Nach meiner Kenntnis ist das Eingeständnis dieser wahrscheinlich gar nicht offen, sondern eher verdeckt mitschwingenden Gründe der erste Schritt, sie unschädlich zu machen. Dazu ist nichts weiter notwendig als anzuerkennen, dass sie eine Rolle spielen. Gefolgt von dem Wissen, dass sich diese drei Gründe bisweilen aus den Tiefen Ihres Bewusstseins in den Vordergrund drängen, um direkt unsere Handlungen zu beeinflussen.

In den Augen anderer möglichst gut dastehen zu wollen ist kaum ein Problem, solange es nicht zu grotesken Verrenkungen führt. Angeberei fliegt immer auf, erst recht bei Geistheilern, und ist auf lange Sicht rufschädigend, daher ohnehin wenig ratsam. Hunger nach Macht wiederum, ausgelebt in der Tätigkeit des Geistigen Heilens, führt zum Verlust energetischer Leitfähigkeit. Wer nach Macht hungert, diesen Hunger mit der Gier nach mehr Macht füttert und seinen Hunger und seine Gier nicht in Demut transformiert, kann vielleicht ein erfolgreicher Sektenführer werden, aber gewiss kein erfolgreicher Geistiger Heiler, denn diese Motivation verstopft die energetischen Kanäle. Das habe ich immer wieder beobachtet. Alles gut, solange der Hunger nach Macht als Möglichkeit zur Kenntnis genommen wird. Ein Teil des persönlichen Antriebs, der in jedem von uns schlummert, aber nicht ausgelebt werden muss. Der Reiz wird manchmal groß sein. Ihm nicht nachzugehen erfordert Disziplin, also bewusstes Handeln, gegründet auf besseres Wissen.

Aber es gibt noch ein viertes, sehr hinderliches Seelen-Element.

41. Kapitel ***Stolz, der große Verhinderer***

Was für ein Gefühl! Sie haben etwas geleistet und erreicht und werden sich plötzlich Ihrer Leistung bewusst. Sie sind stolz auf sich, sonnen sich in dem Gefühl Ihrer Großartigkeit und schweben auf einmal über allem. Herrlich, wie erhaben. Nehmen wir an, Sie haben einen Roman geschrieben, der plötzlich in den Bestsellerlisten steht. Jubel, Erfolg, Geld. Was Sie schon lange wollen, jetzt ist es da. Und Sie sind sehr stolz. Wochenlang. Wer ist besser, wunderbarer und größer als Sie? Mal scharf nachdenken …

Manche Menschen finden diese Art Stolz töricht. Wahrscheinlich sind sie aber nur neidisch, weil sie selbst gern auch einmal so stolz auf sich wären. So stolz wie Stabhochspringer nach dem Weltrekord, so stolz wie ein Rennfahrer nach der Bestzeit, so stolz wie ein Dichter über den Ingeborg-Bachmann-Preis, so stolz wie ein Präsident auf die Wiederwahl und so stolz wie manche Eltern auf ihre Kinder.

Häufig wirkt Stolz seltsam, ein wenig übertrieben, aber deswegen ist er noch keine Krankheit, die Schmerzen verursacht oder irgendetwas verhindert. Ein Rennfahrer kann es sich erlauben, stolz zu sein und seinen Stolz auch zu zeigen, denn der wird seinen nächsten Sieg nicht verhindern. Auch der Dichter wird durch seinen Stolz nicht gehemmt. Für Väter, Mütter, Bundeskanzler gilt das Gleiche. Nur für Geistheiler nicht.

Es hat einige Zeit gedauert, bis ich begriffen habe, wie es funktioniert. Zu Beginn meiner Kontaktaufnahme mit der Geistigen Welt war ich jedes Mal sehr stolz über meine Wahrnehmungen – und wunderte mich immer, warum mir ähnliche Wahrnehmungen hinterher lange nicht gelingen wollten. Das hat dann meinen Stolz zunichte gemacht. Sofort ging es wieder. Ich: wieder stolz. Ergebnis: Nichts ging mehr. Eine Zeit lang kam mir das alles irgendwie zufällig vor. Schließlich habe ich das Prinzip dann doch noch begriffen. Es ist sehr einfach: Stolz ist ein sehr egozentrisches und damit trennendes Gefühl von solcher Kraft, dass mit dem geringsten Aufkommen von Stolz der Hörer zur Leitung nach ganz oben zurück auf die Gabel fällt.

42. Kapitel ***Mensch, erinnere dich***

Ich möchte Ihnen an dieser Stelle Mut machen. Gut dastehen zu wollen, Angeberei, Machthunger und Stolz sind hinderlich, aber zu vermeiden. Darüber hinaus ist es genauso, wie ich zu Beginn dieses Buches schon sagte: Sie selbst haben bereits geistig geheilt, vielleicht unbewusst, vielleicht bewusst. Manchmal zweifeln Sie womöglich daran, aber in der Tiefe Ihres Seins wissen Sie, dass die Kraft des Geistes heilen kann, denn diese Erfahrung haben Sie selbst gemacht. Diese Erfahrung ist das Fundament Ihrer weiteren Entwicklung als Geistige Heilerin und Heiler.

Um ehrlich zu sein: Dafür brauchen Sie in Wahrheit kein Buch. Weder dieses noch irgendein anderes. Sie brauchen kein so genanntes Lehrbuch und auch kein Unterrichtsprogramm. Warum? Weil das Wissen bereits in Ihnen steckt. Sie müssen nicht wie bei einer fremden Sprache Vokabeln pauken, um irgendwann fließend Sätze zu bilden, müssen auch keine Formeln büffeln, um schließlich Gleichungen mit drei Unbekannten zu lösen.

Sie müssen sich lediglich erinnern. Dann können Sie lernen, und das ist hier tatsächlich der einzige echte Lernprozess – Sie können lernen, dieser Erinnerung zu vertrauen. Ein Muss, eine Möglichkeit. Für beides will dieses Buch eine Hilfe sein.

Für die Erinnerung feinster geistiger Prozesse sind komplexe Verschaltungen beider Hirnhälften nötig, die aber nicht per Zuruf und Stichwort erfolgen, sondern meistens langsam erwachsen und durch Training dauerhaft stabilisiert werden. Deshalb werden die folgenden Übungen immer mehrmals gemacht, sonst können Sie den gewünschten Effekt nicht erzielen.

Alle Übungen sind Teil eines konzentrierten Programms. Ich nenne es «Schule des Geistigen Heilens», was vielleicht etwas hochtrabend klingt, aber sehr bodenständig gemeint ist, denn ohne Bodenhaftung könnte es passieren, dass Sie wie Ikarus abheben, zur Sonne fliegen und sich die Flügel verbrennen. Auch darauf wird in diesem Schulungsteil besonders hingewiesen: Wenn Ihrer Erinnerung Flügel wachsen, ist es sehr wichtig, gut geerdet zu sein. Sonst hängen Sie womöglich unter irgendeiner Decke fest und kriegen keinen Fuß mehr zurück auf den Boden.

43. *Kapitel* ***Die Kunst des Erwachens als Disziplin der Spirituellen Medizin***

Manchmal machen meine Erklärungen etwas Lärm. Verzeihen Sie mir. Ich erhebe meine Stimme, um die restlichen Schläfer aufzuwecken.

Nein, natürlich nicht Sie, lieber Leser, verehrte Leserin. Sie sind ja hellwach. Ich meine all jene Menschen, die ihr Leben verpennen, weil sie es in einer Art Dämmerzustand verbringen, eingelullt von Vorstellungen, die nicht ihre eigenen sind, angetrieben von Begierden, die ihnen andere einreden, lahm gelegt von Krankheiten, die sie sich einbilden oder ihnen jemand andichtet, tatsächlich krank durch krank machende Gewohnheiten, Gefühle, Gedanken oder aus irgendeinem anderen Grund nicht ganz da, nicht ganz präsent, nicht vollständig gesammelt, sondern auf seltsame Weise abwesend bei gleichzeitig körperlicher Anwesenheit. Das ist bedauerlich, das ist lästig, und das ist Zeitverschwendung. Lebenszeitverschwendung. Die ist ungesund. Viel ungesünder, als die meisten Schläfer ahnen, weshalb die Kunst des Erwachens nicht nur am Rande zu den Disziplinen der Spirituellen Medizin gehört.

Es ist ja nicht leicht, wach zu sein, hellwach, und ich weiß, viele, die jetzt gemeint sind, ahnen, was das heißt, hellwach zu sein. Die Welt ist voller betäubender Dinge und einschläfernder Ideen, sodass es kein Leichtes ist, für niemanden, auch für mich nicht, wirklich wach zu sein, hellwach eben, und es auch zu bleiben.

Um die Heiligen zu sehen, muss man hellwach sein. Im Dämmerzustand sehen sie wie irgendwelche Leute aus oder sind scheinbar überhaupt nicht vorhanden. Und eingelullt von Klischees und Massenmeinungen sind Sie kaum in der Lage, sich selbst und andere Menschen vollständig zu sehen.

44. *Kapitel* ***Vom vollständigen Sehen***

Die Formulierung «vollständig sehen» ist in zweifacher Hinsicht gemeint.

In der ersten geht es um den Betrachter und meint mit «Sehen» die umfassende sinnliche und übersinnliche Wahrnehmung, die eine vollständige ist, weil sie der Absicht folgt, das Individuum ganz wahrzunehmen, also nicht nur teilweise.

Der zweite Aspekt des «vollständigen Sehens» betrifft den Menschen, der betrachtet wird. Weil er vollständig erschaffen worden ist, kann er sich nur einbilden, unvollständig zu sein. Die Illusion der Unvollständigkeit macht krank. Denn als spirituelle Wesen sind Menschen zwar nicht perfekt (nicht mal die Götter sind das, denn auch sie haben individuelle Eigenarten), aber sie sind als Menschen vollständig, denn sie haben alles, was sie zum Menschsein brauchen. Das ist mehr als der bloße physische Körper, ausgestattet mit einem Gehirn. Das denkt dieses oder jenes. Meistens, «Ich bin dies und das, oder nicht dies und nicht das.» Viele Menschen mögen solche Begrenzungen. Selbst, wenn sie die Wurzel psychischer Disharmonie bilden. Wenn mentale Disharmonie nicht in Harmonie transformiert wird, manifestiert sich Disharmonie auch auf der physischen Ebene: als physischer Schmerz und Krankheit.

«Vollständig sehen» bedeutet nun, einen Menschen in seiner individuellen Vollständigkeit zu erblicken. Das ist der erste Schritt, zu erkennen, wie dieser ganz besondere Mensch von Gott vollständig gemeint ist.

Der zweite Schritt geschieht dann fast von selbst. Wie bei einem Bild, wo der Hintergrund plötzlich zum Vordergrund wird und der Vordergrund in den Hintergrund rückt. Vordergründig ist die Unvollständigkeit eines Menschen, und unsere gesamte Kultur ist darauf ausgerichtet, sie deutlich zu machen. Im Hintergrund verbirgt sich das Geheimnis der Vollständigkeit.

Ein drastisches Beispiel: Frauke P., die ich kürzlich behandelt habe. 63 Jahre alt, Multiple Sklerose im Stadium stark eingeschränkter Bewegungsmotorik. P. ist oft auf Krücken angewiesen, muss manchmal sogar einen Gehwagen nehmen. Im Zustand erhöhter Wahrnehmung sehe ich sie unter anderem als vitale und uneingeschränkt mobile Person, die lange Waldspaziergänge liebt und auch vor Bergbesteigungen nicht Halt macht. Ein Mensch, zu dessen vielen Begabungen auch die Ausdauer zählt. Das ist, sehr verknappt dargestellt, die Wahrnehmung der Vollständigkeit. Auch im normalen Tagesbewusstsein ist es möglich, einen Blick auf die Vollständigkeit zu erhaschen. Dann erkennen wir in einem gebeugten Menschen plötzlich die Kraft, sich vollständig aufzurichten. Und eine kränkelnde Person sehen wir vollständig gesund, weil sich ihre Gesundheit wie durch Zauberei aus dem Hintergrund unserer Wahrnehmung in den Vordergrund drängt und die offensichtliche Krankheit überdeckt.

Ich hätte P. nicht behandeln können, ohne die Sicht auf ihre Vollständigkeit. Manchmal bleibt mir die versperrt, dann bitte ich die entsprechende Person zu einem anderen Geistheiler zu gehen. Nur wenn ich einen Menschen vollständig und gesund sehen kann, bin ich in der Lage, seine Krankheit zu behandeln. Denn nur im Hinblick auf die Vollständigkeit kann ich die Illusion der Unvollständigkeit aufspüren, also die Wurzeln der Disharmonie. Um damit verbundene Blockaden zu lösen, um das Individuum von diesen Wurzeln des Unwohlseins, der Schmerzen und Krankheiten, der Begrenzungen und Blockaden zu befreien und damit zu vervollständigen.

45. *Kapitel* ***Der ruhende Blick, erste Übung***

Wer etwas sehen will, muss hingucken. Das gilt auch für übersinnliches Sehen oder Sehen mit erweiterten Sinnen. Wenigen Menschen ist diese Art der Wahrnehmung ohne irgendein Training zugänglich. Sollten Sie mit diesem Talent gesegnet sein, wird die Technik des ruhenden Blicks Ihre Wahrnehmung noch verfeinern.

Dafür setzen Sie sich an einen Tisch oder auf ein Meditationskissen am Boden und stellen in eineinhalb Meter Entfernung eine brennende Kerze. Sie haben eine optimale Position gewählt, wenn Sie in einem sehr flachen Winkel in die Flamme schauen können.

Plinkern Sie jetzt einige Male mit den Augen und starren Sie nun in die Flamme, ohne die Lider zu bewegen. Wahrscheinlich haben Sie nach wenigen Minuten das Bedürfnis, die Augen kurz zu schließen. Wenn dieses Verlangen übermächtig wird, plinkern Sie einmal mit den Lidern, nur noch einmal und dann gar nicht mehr.

Starren Sie jetzt ohne zu blinzeln mit weit geöffneten Augen direkt in die Flamme. Vermutlich wird sich ihre Größe verändern, möglicherweise auch die Farbe, vielleicht wird sich das Licht der Kerze wie ein seidiges Gewebe in den Raum hineindehnen. Welche Phänomene auch auftreten, nehmen Sie zur Kenntnis, was Sie sehen, und blicken Sie weiterhin ganz direkt und ohne zu zwinkern in die Flamme. Bald beginnen Ihre Augen zu brennen. Wieder wächst der Wunsch, die Lider zu schließen, und sei es auch nur für einen kurzen erholsamen Moment. Widerstehen Sie diesem Wunsch, bis Ihre Augen tränen. Lassen Sie sich auch von den Tränen nicht ablenken. Dies ist ein biologisch notwendiger Prozess, um das Auge feucht zu halten. Starren Sie durch den Schleier Ihrer Tränen noch etwa fünf bis zehn Minuten in die Flamme und achten Sie auf Veränderungen in der Gestalt und Farbe.

Dann schließen Sie die Augen und heben Ihre beiden Handflächen im Abstand von ungefähr zehn Zentimetern vor Ihre Augen, sodass Sie das Licht der Kerze auch durch die geschlossenen Lider nicht sehen. Trotzdem werden Sie die Flamme erblicken. Wahrscheinlich etwas kleiner als zuvor. Schauen Sie weiter in die Flamme, ohne jedoch die Augen zu öffnen oder die Handflächen zu senken. Wenn die Flamme im Gesichtsfeld zu wandern beginnt, versuchen Sie die Flamme durch Ihren Willen im Zentrum zu halten. Blicken Sie so lange in die Flamme, bis sie schließlich erlischt. Keine Angst, Sie werden nicht den ganzen Tag damit beschäftigt sein. Nur wer diese Technik lange geübt hat, kann die Flamme mit geschlossenen Augen länger als ungefähr zwanzig Minuten sehen.

Diese Übung ist eine über tausend Jahre alte Yoga-Praktik und aus mehreren Gründen gesund. Erstens schärft sie die physische Sehkraft. Zweitens stärkt sie den Willen. Drittens erhöht sie die Konzentrationsfähigkeit. Und viertens ist sie eine Technik zur Förderung außersinnlicher Wahrnehmung.

Wie Sie noch «sehen» werden.

Machen Sie diese Übung einmal pro Tag. Morgens oder abends. Wie Sie mögen. Mindestens 21 Tage in Folge, damit Sie nicht nur die Schwierigkeiten dieser Art konzentrierten Sehens kennen lernen, sondern auch dessen Nutzen. Nach Ablauf der 21 Tage üben Sie am besten täglich so weiter, mindestens aber drei-, viermal pro Woche.

46. Kapitel **Der ruhende Blick, zweite Übung**

Setzen Sie sich in ein bis eineinhalb Meter Entfernung vor einen Spiegel und fokussieren Sie Ihre Augen auf Ihre Nasenwurzel, also den Punkt zwischen den Augen. Wenn Sie den Fokus halten können, dann verlassen Sie ihn ganz langsam wieder, indem Sie sich vorstellen, dass Sie durch Ihr Gesicht im Spiegel hindurch auf etwas dahinter Liegendes blicken. Sie wechseln also aus der Nahsicht in die Fernsicht. Das Gelingen dieses Vorgangs erkennen Sie daran, dass Sie nun unscharf in Ihre eigenen Augen blicken.

Halten Sie diesen Blick, ohne mit den Augen zu zwinkern.

Halten Sie diesen Blick, ohne mit den Augen abzuschweifen.

Halten Sie diesen Blick, und denken Sie dabei, was Sie wollen.

Halten Sie diesen Blick, auch wenn Ihre Augen tränen.

Wenn Sie mit den Augen zwinkern, hat die Übung in dem Moment überhaupt erst begonnen.

Wenn Sie zum zweiten Mal zwinkern, ist sie beendet. Danach schließen Sie einen Moment die Augen und rollen mit den Augäpfeln, um die Tränenflüssigkeit zu verteilen.

Machen Sie diese Übung auf mehrere Tage verteilt insgesamt elfmal. Beim zwölften Mal nehmen Sie eine Eieruhr und stellen sie auf fünf Minuten. Halten Sie den Blick auf die beschriebene Weise ohne zu zwinkern bis zum Klingelton. Wenn Ihnen das gelungen ist, dann stellen Sie die Uhr beim folgenden Versuch auf sechs Minuten. Trainieren Sie in der Weise, zehn Minuten lang ohne zu zwinkern in Ihr eigenes Spiegelbild zu schauen. Haben Sie zehn Minuten erreicht, können Sie den Blick auch für eine halbe Stunde und länger ruhen lassen. Immer wieder werden Ihre Augen tränen, das ist ein notwendiger biologischer Reflex zur Befeuchtung der Hornhaut. Lassen Sie sich dadurch nicht ablenken.

Wenn Sie Ihren Blick ohne zu zwinkern zehn Minuten lang im Spiegel auf Ihren eigenen Augen ruhen lassen können und dabei nicht abwechselnd in Ihr linkes oder rechtes Auge schauen und auch nicht entweder in Ihr linkes oder rechtes, sondern unfokussiert in die Unendlichkeit blicken, aber im Vordergrund Ihre beiden Augen wahrnehmen – wenn Ihnen diese Kleinigkeit gelungen ist, dann wiederholen Sie die Übung noch weitere zehn Male. Danach können Sie diesen Teil des Programms vergessen. Sofern Sie den Blick in die Kerzenflamme auf die beschriebene Art und regelmäßig trainieren.

47. Kapitel **Der ruhende Blick, dritte Übung**

Wenn Sie den Blick in die Kerze 21 Tage lang geübt haben und sich im Spiegel zehn Minuten lang ohne zu zwinkern anschauen können, sind Sie bereit für den nächsten Schritt. Sie können ihn auch sofort tun, nur wird das Ergebnis dann aller Wahrscheinlichkeit nach weit weniger eindrucksvoll sein. Für den nächsten Schritt brauchen Sie ein Gegenüber. Es kann Ihr Partner sein, auch ein Freund, aber noch besser ist eine fremde Person. Fragen Sie mich jetzt bitte nicht, wie Sie eine fremde Person dazu bringen, sich in eineinhalb bis zwei Meter Entfernung vor Sie hinzusetzen, um sich von Ihnen anstarren zu lassen. Ich weiß es nicht.

Ich habe dieses Verfahren in einer kleinen Gruppe gelernt. Da durfte dann jeder jeden anstarren, und das kam niemandem komisch vor. Wie Sie es auch anstellen, die Übung des ruhenden Blicks auf eine andere Person ist ein hilfreiches und machtvolles Training und sollte nicht ausgelassen werden. Ein Vorschlag: Sie lesen dieses Buch gleichzeitig mit einem oder mehreren anderen Menschen, mit denen Sie sich zum Training verabreden können. Das ist gut für Sie, weil Sie dann Ihre Erfahrungen teilen können.

Sowie Sie der Person gegenübersitzen, die sich Ihrem Training dankenswerterweise zur Verfügung stellt, schauen Sie ihr direkt ins Gesicht und studieren Sie es einige Minuten bis ins Detail. Anschließend fokussieren Sie Ihren Blick wieder auf die Nasenwurzel Ihres Gegenübers, um dann auf die beschriebene Weise in die Unendlichkeit zu blicken und dadurch unscharf in die Augen der vor Ihnen sitzenden Person.

Der Mensch, der von Ihnen angeschaut wird, sollte Sie am besten gleichfalls angucken. Er muss Sie nicht anstarren ohne zu zwinkern, aber er oder sie kann das tun. Für Ihre Konzentration ist das nicht wichtig.

Während Sie Ihr Gegenüber nun im Hinblick auf die Unendlichkeit, also mit Durchblick, anstarren, könnte es verlockend sein, den Blick wieder zu fokussieren und ins rechte oder linke Auge zu schauen. Nehmen Sie den Impuls wahr, aber geben Sie ihm nicht nach. Nicht selten gibt es in einem Gesicht auch Details wie Falten und Grübchen, die Ihre Aufmerksamkeit auf sich ziehen. Nehmen Sie diese zur Kenntnis, ohne dafür aber Ihren Blick scharf zu stellen. Sie werden sehen, wie leicht dies möglich ist. Vor allem, wenn Sie das Gesicht bereits zu Anfang gründlich betrachtet haben.

Wenn es Ihnen gelingt, den Durchblick ohne zu zwinkern zu halten, dann werden sich nach wenigen Minuten Veränderungen in der Wahrnehmung einstellen. Nehmen Sie diese Veränderungen zur Kenntnis, aber denken Sie nicht darüber nach, sondern starren Sie weiter wie bisher. Mindestens zehn Minuten. Besser zwanzig. Noch besser dreißig Minuten lang. Nicht länger für den Anfang. Denn mit einer zweiten Person wird diese Art des Sehens sehr schnell sehr anstrengend. Stellen Sie keine Rekorde auf, denn dann fehlt Ihnen womöglich die Kraft, kontinuierlich weiterzumachen.

Es entfaltet eine besondere Kraft, den Blick auf diese Weise auf einer anderen Person ruhen zu lassen. Zu Beginn sind Sie mit fast mechanischen Schwierigkeiten konfrontiert: dem Unterdrücken des Zwinkerreflexes. Gefolgt von eigenen Gedanken, die Ihre Konzentration erschweren. Dann kommt der Moment, wo Ihnen die Schau gelingt, Sie aber so verblüfft sind über das, was Sie sehen, dass Sie wie in einem Reflex fokussieren und dadurch eine weitere Schau verhindern. Vielleicht gelangen Sie auch sehr bald an die nächste Stufe. Das ist die Erfahrung der Aufhebung jeglicher Trennung zwischen Betrachter und Betrachtetem. Ich könnte Ihnen an dieser Stelle beschreiben, wie sich das aller Wahrscheinlichkeit nach für Sie anfühlt. Trotzdem wird Ihnen die Erfahrung womöglich etwas Angst machen. Das ist der Moment, wo sie abbricht. Egal, wie viel Sie vorher darüber gehört haben.

Nehmen Sie das keinesfalls zum Anlass, diese Praxis enttäuscht oder irgendwie beleidigt sein zu lassen. Weil Sie zwar eine Eintrittskarte in den Garten Eden erhalten haben, aber keine direkte Einladung und Zutritt. Die Übung des ruhenden Blicks braucht Zeit. Sie bringt einen Wachstumsprozess in Gang. Das ist sicher. Wie schnell der abläuft, kann ich Ihnen leider nicht sagen. Der persönliche Gewinn durch Ihre Bemühungen ist in jedem Fall extrem hoch. Wenn Sie darauf vertrauen, kommen Sie sehr weit. Das heißt: Sie erweitern Ihre Aura, vervielfachen Ihre Sensitivität und Intuition und erwecken Ihre außersinnliche Wahrnehmung.

Alles zusammen stärkt Ihre Position als Geistiger Heiler. Und nicht zuletzt wird es Sie in die Lage versetzen, sehr tief greifende Aussagen über die Befindlichkeit eines anderen Menschen zu machen.

Alle drei Übungen zum Training des ruhenden Blicks wirken sehr technisch. Exakt darin besteht ihr Vorteil gegenüber anderen, weniger technischen Verfahren. Die technische Beschreibung ermöglicht eine vollständige und richtige Ausrichtung auf die Praxis. Genau so und nicht anders, lautet das Gebot, wenn man die Früchte der Praxis ernten will.

48. Kapitel ***Atem-Übung zur Reinigung des Dritten Auges***

Wer bei den vorangegangenen Übungen noch einen Turbogang einlegen möchte, erhält mit dieser Atem-Technik ein geeignetes Hilfsmittel. Es will sanft angewandt werden, also keinesfalls zu lange und zu häufig.

Prana ist das Sanskrit-Wort für Lebensenergie, die kosmische Kraft, die am deutlichsten als Lebensatem aufgenommen wird, denn sie kann eingeatmet werden. Pranayama bezeichnet die Kunst der kontrollierten Aufnahme, und das nun beschriebene Verfahren gehört dazu. Es liest sich komplizierter, als es ist, umso detaillierter werde ich es beschreiben, damit es auch richtig ausgeführt werden kann.

Setzen Sie sich dafür am besten hin, bequem, aber mit möglichst gerader Wirbelsäule. Atmen Sie langsam aus. Und pressen Sie dabei möglichst alle Luft aus Ihren Lungen. Dann atmen Sie sofort wieder ein und füllen Ihre Lungen mit möglichst viel Luft. Atmen Sie noch zweimal auf diese Weise aus und ein. Während Sie zum dritten Mal ausatmen, heben Sie Ihre rechte Hand vor Ihre Nase. Sowie Sie vollkommen ausgeatmet haben, verschließen Sie mit dem Daumen das rechte Nasenloch und lassen den Ringfinger ohne Druck am linken Nasenloch ruhen, während Sie nun nur durch das linke Nasenloch einatmen. Etwa so langsam, dass Sie dabei bis sieben zählen können. Stellen Sie sich dabei vor, dass Sie den Atem, also die Lebensenergie inwendig in gerader, vertikaler Richtung nach oben in Richtung Stirn ziehen. Bis in Höhe Ihrer Augenbrauen. Dort halten Sie den Atem kurz an, verschließen das linke Nasenloch mit dem Ringfinger und lassen die zwischen den Augenbrauen konzentrierte Lebensenergie nun kraft Ihrer Vorstellung und Absicht ungefähr einen Zentimeter nach rechts fließen. Dann öffnen Sie das rechte Nasenloch, indem Sie den Daumen ein wenig heben, und atmen wiederum langsam aus.

Wenn Sie vollständig ausgeatmet haben, dann atmen Sie durch dasselbe, also das rechte Nasenloch wieder ein, um die Lebensenergie erneut in Höhe Ihrer Augenbrauen zu konzentrieren. Diesmal auf der rechten Seite. Verschließen Sie mit dem Daumen wiederum das rechte Nasenloch, halten die Luft an, während Sie in Ihrer Vorstellung die Lebensenergie nun etwa einen Zentimeter nach links fließen lassen, um dann den Ringfinger vom linken Nasenloch zu heben und links vollständig auszuatmen.

Das ist ein Durchgang. Wiederholen Sie diesen noch neun Male. Nicht mehr, aber auch nicht weniger. Zu Anfang wird Ihnen womöglich schwindelig. Das ist normal. Dann machen Sie zehn Minuten Pause und versuchen es wieder. Wird Ihnen erneut schwindelig, versuchen Sie es erst am nächsten Tag ein weiteres Mal.

Diese Art der Pranayama-Atmung ist sehr machtvoll und ein kostbares Hilfsmittel für die Spirituelle Medizin, denn sie reinigt und öffnet das Dritte Auge, das Tor zur übersinnlichen Wahrnehmung.

Wahrscheinlich brennen Sie darauf, schnell große Fortschritte zu machen, und das kann ich sehr gut verstehen, umso mehr möchte ich Sie davor bewahren auszubrennen. Das Dritte Auge ist ein feinstsensorisches Organ und kann beschädigt werden, wenn man plötzlich Starkstrom hineinschickt. Ihr Drittes Auge muss langsam lernen, diese Energie zu verarbeiten. Es ist auch dafür gemacht.

Aber genauso wenig wie ein Kleinkind scharfe Gewürze mag und verträgt, sind Sie in der Lage, die beschriebene Atemübung auf Anhieb länger als angegeben und öfter zu praktizieren.

Einmal pro Tag ist genug und wird es wahrscheinlich auch bleiben. Es sei denn, Sie entscheiden sich, Yoga zum täglichen Brot Ihres Lebens zu machen. Eingebettet in andere Yoga-Praktiken und unter Anleitung fähiger Lehrer, kann Pranayama zur besonders ausgedehnten Praxis werden.

Um die Übung besser zu verstehen, stellen Sie sich mit diesem Buch vor den Spiegel und vergegenwärtigen Sie sich die Handhaltung und Atemwege. Wenn Sie das Prinzip verinnerlicht haben, wird Ihnen die Übung nicht schwer fallen.

Idealerweise wird sie direkt vor einer der zuvor genannten Seh-Übungen gemacht, damit der Effekt umso deutlicher spürbar wird.

49. Kapitel ***Erste Übung zur Wahrnehmung von Energien***

Menschen habe eine Aura, die aus mehreren Energieschichten besteht. Diese Schichten sind wahrnehmbar. Einige Menschen fühlen sie, andere sehen sie, wieder andere fühlen und sehen sie. Aber nicht nur Menschen, sondern alle Lebewesen haben eine Aura, in geringerem Ausmaß sogar auch so genannte tote Materie.

Am einfachsten zu sehen und zu spüren ist die Aura von Bäumen. Diese mächtigen und im Idealfall unglaublich vitalen Lebewesen haben eine gleichfalls mächtige Aura. So mächtig, dass man sich fast anstrengen muss, um sie nicht zu sehen und nicht zu spüren.

Einige Menschen, die versuchen bei anderen Menschen eine Aura zu sehen, kreischen manchmal entnervt auf: «Hilfe, ich sehe und spüre doch gar nichts.» Als wenn dies der Untergang des Abendlandes wäre. Keine Bange, die Lichter leuchten, auch wenn andere Laternen verlöschen. Allen voran die Bäume.

Mein Tipp: (Und ich weiß, Sie werden sich fragen: Was hat das mit Spiritueller Medizin zu tun? Geduld!) Machen Sie einen Waldspaziergang. Halten Sie auf einer Lichtung. Wählen Sie einen kapitalen Riesen in zehn bis zwanzig Metern Entfernung. Schauen Sie auf einen Abschnitt seiner Silhouette, die Spitze, eine Seite, nur nicht mitten ins Grün. Fixieren Sie einen kurzen Moment Äste, Blätter und wie sie in den Himmel ragen, dann lassen Sie Ihren Blick in die Unendlichkeit schweifen, aber ohne ihn abzuwenden. Sehr schnell werden Sie einen hellen Schleier um die materielle Silhouette des Baumes sehen. Das ist die erste Schicht seiner Aura.

Sie werden sehen. Garantiert.

50. Kapitel ***Zweite Übung zur Wahrnehmung von Energien***

Sicher, dies ist eine Anleitung zum Geistigen Heilen, und der Autor muss irgendwie verrückt oder sonst wie durchgeknallt sein, wenn er jetzt noch was von Bäumen erzählt. Sie sind nicht die erste Person, die mich an dieser Stelle für wunderlich hält. Vielleicht wird es Sie beruhigen, dass die Aura eines Baumes für einen Menschen sehr heilsam ist.

Davon können Sie sich jetzt überzeugen: Finden Sie dafür einen großen, frei stehenden Baum. Am besten einen Laubbaum, der Ihnen irgendwie sympathisch ist. Seine äußerste Aura-Schicht reicht bis zu einigen Metern über die Breite seiner Krone hinaus. Stellen Sie sich in einer Entfernung vor den Baum, die größer ist als die vermutliche Ausdehnung der äußersten Aura-Schicht, und heben Sie die Handflächen vor die Brust, um mit ihnen die Aura zu erspüren. Gehen Sie nun langsam und mit halb geschlossenen Augen auf den Baum zu. Wenn Sie ein leichtes Kribbeln oder sonstige Veränderung in Ihren Handflächen wahrnehmen, haben Sie die erste Aura-Schicht erreicht. Es ist hilfreich, an dieser Stelle anzuhalten und wieder einige Schritte rückwärts zu gehen, um zu fühlen, wie die Wahrnehmung dabei verblasst. Danach bewegen Sie sich wieder langsam auf den Baum zu. Beobachten Sie, wie das Gefühl in den Handflächen erneut stärker wird.

Ungefähr auf halbem Wege zwischen dem Punkt des ersten Kribbelns und dem Baum verläuft die zweite Aura-Schicht. Wahrscheinlich werden Sie da wieder eine Wahrnehmung in den Handflächen haben. Nachzuprüfen, indem Sie erneut zurückweichen, um sich wieder anzunähern.

Die erste Aura-Schicht haben Sie ja bereits gesehen. Sie liegt selten weiter als einen Meter um den Stamm und ist ebenfalls deutlich spürbar. Falls Sie wider Erwarten bis zu diesem Punkt und an diesem Punkt nichts gefühlt haben und auch jetzt nichts empfinden, dann suchen Sie sich einen anderen Baum und versuchen es erneut. Ich habe noch nie erlebt, dass es nicht gelingt. Diese Energie ist zu wuchtig, um einfach daran vorbeizulaufen.

Wenn Sie die innerste Aura-Schicht spüren, dann tun Sie sich etwas Gutes: Legen Sie Ihre Stirn und die geöffneten Handflächen an den Stamm und bleiben Sie einige Minuten so stehen.

Möglicherweise haben Sie bei Spaziergängen in Parks und Wäldern schon irgendwelche Leute Bäume umarmen sehen und sich gefragt, was diese Spinner da wohl machen. Besonders auf Stadtmenschen wirkt dieses Verhalten mehr als sonderbar. Allerdings, wer schon mal als Kind in einen vom Blitzschlag ausgehöhlten Baum gekrochen ist, weiß, dass es sich in seinem Innern anders anfühlt als irgendwo sonst. Die Höhle unter dem Bett mag kuscheliger sein, die Höhle in einem Baum ist magisch, und wer dort ganz still ist, kann ihn raunen hören. In jedem Fall gibt er Gesundheit und Kraft und beruhigt die Gedanken.

Und weil er nicht ungeduldig wird und auch nicht wegläuft, ist er ein perfekter Partner zum Training der Wahrnehmungsfähigkeit.

51. Kapitel ***Dritte Übung zur Wahrnehmung von Energien***

Setzen Sie sich bequem in einen Sessel oder auf ein Sofa und trinken Sie etwas, damit kein Durst Sie ablenken kann. Schließen Sie die Augen und atmen Sie dreimal langsam aus und ein. Dann heben Sie beide Hände mit aufeinander zugewandten Handflächen vor die Brust. Die Handflächen sollten etwa einen Meter voneinander entfernt sein und die Daumen der Hände Ihre Brust nicht berühren.

Bewegen Sie nun Ihre Handflächen sehr langsam aufeinander zu und achten Sie dabei auf feinste Wahrnehmung in Ihren Handflächen. Spätestens wenn die Flächen beider Hände nur noch wenige Zentimeter voneinander entfernt sind, werden Sie eine Art Polster spüren, wie einen feinen Gegendruck der Luft zwischen den Handflächen, so, als würden Sie nun ein unsichtbares Kissen zusammendrücken. Dies ist das energetische Polster Ihrer Aura, besonders deutlich spürbar, wenn die Energiewirbel in den Handflächen zueinander gerichtet sind.

Machen Sie einen Test, drehen Sie Ihre Handinnenseiten nach außen und bewegen Sie die Handrücken auf die gleiche Weise aufeinander zu. Was spüren Sie? Wahrscheinlich weit weniger als zuvor.

Drehen Sie nun wiederum die Handflächen nach innen und bewegen Sie sie zueinander hin, bis Sie erneut das Energie-Kissen spüren. Entfernen Sie jetzt die Hände ein wenig voneinander, um sie gleich wieder anzunähern. Wippen Sie mit den Handflächen, um die Entfernung geringfügig zu vergrößern und zu verringern. Wahrscheinlich wird der Kissen-Effekt dadurch noch deutlicher spürbar werden.

Anschließend legen Sie beide Handflächen aufeinander, um sie nun langsam wieder zu lösen. Merken Sie einen Widerstand? Als wollten Sie aneinander kleben bleiben? Auch das ist ein Aura-Effekt. Liegen die Handflächen zusammen, verschmilzt die erste Aura-Schicht der einen Hand mit der anderen. Werden sie voneinander getrennt, fließen auch die Schichten auseinander. In der Physik nennt sich das Kohäsion, Zusammenhalt. Je dichter die Materie, umso stärker der Zusammenhalt.

52. Kapitel ***Vierte Übung zur Wahrnehmung von Energien***

Bleiben Sie bequem sitzen, schließen Sie wieder die Augen. Wenn sie Rechtshänder sind, schütteln Sie nun Ihre rechte Hand, um die Energiekanäle in den Fingerkuppen zu öffnen. Visualisieren Sie mit Ihrem geistigen Auge weißes Licht, das in Strahlen aus den Fingerspitzen leuchtet. Es kann sein, dass Sie die Hand mehrmals schütteln müssen, bevor Sie das Licht sehen.

Wenn es Ihnen gelingt, das Licht mit geschlossenen Augen zu sehen, dann heben Sie die andere Hand, während Sie Ihre Augen weiterhin geschlossen lassen, und richten die strahlenden Fingerkuppen auf die Handinnenfläche.

Was spüren Sie?

Möglicherweise eine Art Brutzeln in der Handfläche, vielleicht auch Hitze, ganz sicher aber irgendeine Form von energetischer Konzentration. Denn die Handinnenfläche, auf die der Energiestrahl der anderen Hand gerichtet ist, fühlt sich anders an als der übrige Körper.

53. Kapitel ***Fünfte Übung zur Wahrnehmung von Energien***

Besorgen Sie sich ein Stück Pappe oder etwas Ähnliches, nur grau sollte es sein. Setzen Sie sich damit an einen Tisch, und legen Sie es direkt vor sich hin. Heben Sie nun die Hände mit den einander zugewandten Handflächen über die Pappe, sodass Sie durch den Raum zwischen den Händen darauf blicken.

Starren Sie nun ohne mit den Augen zu zwinkern durch den Raum zwischen den Händen auf die Pappe und schließlich durch die Pappe hindurch, während Sie langsam die Handflächen aufeinander zu bewegen. Nah genug, um erneut den Kissen-Effekt zu spüren. Starren Sie weiterhin ohne zu zwinkern durch den Spalt zwischen Ihren Handflächen. Wahrscheinlich sehen Sie schon jetzt feines weißes Licht. Ein Gewebe aus Schlieren zwischen den Handflächen, das an einigen Stellen besonders hell leuchtet. Wenn Sie die Hände voneinander weg bewegen, werden die Schlieren ein wenig auseinander gezogen, um nach wenigen Zentimetern wie allerfeinste Gaze zu reißen.

Legen Sie nun einen Arm ab und starren Sie an der Oberfläche der anderen Hand vorbei. Wahrscheinlich sehen Sie an einigen Stellen kleine weiße Lichtkegel. Wie Lampen, die aus den Poren leuchten, aber auch kleine weiße Lichtfäden, die über der Haut aufleuchten und wieder verblassen. Das sind energetische Aktivitäten in der ersten Aura-Schicht.

Aus nahe liegenden Gründen ist Ihre eigene Hand ein ideales Feld zum Studium der menschlichen Aura. Sie können Sie jederzeit betrachten, am besten immer vor einem einfarbigen Hintergrund, weil Muster die Wahrnehmung verwirren.

Wichtig ist es, nicht direkt auf die Hand zu blicken, sondern seitlich daran vorbei. Sehr bald werden Sie auf diese Weise auch die Farben der zweiten Aura-Schicht wahrzunehmen lernen.

Eine interessante und sehr eindrucksvolle Variante ist das Üben in der Dunkelheit. Abends im Bett, alle Lichter aus. Ein guter Moment, um die Energie zwischen Ihren Handflächen zu spüren und zu sehen und die Aura Ihrer Hände zu studieren.

Mein Rat an dieser Stelle: Üben Sie die beschriebenen Techniken einen Monat, bevor Sie sich mit den folgenden befassen. Am besten lesen Sie bis dahin auch nicht weiter.

54. Kapitel ***Die erste Einbildungsübung: Platz da***

Setzen Sie sich ans Fenster Ihrer Wohnung oder Ihres Hauses. Optimal mit Blick auf einen Platz oder Weg. Es ist hilfreich, wenn hin und wieder Menschen vorbeikommen, aber nicht notwendig, weil Sie vermutlich allein mit Tierwahrnehmung voll und ganz beschäftigt sind.

Schauen Sie mit geöffneten Augen nach draußen auf den Platz oder Weg. Sehr hilfreich ist Ihr Lieblingsausblick. Genau die Perspektive, aus der Sie oft und gern versonnen nach draußen sehen.

Prägen Sie sich nun jedes Detail ein. Bäume, Häuser, Rasenflächen, vielleicht ein Weg, eine Straße, parkende Autos, Laternen … Was auch immer, und das möglichst genau.

Wenn Sie das getan haben, bringen Sie Ihren Kopf mit weiterhin geöffneten Augen in eine bequeme Position, die Sie fünfzehn bis dreißig Minuten halten können. Bleiben Sie in der Position. Stellen Sie sich vor, dass Sie mit Ihren physischen Augen nun ein Foto machen, das Sie in Ihrem Gehirn speichern, um dann Ihre Augen zu schließen und das eben gemachte Bild im Geiste zu betrachten.

Betrachten Sie das Bild möglichst ausgiebig. Vergegenwärtigen Sie sich jedes Detail. Öffnen Sie keinesfalls Ihre Augen, wenn Sie glauben, etwas vergessen zu haben. Konzentrieren Sie sich vollkommen auf das geistige Bild, ohne aber die Kopfhaltung zu ändern.

Bleiben Sie in die Betrachtung des geistigen Bildes versunken, während Sie sich gleichzeitig vorstellen, das Bild nun durch Ihr Drittes Augen zwischen den Augenbrauen zu sehen.

Nicht selten beginnt die Stelle zwischen den Augenbrauen zu jucken oder zu brennen oder sogar irgendwie zu pieksen, sobald Sie das Dritte Auge auf diese Art benutzen. Das ist normal und tritt zu Anfang häufig auf. Lassen Sie sich dadurch nicht ablenken. Falls Sie allerdings physischen Schmerz empfinden, sollten Sie die Übung abbrechen und zu einem späteren Zeitpunkt noch einmal von vorn beginnen.

Wahrscheinlich haben Sie Glück, und Schmerzen treten bei Ihnen nicht auf, und Sie «sehen» jetzt nicht mehr das Bild, sondern die Realität, wie sie sich durch Ihr Drittes Auge darstellt. Zumindest teilweise, denn Lücken in der übersinnlichen Wahrnehmung werden durch das erinnerte Bild aufgefüllt.

Bleiben Sie in der Wahrnehmung, denn jetzt fängt es überhaupt erst an, spannend zu werden. Achten Sie auf Veränderungen. Eine Bewegung, wenn ein Vogel vorbeifliegt, ein Mensch ins Feld Ihrer

Wahrnehmung tritt. Ihre physischen Augen halten Sie bitte weiterhin geschlossen, auch wenn der Reiz groß ist, Ihre außersinnliche Wahrnehmung sinnlich zu prüfen. Dazu werden Sie später genug Gelegenheit haben.

Wenn Sie so weit gekommen sind, Bewegungen zu spüren oder irgendwie zu ahnen, schattengleich und kaum merklich, dann haben Sie schon viel erreicht.

55. Kapitel ***Die zweite Einbildungsübung: Das Doppel***

Einbildung ist sehr hilfreich, um außersinnliche optische Wahrnehmung zu wecken. Ich meine in diesem Zusammenhang allerdings konzentrierte, auf ein Ergebnis ausgerichtete Einbildung, also keine Phantasterei. Ich könnte auch den technischen Begriff Visualisierung gebrauchen, aber ich ziehe den Begriff Einbildung vor, allein schon wegen seiner geistigen Dimension, nämlich der Bildung des Einen. Das Eine kann nicht gebildet werden, denn es ist ja schon. Somit kann es auch kein Zweites davon geben, sonst wäre es nicht das Eine …

Umso mehr nutzt die Einbildung bisweilen, um sich der Natur des Einen durch die Phantasie eines identischen Zweiten zu nähern. In diesem Fall Ihrer eigenen Person.

Setzen Sie sich dafür auf einen Stuhl, der frei im Raum steht, und schließen Sie die Augen. Atmen Sie dreimal tief aus und wieder ein, dann vergessen Sie Ihren Atem und konzentrieren sich auf den Punkt zwischen Ihren Augenbrauen, wobei Sie gleichzeitig Ihre Zunge leicht nach hinten eingerollt in die Kuhle am oberen Gaumen legen. Fühlen Sie einmal die Kuhle mit Ihrer Zungenspitze, während Sie jetzt lesen. Diese Lage der Zunge aktiviert das Kronen-Chakra. Für die jetzige Übung ist das nicht unbedingt notwendig, umso mehr aber für die folgenden, weswegen es gut ist, sich zeitig an diese Haltung der Zunge zu gewöhnen, denn sie erleichtert vieles.

Sie sitzen in der genannten Haltung, Augen geschlossen, auf das Dritte Auge zwischen den Augenbrauen konzentriert, die Zunge am Gaumen. Nun kreieren Sie kraft Ihrer Einbildung ein Bild. Nämlich Sie selbst, etwa eineinhalb bis zwei Meter vor sich sitzend, in der identischen Haltung, in derselben Kleidung, also Ihr exaktes Spiegelbild.

Mustern Sie sich einmal von Kopf bis Fuß, aber öffnen Sie nicht Ihre physischen Augen. Stellen Sie sich vor, dass Sie durch Ihr Drittes Auge sich selbst wie in einem Spiegel sehen. Zu Beginn ist es sehr schwierig, einzelne Details wahrzunehmen. Das imaginierte Selbst wirkt verschwommen wie ein Traumbild. Lassen Sie sich davon nicht entmutigen, sondern üben Sie weiter. Sehr bald werden Sie imstande sein, sich deutlich zu sehen.

Sobald Sie sich deutlich sehen, gehen Sie noch einen Schritt weiter und wechseln die Position. Stellen Sie sich vor, dass Ihr Geist in diesem Moment Ihr Spiegelbild beseelt, und Sie mit den geöffneten physischen Augen Ihres Spiegelbildes und dessen Drittem Auge nun auf Ihren tatsächlichen physischen Körper gucken.

Dieser Schritt ist kein leichter, also werden Sie nicht ungeduldig. Auch wenn Ihnen der Perspektivwechsel lange nicht gelingt, so ist allein die Bemühung von großem Nutzen.

Je mehr Sie darum kämpfen, dass es gelingt, umso mehr werden sich wie zufällig übersinnliche Phänomene einstellen. Mir ist das so gegangen. Und nicht nur mir. Plötzlich wird auch das imaginierte Doppel immer gläserner wirken, ohne dass aber irgendein Detail in der Kleidung zum Beispiel verblasst. Aber darunter zeichnen sich auf einmal Organe ab und Blutgefäße, Knochen und Muskeln.

Das Bewusstsein ist zu dieser Art Perspektivwechsel grundsätzlich ohne große Schwierigkeiten in der Lage. Allerdings sind wir gewohnt, die Welt aus einem bestimmten Blickwinkel wahrzunehmen. Diese Gewohnheit kann nur durch Übung ausgetrickst werden. Dafür gibt es noch ein Verfahren, was vorteilhafterweise überall und jederzeit trainiert werden kann, leider aber noch schwieriger ist.

Manchmal sitzen Sie in der Bahn, im Bus, auf Ihrem Sofa oder sonst wo und starren einfach vor sich hin. Wenn Sie bemerken, dass Sie in diesem Zustand sind, der einen meditativen, schwebenden Charakter hat, dann bleiben Sie in der Haltung, stellen auch Ihren Fokus nicht scharf, sondern verlagern Ihr Bewusstsein an den Rand Ihrer Wahrnehmung, nämlich an jenen Ort, wo Sie gerade hinstarren. Sie könnten jetzt einiges über den Ort in Erfahrung bringen, was gleichfalls interessant ist, aber nicht Teil dieser Übung. Denn jetzt versuchen Sie bitte von jenem Ort aus sich selbst zu sehen. Dafür können Sie die physischen Augen schließen. Das ist die einfachere Variante. Und wenn Sie Leute in der S- oder U-Bahn sitzen sehen, die irgendwo hinstarren und dann die Augen mit einem seligen Lächeln schließen, so machen sie wahrscheinlich die Übung und haben auch noch Erfolg damit.

Die weit schwierigere Variante praktizieren Sie, wenn Sie Ihre physischen Augen offen halten, den Perspektivwechsel also mit geöffneten Augen vollziehen und sich mit geöffneten Augen dasitzen und starren sehen. Dabei schiebt sich das übersinnliche Selbstbild über die Wahrnehmung des Ortes, wo Sie mit Ihren physischen Augen noch immer hinstarren. Ein faszinierendes Phänomen, was mir selbst nur äußerst selten gelingt. Umso spielerischer trainiere ich es.

56. Kapitel ***Die dritte Einbildungsübung: Die Harmonisierung der Chakren und Erdung***

Setzen Sie sich wieder auf den Stuhl in die Mitte des Raumes. Atmen Sie dreimal tief aus und ein, bringen Sie Ihre Zunge in die im vorigen Kapitel beschriebene Position, und schließen Sie dann Ihre Augen. Genießen Sie einen Moment die Stille, die Ihnen diese Haltung bringt. Macht es Ihnen Freude, so dazusitzen, sich in Stille zu sammeln? Oder ist Ihnen die Ruhe jetzt schon ein wenig lästig?

Wie die Antwort auch ausfällt, Ihr Gefühl ist in keinem Fall schlecht oder unpassend, sondern einfach nur da, nehmen Sie es zur Kenntnis, gestatten Sie sein Vorhandensein, kein Grund, sich davon ablenken zu lassen. So geben Sie Ihr Bestes, nämlich Ihre größtmögliche Aufmerksamkeit zum jetzigen Zeitpunkt.

Rollen Sie nun die Augäpfel unter den geschlossenen Lidern nach oben, als wollten Sie zur Decke blicken, und schauen Sie mit Ihrem geistigen Auge innerlich zum Scheitel Ihres Kopfes. Stellen Sie sich vor, dass sich Ihr Kopf am Scheitel öffnet, und zwar so, als würde dort eine Blüte im Zeitraffer herauswachsen, um wie eine Satelliten-Schüssel auf Empfang zu gehen, Energie-Empfang. Je besser Sie diese Beschreibung visualisieren, umso wirkungsvoller ist das Ergebnis. Stellen Sie sich eine aufspringende Knospe vor, die auf dem Scheitelpunkt Ihres Kopfes herauswächst, wie die Blüte auf einem kugeligen Kaktus. Ihre Blüte ist weiß mit einem feinen Hauch von Himmelblau, hat mehr Blätter, als Sie zählen können und öffnet sich ungefähr handtellergroß oder sogar noch größer.

Wenn Sie diese Übung häufiger machen, werden Sie feststellen, dass sich das Aussehen der Blüte verändert. Irgendwann wird sie sich wahrscheinlich zu drehen beginnen. Die Farbe und Form wird sich ebenfalls ändern, vielleicht nicht gravierend, möglicherweise aber doch. Klammern Sie sich nicht an meine Beschreibung. Sie ist lediglich eine Hilfe für den Beginn.

Schauen Sie durch die voll geöffnete Blüte nach oben aus Ihrem Kopf heraus, und sehen Sie dort ein Licht, weiß und fein wie eine transparente Wolke. Visualisieren Sie die transparente Wolke, denn beim ersten Versuch ist es nahezu unmöglich, sie direkt und aus eigener Kraft ohne Hilfe der Einbildung zu sehen.

Noch einmal: Bilden Sie sich eine weiße, tausendblättrige Blüte auf Ihrem Kopf ein, und blicken Sie durch ihr Zentrum in eine feine, transparent-weiße Wolke, die direkt über Ihnen schwebt. Lassen Sie die weiße Wolke nun durch die Blüte in Ihren Kopf fließen wie Badewasser in einen Abfluss. Stellen Sie sich vor, dass die weißliche Wolke nun in Sie einsinkt. Ein Prozess, der von dem Gefühl aufkeimender Kühle begleitet wird. Etwas Kühles sinkt in Sie ein. Nicht lauwarm, nicht warm, nicht heiß, sondern kühl. Stellen Sie sich die einsinkende Kühle bewusst vor, beabsichtigen Sie die Empfindung von etwas Kühlem.

Ich weiß, ich wiederhole mich, allerdings nur um Ihnen den Prozess zweifelsfrei deutlich zu machen. Wenn Sie die einsinkende Energie kühl spüren, dann sind Sie auf dem richtigen Weg und nehmen die Energie des ungeformten Seins Gottes in sich auf.

Manifestation beginnt mit der Visualisierung. In dem Moment, wo Sie sich die göttliche Energie vorstellen, öffnen sich Ihre Kanäle, um sie aufzunehmen. Das eine bedingt das andere. Darauf können Sie vertrauen. Im Zuge dieser Einbildung zeigt sich tatsächlich das Eine.

Lassen Sie die kühle Energie des ungeformten göttlichen Seins weiter in sich einsinken. Durch den Kopf in Ihren Oberkörper, in Ihre Arme, in Ihren Unterkörper, in die Hände, die Beine und die Füße. So lange, bis Sie voller leuchtender Energie sind. Mit etwas Übung können Sie den herrlichen Zustand des Strahlens erreichen. Dann nämlich, wenn Sie so mit Energie aufgeladen sind, dass diese Ihnen buchstäblich zu allen Poren wieder herauskommt.

Vermutlich möchten Sie jetzt in dem Gefühl bleiben und nicht noch weitere Anweisungen erhalten. Verstehe, darauf kann ich leider keine Rücksicht nehmen, denn jetzt fängt diese Übung erst richtig an. Genau genommen ist es auch keine Übung, sondern eine Technik, die Sie als geistige Heilerin oder geistiger Heiler immer wieder anwenden werden, also kein Grund, jetzt schon schlappzumachen und sich im Wohlgefühl auszuruhen. Das können Sie später tun.

Wenn Sie den Eindruck haben, dass Sie mit der Energie angefüllt sind (und dafür müssen Sie noch nicht in den Zustand des Strahlens eingetreten sein), dann sind Sie bereit für eine Energie gebende Position. Falls Sie Rechtshänder sind, legen Sie nun Ihre linke Hand auf Ihr Herz-Chakra in der Mitte Ihrer Brust und in Höhe Ihres Herzens, während Sie die rechte Handfläche ausgestreckt vor sich halten, sodass Sie jemanden damit «anstrahlen» können, der Ihnen gegenübersitzt.

Noch sitzt da niemand. Das gilt es nun zu ändern. Visualisieren Sie sich wiederum als Spiegelbild. Zunächst mit weiterhin geschlossenen Augen. Schauen Sie sich mit Ihrem Dritten Auge möglichst genau an. Versuchen Sie Ihre sieben Chakren zu «sehen». Wenn Ihnen das nicht sofort gelingt, visualisieren Sie diese. Stellen Sie sich an den entsprechenden Stellen (siehe Teil C, 30. Kapitel) Energie-Wirbel vor. Geben Sie den Wirbeln in Ihrer Phantasie keine Farbe, denn diese Information ist durch eine spätere echte Wahrnehmung schwer zu ersetzen. Belassen Sie die Wirbel daher farblos, unscharf auch in der Form. Vergegenwärtigen Sie sich umso genauer die Stellen, wo die Chakren sitzen.

Dann lassen Sie die aufgestaute Energie aus Ihrer Handfläche ins Kronen-Chakra fließen, anschließend ins Dritte Auge, ins Kehlkopf-Chakra, Herz-Chakra, Sonnen-Zentrum, Sexual- und Wurzel-Chakra. Vom Wurzel-Chakra streichen Sie die Energie noch in Richtung Boden, um sich selbst zu erden.

Nun haben Sie Ihre Chakren harmonisiert, können die Hände sinken lassen, sich zurücklehnen und sich über Ihre Leistung freuen. Denn es ist eine. Nicht so sehr, weil dieses Verfahren so schwierig ist, sondern weil es ungewöhnlich ist, es aus einem Buch zu lernen. Die meisten Menschen bevorzugen einen persönlichen Lehrer für das Erlernen derart subtiler Techniken. Ich kann das gut verstehen. Auf dem Wege habe ich selbst sehr viel gelernt. Allerdings ist es nicht weniger reizvoll und mindestens so stark, aus eigenem Antrieb, nicht in der Obhut eines physisch anwesenden Lehrers, sondern vielmehr in mentalem Gewahrsam den Anweisungen folgend, auf sich selbst gestellt Erfahrungen zu machen und daraus zu lernen.

Es ist möglich, die uralten Yoga-Sutras zu studieren, zu üben, zu transzendieren und ein großer Guru zu werden, und es gibt Biographien, die genau das bezeugen. Beim Erwecken geistiger Heilfähigkeiten geht es um nichts anderes: sehr genau zu lesen, das Gelesene zu verinnerlichen und zunächst möglichst exakt anzuwenden. Genau bis zu dem Zeitpunkt, wo sich Routine einstellt. Erst dann kann dieses Verfahren nach eigenem Geschmack und Erleben modifiziert werden.

57. Kapitel ***Die vierte Einbildungsübung: Erdung mit einem Silberfaden***

Die meisten Menschen denken, weil sie mit den Füßen auf dem Boden stehen, also Bodenkontakt haben, sind sie auch in Kontakt mit der Erde, also geerdet. Aus energetischer Sicht ist das nur teilweise richtig.

Das komplizierte feinstoffliche Energiesystem des Menschen kann auf eine besondere Weise mit der Energie der Erde verbunden werden. Im vorigen Kapitel ist das angedeutet.

Erdung ist für Geistige Heiler essenziell notwendig, damit überschüssige Energie wie durch einen Blitzableiter abfließen kann.

Dafür setzen Sie sich bitte hin, schließen Ihre Augen und vergegenwärtigen sich Ihren Energie-Wirbel zwischen Ihren Beinen, also das Wurzel-Chakra. Die beschriebene energetische Eintrittsstelle befindet sich zwischen zwei wichtigen Körperöffnungen, ist aber weder mit der einen noch der anderen identisch.

So wie Sie sich die Stelle vergegenwärtigt haben, visualisieren Sie einen silbernen Faden, kein Seil, kein Kabel, keine Hochspannungsleitung und auch keinen Schlauch, um womöglich Energie wie mit einer Wasserpumpe hochzusaugen. Nur einen simplen silbernen Faden stellen Sie sich bitte vor, der aus der genannten Körperstelle austritt und in Richtung Erde wächst. Wo immer Sie sich jetzt befinden, im Hochhaus oder im Zelt, lassen Sie den silbernen Faden bis zum Erdboden wachsen und kraft Ihrer Vorstellung in den Erdboden hineinwachsen. Tief genug, um eine Baumwurzel zu finden, um die Sie Ihren silbernen Faden dann mehrmals schlingen.

Als ich das die ersten Male versuchte, verfolgte mein silberner Faden offenbar eigene Ziele und löste sich immer wieder, bis es mir erst durch längere Konzentration gelang, ihn dauerhaft um eine Wurzel zu schlingen.

Das ist der Moment, wo ich mich plötzlich verbunden fühle. Eine Verbindung, die Kraft gibt und ebenso hilfreich wie gesund ist. Spätestens, wenn oben im Kopf die kosmischen Blitze einschlagen.

Die Beschreibung klingt so, als wäre die Erdung zeitaufwändig. Das gilt für den Anfang, sehr schnell wird eine noch schnellere Routine daraus. Die muss sein: Ohne Erdung werden Sie zwar in der Lage sein, andere Menschen energetisch zu behandeln. Allerdings ist das weniger gesund für Sie selbst.

58. Kapitel ***Schweigen in allen Windungen: Wie man der inneren Stimme das Wort mit einem Wort entzieht***

Warum haben Sie mir nicht schon früher beigebracht, den inneren Monolog anzuhalten?, könnten Sie jetzt fragen, entnervt vom ewigen Geplapper in Ihrem Gehirn.

Ich habe damit bewusst gewartet, weil Sie sonst nicht gemerkt hätten, dass die innere Stimme zeitweise bereits geschwiegen hat. Je mehr Sie auf Ihre Aufgabe konzentriert waren, umso stiller wurden Sie innerlich. Allerdings haben Sie auch das genaue Gegenteil erlebt. Gerade in den Momenten, wo Sie wirklich Ruhe brauchten, ging auf einmal das Gerede los.

Grundsätzlich gibt es zwei Haltungen, zu beschreiben in Gestalt zweier Autofahrer. Beide haben den gleichen klapprigen Mercedes aus den siebziger Jahren. Wenn Herr A. einsteigt und die Tür zuschlägt, klirren die Radkappen und drohen abzufallen, aber das hört er ebenso wenig wie das Quietschen des Anlassers beim Starten des Wagens und die mahlenden Geräusche in den Radlagern während der Fahrt. Ganz anders Herr B. Schon während er die Tür öffnet, um einzusteigen, hört er die Radkappen singen und nimmt das zum Anlass, einmal ums Auto herumzulaufen, jede Kappe liebevoll aufs Rad zu drücken und sogar einmal vorsichtshalber unters Auto zu schauen. Könnte sich ja wieder ein Ölfleck gebildet haben. Schließlich fährt er dann doch noch los, hält aber nach fünfhundert Metern wieder an, um den Wagenheber herauszukramen. Die unnatürlichen Fahrgeräusche machen ihn wahnsinnig. Er will jetzt endlich rausfinden, welches Radlager kaputt ist – und überhaupt, Zeit für einen Generalcheck, mit dem Anlasser ist auch was nicht in Ordnung.

Es ist ein wunderschöner Sonnensonntag. B. hat sein Wägelchen gerade aufgebockt, da fährt Herr A. vorbei, ein Fenster heruntergekurbelt, pfeifend, glücklich. Seine Lager machen einen Höllenlärm. Die Kiste klingt, als ob sie gleich auseinander fällt. B. schaut ihm kurz nach, schüttelt den Kopf, brummt, der muss wirklich verrückt sein, und macht sich an die Arbeit.

Solange Sie auf Stimmen lauschen, werden Sie auch welche hören. So einfach ist das. Allerdings: Ich kenne eine Geheimwaffe, um sie zum Schweigen zu bringen. Sie ist alt und bewährt, wurde in der jüngeren Vergangenheit aber von der Transzendentalen Meditation für viel Geld bekannt gemacht. Bei mir ist sie nun umsonst zu haben. Sie lautet: Jököli-mungula-maronkel-zamirko-longelammi.

Ich wiederhole: Jököli-mungula-maronkel-zamirko-longelammi.

Lesen Sie das Wort bitte einmal laut vor: Jököli-mungula-maronkel-zamirko-longelammi.

Sehr gut. Fragen Sie mich nicht, was es bedeutet. Ich kann es Ihnen nicht sagen, denn ich habe mir noch nie Gedanken darüber gemacht. Richtig, keine Gedanken, und ich werde mir auch keine machen. Sie könnten sich welche machen, wenn Sie unbedingt wollen. Allerdings kann ich Ihnen jetzt schon sagen: Sie führen nirgendwohin, reine Gedankenverschwendung.

Also tun Sie nun besser, was ich sage, und das ist Folgendes: Lernen Sie das Wort auswendig, dann stellen Sie Ihren Wecker auf fünf Minuten, schließen Ihre Augen und wiederholen es im Geiste, bis der Wecker klingelt. Ja, im Geiste, nicht laut: «Jököli-mungula-maronkel-zamirko-longelammi-Jököli-mungula-maronkel-zamirko-longelammi-Jököli-mungula-maronkel-zamirko-longelammi …» Ohne Pause. Sowie Sie merken, dass Sie eine machen, konzentrieren Sie sich sofort auf die Wortwiederholung. Am nächsten Tag stellen Sie den Wecker auf sechs Minuten. Am Folgetag auf sieben, usw. Wenn Sie zwanzig Minuten schaffen, sind Sie mit Sicherheit mindestens zehn davon in Gedankenstille. Diese Stille hat die Tendenz sich auszudehnen. Das liegt einfach in der Natur der Stille. Sofern man ihr einmal zum Durchbruch verholfen hat. Dazu dient die Geheimwaffe.

Jetzt ist sie nicht mehr ganz so geheim, aber das macht nichts, solange Sie mit niemandem über die Waffe zum Besiegen der inneren Stimme reden. Dass es so eine Waffe gibt und sie in diesem Buch zu finden ist, können Sie jederzeit gern weitersagen, aber sprechen Sie das genannte Wort nicht laut in der Öffentlichkeit aus, denn dann verliert es seine Kraft. Ich weiß, das klingt seltsam, aber so ist es nun mal.

Und noch etwas: Die Waffe hat ein Verfallsdatum. Wenn sie einige Zeit benutzt wurde, also viele andere Worte aufgesogen hat, um Stille zu produzieren, ist sie schließlich so mit Bedeutungen aufgeladen, dass sie unbrauchbar wird. Dann und erst dann müssen Sie sich eine eigene Waffe zulegen. Selbst gebastelt aus einer ähnlich langen sinnlosen Silbenfolge. Wichtig ist, dass die Folge sinnlos ist und in Ihren Ohren auch so klingt. Eine Folge, die sinnlos ist, aber nicht so klingt, ist gleichfalls denkbar, aber als Mittel der Selbstsabotage.

Wahrscheinlich brauchen Sie das aber nicht, weil Sie beim bloßen Gedanken an eine geistig rezitierte Silbenfolge schon in ein Meer aus Stille fallen. So geht es mir. Ich kann darin baden, denn auch ich habe die Tröpfchen der Stille auf diese Weise zu einem Ozean ausgedehnt. Manchmal ist es auch nur eine Badewanne, aber für meine Zwecke reicht es in jedem Fall.

Wenn Sie dieses Verfahren einige Wochen üben, erreichen Sie Gedankenstille. Das ist sicher. Sie werden in der Lage sein, reflexartig in die Stille zu gehen. Eine wichtige Ausgangsposition, um sämtlichen bisher genannten Übungen und Techniken eine vielfach stärkere Wirksamkeit zu geben.

Darüber hinaus ist Gedankenstille ein körperlicher Zustand, messbar als Aktivität im Gehirn durch das EEG (Elektroenzephalogramm). In tiefer Gedankenstille produziert das menschliche Gehirn Theta-Wellen in einem Frequenzbereich von 4 bis 8 Hertz. Bewusste Gedanken erzeugen den Beta-Zustand (meistens zwischen 14 und 40 Hertz). Schläfrigkeit und Entspannung produzieren den Alpha-Zustand (8 bis 13 Hertz). Geistheiler versetzen sich selbst in einen Alpha-Theta-Zustand. In Beta-Phasen wären sie nicht in der Lage, Patienten wirksam zu behandeln. Insofern ist das Erreichen der Gedankenstille eine Grundvoraussetzung für die Spirituelle Medizin.

59. Kapitel **Erste Initiation zum Erwecken der Heilkräfte**

Initiation bedeutet «ritueller Eintritt» und «Einweihung», also die Weihung in das Eine auf eine rituelle Weise. Dieses Buch ist voller Riten, lieber Autor, warum sprichst du erst jetzt von einer rituellen Einweihung? Das könnte man an dieser Stelle zu Recht fragen.

Antwort: Weil nun ein ganz neues Kapitel beginnt, nämlich die Behandlung einer fremden Person.

Vielleicht haben Sie das Gefühl: Ich bin noch nicht so weit, ich muss noch viel lernen, bis ich mich dazu in der Lage sehe.

Verstehe. Nehmen Sie Ihre Zweifel genau zur Kenntnis, aber folgen Sie bitte ebenso genau den Anweisungen.

Wenn das nächste Mal, nicht das übernächste Mal, sondern wirklich das nächste Mal jemand in Ihrer Nähe über Kopfschmerzen klagt, dann bitten Sie um die Erlaubnis, diese durch Auflegen Ihrer Hände zu lindern. Sagen Sie nicht, dass die Kopfschmerzen weggehen. Das wäre zu viel versprochen. Lindern ist genug. Vielleicht nur minimal, vielleicht auch deutlich, möglicherweise lösen sich die Schmerzen auch ganz auf. Nur können Sie das jetzt noch nicht wissen. Dass sie jedoch gelindert werden, ist sicher.

Sollte die Person mit Ablehnung reagieren, dann versuchen Sie nicht, sie zu überzeugen, sondern vergegenwärtigen sich, dass jeder Mensch einen eigenen Lebensweg hat und dieser seine Kopfschmerzen noch braucht, um weiterzukommen. Ärgern Sie sich darüber nicht, sondern warten Sie auf die nächste Gelegenheit. Auch die Erfahrung von Ablehnung ist dann Teil Ihrer Initiation.

Sobald die Gelegenheit für eine Behandlung da ist, also ein Mensch mit Kopfschmerzen oder Brummschädel, dann gehen Sie folgendermaßen vor:

Bitten Sie ihn, sich irgendwo hinzusetzen, damit Sie sich bequem hinter ihn stellen können. Sagen Sie, dass Ihre Behandlung einige Minuten dauern wird und Sie Bescheid geben, sobald sie beendet ist. Wenn Sie Rechtshänder sind, dann legen Sie nun Ihre rechte Handfläche flach auf den Scheitel des Menschen, der behandelt werden soll, natürlich sanft, nicht mit Ihrem vollen Körpergewicht. Die andere Hand können Sie in die Hosentasche stecken, besser liegt sie auf Ihrem Herz-Chakra, weil sie durch die Position den Energiefluss verstärkt.

Schließen Sie Ihre Augen. Rollen Sie nun wie schon beschrieben die Augäpfel unter den geschlossenen Lidern nach oben, als wollten Sie zur Decke blicken, und schauen Sie mit Ihrem geistigen Auge innerlich zum Scheitel Ihres Kopfes und öffnen Sie Ihr Kronen-Chakra zur tausendblättrigen Blüte, die nun wie eine Satellitenschüssel auf Empfang geht.

Schauen Sie durch die voll geöffnete Blüte nach oben aus Ihrem Kopf heraus und beabsichtigen Sie, dort die Heiligen zu sehen. Dies ist der feinste und schwierigste Moment. Die wenigsten Menschen sehen die Heiligen beim ersten Hinblick.

Die Heiligen sind aufgestiegene Geister, die einst auch physische Körper beseelten, aber sich mit der Erkenntnis ihres vollkommenen Seins von allem physischen Dasein gelöst haben, um als so genannte aufgestiegene Meister oder Lichtwesen auf der Transformationsebene zu existieren. Befreit von jeglicher Illusion der Trennung. Diese himmlischen, also überirdischen Wesen reinster Energie tragen die Erinnerungen an ihr einstiges irdisches Dasein noch in sich, was sie gütig macht und empfänglich für menschliche Bitten und Nöte. Obwohl sie auf der Transformationsebene wie ein einziges Wesen sind, das sich seiner vollkommenen Göttlichkeit erfreut, besitzen sie gleichzeitig noch ihre Charaktereigenschaften und Persönlichkeiten, die sie in physischer Form als Christus, Maria, Buddha, Krishna, Johannes der Täufer und andere lebten. Durch diese Eigenschaften bleiben sie erkennbar für menschliche Wahrnehmung.

Hätten Sie auch diese Eigenarten aufgegeben, wären sie bereits Teil des ungeformten, endlosen Seins des einen Gottes und in keiner Weise mehr davon getrennt wahrnehmbar. Dank ihrer noch erhaltenen individuellen Eigenarten haben ihre Energien eine besondere in unsere menschliche Daseinssphäre wirkende Kraft.

Diese Kraft soll nun durch Sie wirken, liebe Leserin, lieber Leser. Das geht ohne jede Anstrengung, ohne jede Nervosität, ohne jegliche Angst, allein durch Ihre Absicht.

Beabsichtigen Sie, in diesem heiligen Moment, wo Sie durch Ihre Blüte nach oben blicken, direkt über Ihnen die Heiligen zu sehen. Vielleicht als Licht oder lichte Energieformen. Vielleicht als Farben. Vielleicht als Schemen. Vielleicht als personifizierte Wesen. Womöglich sehen Sie aber auch gar nichts. Dann vertrauen Sie darauf, dass die Heiligen da sind, und visualisieren Sie einen von ihnen oder mehrere. Hilfreich ist die Vorstellung der Heiligen in einem Kreise sitzend. Von einem oder einer empfangen Sie die Heilenergie. Wer das sein wird, werden Sie wahrscheinlich in diesem Augenblick spüren. Falls nicht, haben Sie die freie Wahl.

Zum Beispiel, die Heilenergie von Maria zu empfangen. Wenn ich Ihnen jetzt sage, sie öffnet dafür ihr Herz und lässt ihre Energie in meine Krone fließen, so ist das als Vorstellung richtig, aber gleichzeitig eine Einschränkung der Realität, weswegen ich an der Vorstellung nur so lange festgehalten habe, wie es für mich hilfreich war, denn tatsächlich emittiert die Energieform Maria die Heilkraft aus der Vollständigkeit ihres feinststofflichen Seins.

Falls Sie unsicher sind, verfahren Sie exakt so wie ich, denn es funktioniert garantiert. Bitten Sie, während Sie auf die Transformationsebene gehen, zum Beispiel Maria, ihr Herz zu öffnen, Heilkraft daraus strömen und durch Sie hindurchfließen zu lassen. Wahrscheinlich spüren Sie den Energiefluss im gleichen Moment. Falls nicht, akzeptieren Sie die Tatsache, dass Energie fließt, auch wenn Sie das gerade nicht wahrnehmen. Die Energie fließt, weil Sie beabsichtigen, dass sie fließt. Und auch nur so lange, wie Sie das beabsichtigen.

Haben Sie Geduld, beobachten Sie den Prozess sehr bewusst. Und nehmen Sie zur Kenntnis, wenn er abgeschlossen ist. Zu merken an einem klaren Impuls, die Hand vom Kopf der zu behandelnden Person zu heben. Sobald Sie diesen Impuls aus Ihrer Ruhe heraus spüren, bedanken Sie sich im Geiste bei den Wesen der Transformationsebene. Wenn der Energiefluss dann noch nicht endet, sind Sie auch noch nicht fertig, sondern werden aufgefordert, noch einige Zeit in der gebenden Haltung zu bleiben. Beim nächsten deutlichen Impuls, die Behandlung zu beenden, können Sie sich von der Transformationsebene lösen, die Hand vom Kopf nehmen und die Behandlung für beendet erklären.

Wie wirksam die war, werden Sie möglicherweise sofort erfahren, vielleicht aber auch erst später, weil eine Wirkung nicht immer augenblicklich eintritt. Manchmal wird der Schmerz sogar kurzzeitig noch verstärkt, weil die behandelte Person ihn plötzlich überdeutlich wahrnimmt. Umso deutlicher wird er im Anschluss weniger werden oder ganz verschwinden.

Diskutieren Sie mit sich selbst nicht die Wirksamkeit der Behandlung, und zweifeln Sie auch nicht an Ihrer Befähigung. Kritische Gedanken wären jetzt Selbstsabotage. Behandeln Sie auf die beschriebene Weise weitere 17 Male. Andere Menschen mit

Kopfschmerzen oder dieselbe Person, wenn sie wieder welche hat. Bauchschmerzen können Sie natürlich auch behandeln, allerdings wohl kaum in aufrechter Haltung. Ebenso Verspannungen oder allgemeines Unwohlsein. Behandeln Sie in der Initiationsphase noch keine schweren Krankheiten wie Krebs oder MS, auch keine Kinderkrankheiten wie Mumps oder Masern, keine Grippe oder Viruserkrankungen. Das übersteigt zwar nicht Ihre Möglichkeiten, weil es sowieso nicht die Ihren sind und Sie ohnehin nur Kanal, so eine Art leitender Draht nach oben, aber es übereilt Ihren Wachstumsprozess. In der Regel ist das nicht ratsam. Es sei denn, es wird klar und deutlich und ohne Ihr Zutun von Ihnen verlangt. Falls plötzlich wildfremde Leute mit schweren Krankheiten an Ihrer Tür klingeln, weil sich Ihr Ruf als Heiler oder Heilerin wie ein Lauffeuer verbreitet, dann gilt es, diesem Ruf in Demut zu folgen.

Wie schnell die erste Initiationsphase beendet ist, liegt weniger an Ihnen, sondern an der göttlichen Absicht, Ihnen weitere 17 Fälle zum Üben zu präsentieren. Genau noch 17, nicht 16 oder weniger. Am besten notieren Sie die Behandlungsdaten in ein kleines Notizbuch. So gerät nichts in Vergessenheit, und Sie behalten den Überblick. Nehmen Sie in dieser Phase kein Geld. Wird es Ihnen angeboten, weil Ihre Behandlung erfolgreich war, so bitten Sie die jeweilige Person, einen kleinen Betrag zu spenden. Nicht Ihnen, sondern irgendeiner Hilfsorganisation oder bedürftigen Person auf der Straße. Noch dürfen Sie für eine Behandlung selbst kein Geld annehmen. Das ist sehr wichtig, also vergessen Sie es bitte nicht.

Nach der 18ten Behandlung sind Sie als Heilerin oder Heiler initiiert. Feiern Sie Ihre Initiation mit einem kleinen Fest für sich. Aber feiern Sie allein. Indem Sie sich zum Beispiel ein köstliches Essen kochen oder köstlich essen gehen. Und ziehen Sie Bilanz: Lesen Sie in Ihrem Notizbuch. Wie waren die achtzehn Behandlungen? Haben Sie Ihnen Freude gemacht? Wie nervös waren Sie dabei? Konnten Sie Routine im Umgang mit der Geistigen Welt entwickeln? Würden Sie sagen, dass Sie sich mit Ihrer Tätigkeit als Geistiger Heiler auf einem für Sie geeigneten und guten Weg befinden? Wie wirkt sich dieser Weg auf Ihr ganzes Leben aus? Und als letzte Frage: Haben Sie den Eindruck, dass Ihre Behandlungen den behandelten Personen Linderung verschafft haben?

Wenn Sie zu einem positiven Ergebnis kommen, und ich gehe davon aus, dann sind Sie in einer sehr starken Position, um an dieser Stelle weiterzulernen. Wenn nicht, sollten Sie Ihren Wunsch, als Geistheiler tätig zu werden, eine Zeit lang ruhen lassen. Denn dann muten Sie sich etwas zu, was in der augenblicklichen Phase Ihres Lebens nicht gelebt werden will. Es wäre töricht und Energieverschwendung, es trotzdem zu versuchen.

60. Kapitel ***Zweite Initiation zum Heiler, der sich selbst als Heiler träumt***

Nach der ersten Initiation ist eine zweite nicht unbedingt nötig. Sie müssen nicht praktizieren, was hier beschrieben steht, allerdings ist es hilfreich, um noch bewusster, noch stärker, noch klarer zu werden.

Das Verfahren ist ganz einfach und kann noch während der ersten Initiationsphase begleitend angewandt werden. Es beginnt mit folgender Formulierung: Heute Nacht werde ich im Traum meine Hände vor meine Augen heben und in meine Handflächen sehen. Während ich in meine Handflächen blicke, wird durch die Krone auf meinem Kopf eine göttliche Energie in mich einsinken und meine Hände zum Leuchten bringen. Ich werde in meine leuchtenden Hände sehen und direkt das göttliche Licht erblicken.

Lernen Sie diese Sätze auswendig, und wiederholen Sie diese Sätze 21-mal oder mehr, direkt bevor Sie einschlafen. Wenn Sie vorher einschlafen, kein Problem, dann versuchen Sie es beim nächsten Mal, richtig zu machen. Wenn Sie wieder vor Erreichen der einundzwanzigsten Wiederholung einschlafen, kein Problem …

Ich kann Ihnen nicht sagen, wie lange es dauern wird, bis Sie den Traum haben. Einigen Menschen gelingt es sofort, andere brauchen Wochen, wieder andere Monate und einigen gelingt es nie, zumindest nicht bewusst. Das macht nichts, denn die Absicht hat garantiert Erfolg, nur wird er Ihnen womöglich nicht als bewusste Erfahrung erinnerlich sein.

Auch wenn Sie Ihre Hände im Traum nicht leuchten sehen, ist die zweite Initiation abgeschlossen, sobald Sie insgesamt 21 Tage in Folge mit der Wiederholung der Sätze eingeschlafen sind. Kein Problem, wenn Sie mal einen Tag ausgelassen haben, und ebenfalls kein Problem, wenn Sie nur selten die volle Zahl der Wiederholungen erreicht haben. Allein diese in 21 Nächten konzentrierte Absicht erhöht Ihre energetische Leitfähigkeit.

Falls es Ihnen gelingt, Ihre Hände leuchten zu sehen und womöglich noch mit Ihrer Aufmerksamkeit in dem Leuchten zu ruhen, dann ist dies ein bewusstes spirituelles Erweckungserlebnis von großer Tragweite und ein echtes Geschenk. Möglicherweise macht es Ihnen im Traum sogar ein wenig Angst. Das ist nicht ungewöhnlich, denn der direkte, ungefilterte Kontakt mit dem Einen Licht ist wie ein Schock, der das inkarnierte Individuum in seinen Grundfesten erschüttert. Nehmen Sie das als Gnade zur Kenntnis, wenn es passiert, umso heilsamer ist es für Sie. Wahrscheinlich aber werden Sie durch das Erleben beglückt sein. Ein Glück, welches sich einstellt, wenn man die ureigene Heimat plötzlich und überraschend erblickt.

Während der Traumperiode haben Sie als wandernde Seele sehr leichten Zutritt zur Transformationsebene. Zutritt auf eine direktere und ungebremstere Art, als den meisten Menschen im Wachzustand möglich ist. Ich liebe diese Art des Zutritts und habe mich damit eingehend befasst. Für nicht wenige Menschen ist es extrem schwer, im Traum bewusst zu agieren und sich daran auch noch zu erinnern. Dann wird die Erfahrung unbewusst gemacht. Auch das ist sehr hilfreich und heilsam. Darauf gilt es zu vertrauen.

61. Kapitel ***Heilen mit Hilfe des Geistigen Führers***

Auch der Kontakt mit dem so genannten Geistführer hat initiatorischen Charakter. Ist der Kontakt einmal da, verändert er das Leben, selbst wenn er so gut wie nie bewusst genutzt wird. Ich spüre meine Geistführerin immer in meiner Nähe. Nicht selten sind das sehr intensive Momente. Häufig hat sie mich vor schlimmen Erfahrungen bewahrt. Zum Beispiel in früheren Jahren, wo ich als Journalist auch in Krisenregionen gearbeitet habe. Immer wieder gab es Momente, wo sie mich zurückgehalten hat, denn ein Schritt weiter hätte mich in Lebensgefahr gebracht. In Afghanistan, in Bosnien und im Kosovo habe ich das mehrfach erlebt. Plötzlich hörte ich eine innere Stimme, die mich davor warnte weiterzugehen, oder ich spürte ein Ziehen in meiner rechten Schulter, als würde ich dort von einer unsichtbaren Kraft aufgehalten werden.

Jeder Mensch hat mindestens einen Geistführer oder eine Geistführerin, die ihn durchs Leben geleitet und dabei hilft, die Aufgabe seines Lebens zu erfüllen. Meistens hat der Geistige Führer in diesem Leben das auch schon in einigen vorherigen Inkarnationen getan. Hilfestellung zu geben ist seine existenzielle Aufgabe. Er erfüllt sie gern, wenn Sie dem spirituellen Wachstum des von ihm geführten Menschen dient. Geistführer existieren auf der so genannten Astralebene, der dem irdischen Dasein nächsten Daseinssphäre. Sie können nicht auf materieller Ebene agieren, allerdings materiell wirksam werden. Das ist ihnen möglich, weil sie dem Ätherkörper, also der materiellen Blaupause Energieimpulse geben können. So erklärt sich das Ziehen in meiner Schulter, wenn mich meine Geistführerin von etwas abhalten will. Sie hält mich da tatsächlich fest, nicht mit einem materiellen Griff, sondern einer geistigen Entsprechung, die bei mir aber ein körperliches Gefühl hervorruft, welches sehr direkt und ohne die geringste zeitliche Verzögerung deutlich spürbar ist.

Natürlich redet sie immer wieder mit mir, und ich höre ihre Stimme in meinem Kopf. Nur diese innere Stimme höre ich auch noch, wenn ich in Gedankenstille bin. Die Worte meiner Geistführerin perlen als verbale Wirklichkeiten in mein Trance-Bewusstsein. Zu Anfang war ich etwas irritiert, als sich nach dem Anhalten des inneren Monologes plötzlich eine Stimme erhob. Allerdings merkte ich schnell, dass es nicht meine ist, denn die Stimme gab mir Informationen, die ich nicht wissen konnte. Informationen, die wertvoll für mich waren.

Diese permanente wachsame Präsenz eines weiteren Wesens in unserer unmittelbaren Nähe ist ein göttliches Geschenk und bei näherer Betrachtung das sofortige Ende jeder Einsamkeit. Ein Grund, den Kontakt bewusst herzustellen. Ein weiterer ist, dass einige Geistige Führer über große Kenntnisse Spiritueller Medizin verfügen. Ich kenne Heiler, die vorwiegend mit der direkten Unterstützung ihres Geistigen Führers arbeiten oder ihm das Heilen sogar vollständig überlassen.

Allerdings gibt es Geistführer, die so etwas wie zwei linke Hände haben. Kein Wunder, bevor sie den Job als Geistige Führer annahmen, waren sie als Menschen inkarniert. Nur die wenigsten verfügen bekanntermaßen über brauchbare medizinische Kenntnisse. Ähnliches gilt für Geistführer. Als astrale Wesen sind sie geschlechtslos, haben jedoch ihre ans Geschlecht gebundenen emotionalen und mentalen Erfahrungsmuster behalten. Weswegen sie nahezu ausnahmslos entweder männlich oder weiblich auftreten und auch einen entsprechenden Namen tragen.

Ich kenne zwei Methoden zur direkten Kontaktaufnahme. Wer seinen Geistigen Führer bereits kennt, aber noch nicht weiß, wie diese Bekanntschaft zum Heilen verwendbar ist, kann die nächsten vier Absätze überschlagen, denn darin werden die beiden Methoden zum Knüpfen des Kontaktes vorgestellt. Beide Methoden bauen aufeinander auf. Deshalb ist es sinnvoll, sie nacheinander anzuwenden.

Erste Methode: Legen Sie sich ausgestreckt aufs Bett oder Sofa, schließen Sie die Augen und sehen Sie sich auf einer Wiese. Saftig, mit vielen Blumen und Schmetterlingen, wirklich schön. Mittendrin wächst ein einziger Baum, groß, ausladend, mit einem mächtigen Stamm. Gehen Sie in Ihrer Vorstellung zum Baum. Aus der Krone baumelt eine Strickleiter. Setzen Sie einen Fuß auf den untersten Tritt. Während Sie den anderen Fuß nachziehen, stellen Sie sich bitte vor, dass Sie nun als Seele oder Astralkörper aus Ihrem physischen Körper heraustreten. Die Strickleiter hat insgesamt neun Tritte oder Stufen. Sieben für die sieben Chakren am physischen Körper und zwei weitere für die nächsten beiden außerkörperlichen Chakren. Mit jeder Stufe treten Sie mehr aus Ihrem physischen Körper, der unten am Baum gelehnt bleibt. Auf der siebenten Stufe angekommen, können Sie mit einer Ihrer Astralhände über Ihrem Astralkopf eine Einstiegsluke für ein Baumhaus greifen. Auf der achten Stufe können Sie die Luke öffnen, von der neunten hineinklettern.

Drinnen sehen Sie einen kleinen Tisch mit einer Glocke oder Schelle darauf, einen Sessel oder ein Sofa und schräg drüber ein Dachfenster mit Blick auf den Himmel. Öffnen Sie das Fenster, bevor Sie sich bequem hinsetzen. Nehmen Sie jetzt vorsichtig die Glocke in die Hand. Vorsichtig, denn noch sollte sie nicht läuten. Schauen Sie mit der Glocke in der Hand aus dem Fenster. In dem Moment, wo Sie läuten, zeigt sich Ihr Geistführer oder Ihre Geistführerin. Falls Sie niemanden und nichts Außergewöhnliches sehen, sondern nur blauen Himmel, läuten Sie ein weiteres Mal. Nach dem dritten Läuten müssen Sie das Baumhaus verlassen, und zwar genau so, wie Sie gekommen sind. Nachdem Sie geschlafen haben, können Sie wiederkommen. Wenn Sie Ihren Geistigen Führer sehen, fragen Sie ihn nach seinem Namen, das erleichtert die Anrede.

Zweite Methode: Setzen Sie sich auf ein Meditationskissen oder einen Stuhl mitten in einem ruhigen Raum. Spannen Sie den Beckenbodenmuskel und drücken Sie die Arme an Ihren Körper, während Sie dabei mit kurzen Atemzügen dreimal direkt hintereinander einatmen und sich gleichzeitig vorstellen, Ihr Bewusstsein in Ihren Solarplexus zu konzentrieren. Dann atmen Sie langsam aus und stellen sich dabei vor, Sie würden Ihr Bewusstsein mit der Ausatmung in den Ätherkörper ausdehnen, also über den physischen Körper hinaus in die erste Aura-Schicht. Atmen Sie langsam wieder ein, und bleiben Sie mit Ihrem Bewusstsein auch während der Einatmung in der Ausdehnung. Üben Sie das jetzt einige Male. Verdichten Sie sich erneut im Solarplexus durch Anspannen des Beckenbodens, Pressen der Arme an den Körper und drei kurze Atemzüge, um sich mit der Ausatmung wiederum in den Ätherkörper zu dehnen.

Wenn Sie das Prinzip verinnerlicht haben, bleiben Sie in der Ausdehnung. Atmen Sie einige Male ruhig ein und aus, dann vergessen Sie Ihren Atem und bitten Ihren Geistigen Führer, Sie einmal an Arm oder Schulter zu berühren. Zuerst rechts, weil die Berührung rechts meistens einfacher zu spüren ist. Wenn Sie da nichts merken, dann links. Falls Sie wieder nichts fühlen, versuchen Sie es gleich nochmal. Erst rechts, dann nochmal links. Wenn in Ihrer Wahrnehmung wieder nichts passiert, dann überschlafen Sie die Sache eine Nacht. Sollte auch ein weiterer Versuch ohne Ergebnis bleiben, dann lassen Sie alle Bemühungen in dieser Richtung für mindestens eine Woche ruhen.

Ich gehe an dieser Stelle davon aus, dass Ihnen die Kontaktaufnahme gelungen ist, Sie den Namen des Geistigen Führers erfahren haben und somit wissen, wie Sie ihn bei Bedarf rufen können.

Um bei Behandlungen auf die Hilfe des Geistführers zurückzugreifen, ist es notwendig, ihn vorher einem Eignungstest zu unterziehen. Fragen Sie ihn, ob er in einem Vorleben Arzt, Geistiger Heiler oder beides war. Wenn ja, bitten Sie ihn, eines Ihrer eigenen Zipperlein zu behandeln. Lassen Sie ihn Diagnosen bei Ihren Freunden stellen, und überprüfen Sie durch vorsichtiges Nachfragen, ob diese Diagnosen stimmen. Wenn Ihr Geistführer sagt, bei dem und dem ist der Weisheitszahn oben rechts vereitert und muss gezogen werden oder der Atlas ausgerenkt, und es stellt sich heraus, dass es stimmt, dann haben Sie womöglich einen Coup gelandet, nämlich einen Könner aktiviert und sind herzlich eingeladen, auch die Heilfähigkeiten Ihres Geistführers an Dritten zu testen.

Meine Geistführerin hat diese Fähigkeiten, allerdings sind sie nicht so spektakulär, dass sie den Heiligen der Transformationsebene

Konkurrenz machen könnten. Deren Möglichkeiten sind so viel mächtiger, dass es nur sehr selten einen Grund gibt, meiner Geistführerin den Vortritt zu lassen.

Dann ist es gleichfalls hilfreich, wenn der Patient zur Behandlung liegt. Ich setze mich an seine rechte Seite. In der Position kann ich bequem meine linke Hand auf sein Herz-Chakra legen und meine rechte auf sein Solarplexus-Zentrum. In dieser Haltung bitte ich meine Geistführerin innerlich, also nicht mit lauter Stimme, nun durch mich mit der Behandlung zu beginnen. Dabei kann es sein, dass ich die Anweisung erhalte, meine Hände an andere Stellen zu legen. In jedem Fall müssen sie dicht am Körper des Patienten sein.

So habe ich das erlebt. So verschieden wie Menschen sind, sind auch ihre Geistführer. Wie der Ihre arbeitet, wenn er überhaupt dazu bereit ist und über die nötigen Kenntnisse verfügt, weiß ich an dieser Stelle unmöglich zu sagen.

62. Kapitel **Der beste Lehrer und worauf es noch zu achten gilt**

Verehrte Leserin, verehrter Leser, ich muss Sie loben. Ja, ich kann nicht anders. Selbst wenn Sie wenig geübt, aber umso mehr gelesen haben, ist Ihnen an dieser Stelle ein keineswegs einfacher Stoff vertraut. Allein das ist mir eine große Freude und Anlass, mich bei Ihnen für Ihre bisherige Aufmerksamkeit zu bedanken. Sollten Sie jedoch wie angegeben geübt haben, so gehören Sie zu jenen seltenen Menschen, die ohne die physische Anwesenheit eines Lehrers lernen können. Das ist viel schwieriger, als ich bisher zugegeben habe. Nicht weil ein Lehrer in persona mehr und verständlicher lehren kann, sondern lediglich, weil Schüler in direktem menschlichem Kontakt meistens lernwilliger sind. Ich kenne einige Menschen, die es lieben, in Massen vor ihrem geliebten Guru zu sitzen und besondere und nicht selten besonders nachhaltige spirituelle Erfahrungen zu machen. Dies ist nicht mein Weg. Wie schon gesagt, ich hatte Lehrer. Die haben mir immer genauso viel beigebracht, wie ich brauchte, um in eine optimale Position zu kommen, damit ich von der Welt lernen konnte, lernen von allem, was ist.

Die Welt ist der beste Lehrmeister. Manchmal ist es hilfreich, ein Buch aufzuschlagen, um genau dies gesagt zu bekommen: Die Welt ist der größte Guru (Sanskrit: Führer aus der Finsternis). Wer die Welt zum Guru hat, braucht keinen Menschen mehr anzubeten, denn er findet Gott, also das Licht, in allem, was ist. Meine Liebe zur Welt mündet manchmal in gut gemeinten Ratschlägen. Einer lautet, und dafür muss ich das förmliche Sie mit einem freundschaftlichen Du tauschen: Gehe deinen Weg. Nicht meinen, nicht den irgendeiner anderen Person, sondern deinen eigenen. Den Weg, der für dich vorgesehen ist, weil du ihn selbst gewählt hast. Deine Wahl direkt vor deiner Geburt. Die gilt. Den Weg deiner Wahl erkennst du daran, dass dich das Wandeln darauf glücklich macht. Glücklicher als jede andere Tätigkeit.

Spirituelle Medizin bietet das geeignete Werkzeug, um den Lebensweg zu finden und ihm auch zu folgen.

Lieber Herr Kollege, liebe Frau Kollegin, ich muss Sie jetzt voller Hochachtung so anreden, denn Sie sind auf Ihrem Weg weit gekommen. Sie sind diesen Weg aus eigener Kraft gegangen, ohne Guru oder physisch anwesenden Lehrer, von dem Sie Kraft abzapfen konnten, wenn Sie aller Mut verließ oder Sie schwankend wurden in Ihrem Entschluss, sich mit Geistigem Heilen zu befassen. Das ist bemerkenswert. Ich möchte Sie bitten, kurz innezuhalten, sich diese Leistung bewusst zu machen und sich dafür anerkennend selbst auf die Schulter zu klopfen. Ich meine das ernst: Bitte klopfen Sie sich an dieser Stelle selbst auf die Schulter, denn Sie haben es wirklich verdient.

An diesem Punkt Ihres Daseins sind Sie ein Geistiger Heiler, weil Sie sich daran erinnern, dass Sie es sind. Die von mir aufgeführten Übungen und Hinweise waren Hilfen, um den Prozess des Erinnerns möglichst machtvoll in Gang zu setzen. Nur Sie allein können beurteilen, an welchem Abschnitt Ihres Lebensweges Sie in diesem Moment stehen, welche tiefere Bedeutung Spirituelle Medizin dabei hat und in welcher Form die Befähigung zum Geistigen Heilen von Ihnen gelebt werden will. Das wird sich bald deutlich zeigen.

Diese Phase, die nun beginnt, nenne ich die Bestätigungsphase. Sie dauert mindestens weitere 21 Behandlungen. Während der Bestätigungsphase können sämtliche Krankheiten und Leiden behandelt werden.

Zum Beispiel: Jegliche Allergien, Amalgamvergiftungen, Anämie, Angina, Appetitlosigkeit, Arthritis, Arthrose, Asthma, Bandscheibenbeschwerden, Bauchschmerzen, Bindehautenzündungen, Blasenentzündungen, Bluthochdruck, Bronchitis, Burnout-Syndrom, Chronische Erschöpfung, Colitis, Darmbeschwerden, Depressionen, Durchblutungsstörungen, Ekzeme, Epilepsie, Essstörungen jeglicher Art, Fettleibigkeit, Flechten, Flugangst, Frigidität, Gallenleiden, Gesichtsrosen, Gleichgewichtsstörungen, Grauer und Grüner Star, Gürtelrosen, Hepatitis, Herpes, Herzleiden, HIV, Kopfschmerzen, Krebs, Lähmungen, Leberleiden, Magenbeschwerden, Magersucht, Menstruationsbeschwerden, Migräne, MS, Neurodermitis, Osteoporose, Parkinson, Phobien, Psychosen, Schilddrüsenleiden, Schwindel, Sehschwäche, Suchtkrankheiten, Tinnitus,

Verstopfung, Warzen, Zysten. Bei all diesen Krankheiten sind spektakuläre Besserungen nach geistigen Behandlungen dokumentiert (Siehe auch: www.psi-infos.de).

Wenn Sie mit einer der genannten oder einer weiteren nicht aufgeführten Krankheit konfrontiert werden, vergessen Sie eines nicht: Die von Ihnen behandelte Person sollte immer auch in Behandlung eines Arztes sein. Das gilt besonders für schwere Krankheiten und auch die Zeit nach der Bestätigungsphase. Weisen Sie Ihre Patienten darauf hin, zumindest zur Beobachtung auch einen Arzt aufzusuchen. Wer eine ernsthafte Krankheit hat, sollte unter schulmedizinischer Beobachtung stehen. Das gibt dem Patienten ein Gefühl der Sicherheit, dem Heiler ebenso – und stärkt so den Genesungsprozess. Das hilft auch den Ärzten. So können sie sich mit eigenen Augen von der Wirksamkeit Geistigen Heilens überzeugen.

Für die mindestens 21 Behandlungen während der Bestätigungsphase gilt ein besonderer Ablauf, dem Sie bitte möglichst genau folgen. Ich weiß, Vorgaben wecken Widerstände. Beruhigen Sie sich mit dem Gedanken, dass Sie nach Ablauf der Bestätigungsphase tun und lassen können, was Sie wollen, denn dann sind Sie so in der Sache drin, dass ich wahrscheinlich von Ihnen noch etwas lernen kann.

Bis dahin behandeln Sie bitte jegliche Krankheit und sämtliche Leiden in folgenden Schritten:

Schützen Sie sich vor Fremdenergien. Das Verfahren habe ich in Teil C, 24. Kapitel, ausführlich beschrieben. In anderem Zusammenhang haben Sie die Bündelung von Licht bereits geübt, sind also im Wesentlichen damit vertraut.

Erden Sie sich. Dieses Verfahren wird in Teil C, 27. Kapitel beschrieben.

Fragen Sie die kranke Person nach ihrem Befinden. (Siehe auch Teil C, 25. und 26. Kapitel). Weitschweifige Antworten unterbrechen Sie liebevoll mit noch konkreterem Nachfragen zur Symptomatik und Krankheitsbild. Vergessen Sie nie: Die Krankheit ist der Lehrmeister auf dem Weg zur Gesundheit, also ein Freund, der einen guten Ratschlag geben will. Bemühen Sie sich, mit Ihren Fragen, diesem Ratschlag möglichst nahe zu kommen. So gut es geht, aber nicht länger als 30 Minuten.

Nehmen Sie die zu behandelnde Person übersinnlich wahr. (Ausführlich beschrieben in Teil C, 28. Kapitel.) Die Techniken zur Wahrnehmung haben Sie bereits geübt. Bleiben Sie in Übung, indem Sie das bereits Trainierte nun anwenden. So gut es geht. Wie gut es geht, werden Sie «sehen». Vertrauen Sie dem, was Sie sehen, aber vermeiden Sie apokalyptische Aussagen. Liebevolle Hinweise und sanftes Feedback sind geboten.

Erklären Sie Ihr weiteres Vorgehen, also die Art Ihrer Behandlung.

Ermuntern Sie die zu behandelnde Person, Fragen zu stellen, und nehmen Sie sich Zeit, diese zu beantworten.

Beruhigen Sie Patient oder Patientin mit einer kurzen Atemübung. Dreimal langsam aus- und wieder einatmen reicht meistens aus.

Empfehlen Sie, die Augen zu schließen, aber weisen Sie ausdrücklich darauf hin, dass die Augen jederzeit wieder geöffnet werden können.

Harmonisieren Sie die Chakren. Sie haben es bereits an sich selbst geübt, sind mit dem Verfahren also vertraut. (Siehe auch Teil C, 31. Kapitel.)

Behandeln Sie die jeweilige Person so, wie Sie es bereits während der ersten Initiations-Phase praktiziert haben.

Beenden Sie die Behandlung, indem Sie alle Energie-Räder bis auf das siebente ein wenig schließen. (Beschrieben in Teil C, 37.

Kapitel.) Dazu falten Sie die Wirbel ein wie eine Blüte, die sich des Abends zur Knospe schließt. Das Entfalten haben Sie schon geübt. Das Einfalten geschieht einfach auf umgekehrtem Wege.

Bieten Sie dem Patienten etwas zu trinken an, bevor er geht, weil dies zur Entgiftung beiträgt.

Raten Sie zu Vorsicht auf dem Heimweg. Jede Behandlung bringt die behandelte Person in Kontakt mit den tiefen Schichten des Selbst und ist zumindest eine Annäherung an Trance-Zustände. Direkt im Anschluss fällt die Konzentration auf komplexe mechanische Vorgänge wie Autofahren schwer.

Weichen Sie für die genannte Zeit nicht von dieser Folge ab. Der Grund: Sie ist erprobt. Von mir, von anderen Heilern. Und hilft. Das ist sicher. Darauf können Sie sich verlassen. Diese Sicherheit ist eine gute Grundlage, um eigene Verbesserungen einfließen zu lassen. Auch das wird notwendig sein, denn Spirituelle Medizin folgt keinen Standards, ist nicht statisch und wird es auch nie sein, denn auch Sie werden daran mitarbeiten, Erstarrung zu verhindern.

Noch ein Tipp: Lassen Sie Ihre Fähigkeiten wachsen, forcieren Sie nichts. Wenn Sie energetisch arbeiten, bekommen Sie von Ihren Klienten Rückmeldungen. Je nach Erfolg gute, sehr gute oder nicht ganz so gute. Falls Klienten sich bei Ihnen für spektakuläre Heilungen mit Geldgeschenken bedanken wollen, so gibt es keinen Grund, diese zurückzuweisen.

Nicht den geringsten Grund gibt es allerdings auch, von Anfang an Geld für Ihre Leistungen zu fordern. Heilen ist eine Gnade. Sie sollte bedingungslos weitergegeben werden. In welchem Maße, wird sich zeigen. Falls sich herumspricht, dass Sie eine begnadete Heilerin, ein begnadeter Heiler sind und viele Menschen Ihre Zeit in Anspruch nehmen, wird Sie diese Berufung schon nicht zum

Sozialfall machen, selbst wenn Sie einen anderen Beruf dafür aufgeben müssen.

Die nun noch folgenden Kapitel bieten weitere Hilfen und Hinweise zum Geistigen Heilen, müssen aber nicht in Folge durchgearbeitet werden.

63. Kapitel ***Wo wir wirklich helle sind***

Menschen haben sehr unterschiedliche Talente. Das gilt auch für übersinnliche Fähigkeiten. Grundsätzlich lassen sie sich in drei Gruppen einteilen: Menschen mit hellseherischen Fähigkeiten, besonders hellhörige Menschen und Menschen, die zu Hellfühligkeit neigen. Letzteres klingt seltsam. Was soll das sein, Hellfühligkeit? Hell meint fein, also Schwingungen höchster Frequenz, die der Einfachheit halber als Licht beschrieben werden im Gegensatz zur Dunkelheit, die langwellig daherkommt. Diese Schwingungen feiner Frequenz werden empfangen. Immer, von allen Menschen. Allerdings in unterschiedlichem Maße. Denn nicht alle wissen, dass sie auf Empfang sind und sie auch deuten können.

Hellfühligkeit trainiert man am leichtesten mit anderen Menschen. Wir können wissen, wie es einer anderen, ja, vollkommen fremden Person geht, indem wir uns nur in ihre Nähe setzen und uns in sie hineinfühlen. Dafür dehnen wir uns bis in unsere emotionale Aura aus. Wir dehnen uns aus, weil wir beabsichtigen, uns zu erweitern. Und kommen so in Kontakt mit der anderen Person. Im Moment des Kontaktes findet die Übermittlung von Information statt, und zwar auf emotionaler Ebene. Dabei fühlen wir möglicherweise den körperlichen Schmerz der Person, weil unser Emotionalkörper die

Information von Schmerz an den Ätherkörper weiterreicht bis auf die physische Ebene. Ein Grund, warum besonders hellfühlige Heiler nicht selten Krankheiten ihrer Patienten übernehmen.

Im Augenblick der hellfühligen Wahrnehmung eines Symptoms kann diese eindringliche Wahrnehmung das Bewusstsein der Heileridentität so massiv überlagern, dass der Heiler zum Patienten wird, also sich selbst vergisst und sich mit der Krankheit identifiziert. Schon hat er sie. Häufig ist der Patient noch im selben Moment davon befreit.

Es gibt Heiler, die genau dieses Verfahren zu ihrer Behandlungsmethode gemacht haben. Ich hoffe, sie sind damit glücklich. Mit meinem gesunden, aber begrenzten Menschenverstand würde ich davon abraten. Aber wer weiß, wozu es für den jeweiligen Heiler gut ist.

Hellhörigkeit ist am einfachsten in einem meditativen Zustand zu erwecken. Neale Donald Walsh hat auf diese Weise seine «Gespräche mit Gott» geschrieben. Dafür hat er sich lediglich an seinen Schreibtisch gesetzt, seinen Atem beruhigt und zielgerichtete Fragen gestellt. Das Ziel war Gott. Nachdem er Gott etwas gefragt hatte, brauchte er nur noch auf eine Antwort zu warten. Und diese Antwort auch zu hören. Einfacher geht es nicht.

Sie können das auch. Am leichtesten funktioniert Hellhörigkeit am frühen Morgen, direkt nach dem Aufwachen, wenn das Gehirn noch in einem Alpha-Theta-Zustand ist. Mein Vorschlag: Befragen Sie Ihren Geistigen Führer. Fragen Sie ihn, was immer Sie wollen, Details seiner Biographie, warum er Ihr Geistführer ist, was Sie an diesem Tag sinnvollerweise tun können, und so weiter. Ich bin sicher, Sie werden haufenweise Fragen haben und hochinteressante, sehr nützliche Antworten erhalten.

Zum hellen «Sehen» mit Ihrem Dritten Auge habe ich Ihnen bereits mehrere Übungen gezeigt. Erinnern Sie sich: Was Sie hauptsächlich darin behindert, übersinnliche visuelle Wahrnehmungen zu haben, ist Ihre wahrscheinlich unbewusste Furcht, etwas zu sehen, was Sie überfordert. Je länger Sie sich mit dieser Art der Wahrnehmung befassen und sie üben, umso hellsichtiger werden Sie. Es ist ratsam, diesem Prozess die Zeit zu geben, die er braucht, und sich von Misserfolgen nicht entmutigen zu lassen.

Immer wieder ist der Versuch unternommen worden, Hellsichtigkeit physiologisch zu erklären. Als sensorisches Organ gilt die Zirbeldrüse, auch Epiphysis genannt. Sie liegt direkt hinter dem Corpus callosum an der Hinterwand des III. Ventrikels über der so genannten Vierhügelplatte und produziert das Hormon Melatonin, welches den Schlafrhythmus steuert. Schon der Philosoph René Descartes (1596–1650, «Ich denke, also bin ich» und «Die Idee Gottes als vollkommenes Wesen impliziert die Existenz Gottes, denn wäre Gott nicht existent, wäre er nicht vollkommen») befasste sich mit der kleinen Drüse im Gehirn. Der Denker des Gottesbeweises betrachtete die Zirbeldrüse als organisches Bindeglied zwischen Körper und Geist.

Die Autorin, Physikerin und Geistheilerin Barbara Ann Brennan glaubt, dass Hellsichtigkeit, sie nennt es den Röntgenblick, sehr konkret medizinisch erklärbar ist. Ich gebe ihre Erklärung hier wieder, weil ich sie faszinierend und irgendwie plausibel finde. Allerdings, wenn mir jemand sagen würde, übersinnliches «Sehen» fände mit der Schilddrüse statt, ließen sich sicherlich auch einige gute Argumente dafür finden. Brennan zufolge durchdringt Licht feinster Schwingung die Haut, passiert die Sehnervenkreuzung, umfließt die dahinter liegende Hypophyse (Kontrolle lebenswichtiger Körperfunktionen wie Temperatur, Sättigung, Wasserhaushalt bis hin zu Emotionen wie Wut) und das Corpus callosum und erreicht die Zirbeldrüse, die als Sensor innerer Wahrnehmung fungiert und die sensorische Wahrnehmung an die Sehrinde schickt, wo die optische Signalverarbeitung stattfindet.

All diese Erklärungen dienen einem Zweck: Sie sollen zeigen, dass übersinnliches Sehen zum Menschen gehört wie seine «gewöhnlichen» physischen Sinne und Sinnesorgane. Davon bin ich gleichfalls überzeugt. Auch wenn mir die genannte Erklärung noch nicht vollständig einleuchtet.

Aber vielleicht ist das auch gar nicht so wichtig, da Sie und ich längst herausgefunden haben, dass es funktioniert.

64. Kapitel ***Warum es gut ist, die Anatomie zu kennen***

Ich kenne nur wenige Geistige Heiler, die sich ernsthaft mit dem biologischen Aufbau des menschlichen Körpers befassen. Anatomie ist eine Ableitung des griechischen anatémnein = auseinander schneiden, zergliedern. Anatomie heißt also so viel wie Zergliederungskunst. Ich glaube nicht, dass ein Geistheiler Leichen sezieren sollte. Allerdings weiß ich aus eigener Erfahrung, wie hilfreich anatomische Kenntnisse sind. Man muss kein menschliches Herz in natura gesehen haben, zum Beispiel bei einer Organentnahme. Es reicht eine genaue Darstellung in einem Anatomieatlas.

Wozu das gut ist? Zur Verfeinerung Ihrer Vorstellungskraft. Ein Beispiel. Jemand bittet Sie um eine Behandlung. Symptomatik: plötzliche Schweißausbrüche, unabhängig von Jahreszeit und Temperatur. Nehmen wir an, es handelt sich um einen etwa fünfzigjährigen Mann, der in einem Büro arbeitet. Durch Nachfragen stellt sich heraus, dass er seit Jahrzehnten ein Gefühl eingeschränkter Leistungsfähigkeit hat.

Was tun? Natürlich Energie übertragen und heilen. Nur was?

Womöglich sein Herz, vielleicht seine Schilddrüse. Schulmediziner lassen an dieser Stelle ein komplexes Diagnoseverfahren anrollen. Ein Gerätepark steht Ihnen nicht zur Verfügung. Sicher, Sie könnten den Zustand von Herz und Schilddrüse auspendeln. Nicht wenige Heiler tun das. Darauf gehe ich im Folgekapitel näher ein. Ich rate zum direkteren Weg, nämlich die Organe einfach anzuschauen.

Das ist zu Beginn sehr schwer, für die meisten Menschen sogar unmöglich, umso nützlicher ist es, dies zu trainieren. Dazu müssen Sie wissen, wie die Organe aussehen, möglichst detailgetreu, und Sie müssen deren genaue Lage im menschlichen Körper kennen. Kurz: Sie müssen die gesamte Physiologie des Menschen kennen, seinen vollständigen biologischen Bauplan.

Wenn Sie eine Störung in einem Organ vermuten, zum Beispiel im Herzen, dann projizieren Sie Ihre Vorstellung eines gesunden Herzens auf die Person, die möglicherweise ein krankes hat, und zwar exakt an die Stelle, wo sich deren tatsächliches Herz befindet. Also auf die Kleidung über der Brust.

Sehen Sie dort das gesunde Herz. Sehen Sie es Blut pumpen, sehen Sie es schlagen. Die von Ihnen aus gesehen rechte Hälfte pumpt sauerstoffgesättigtes Blut mit hohem Druck durch den so genannten großen Körperkreislauf, während die linke Hälfte das verbrauchte Blut durch den kleineren Lungenkreislauf pumpt. Sie sehen den Aortabogen, einen Vorhof, eine Herzkammer, die eine zweite zum großen Teil verdeckt, die Lungenschlagadern, Rippen, Lungen, Zwerchfell … All dies sehen Sie wie aufgemalt. Starren Sie auf Ihre eigene Visualisierung. Und achten Sie auf kleinste Veränderungen, während Sie weiter darauf blicken. Bilden sich Schatten? Sehen Sie Körnungen? Schrumpft das Herz? Oder wird es sogar größer?

Diese Art der Betrachtung verfeinert sehr rasch Ihre Wahrnehmung. Dazu müssen Sie die menschliche Physiologie verinnerlicht haben. Dann werden Sie in die Lage versetzt, mittels Röntgenblick Diagnosen zu stellen, die Patienten und Ärzte verblüffen.

Sollten Sie organische Schäden oder Fehlfunktionen «sehen», die bisher noch kein Arzt entdeckte, dann fordern Sie den Patienten nachdrücklich auf, sich auch schulmedizinisch untersuchen zu lassen. Vergessen Sie das niemals. Andernfalls geraten Sie mit dem Gesetz in Konflikt.

Mein Vorschlag: Kaufen Sie sich einen Anatomie-Atlas, lernen Sie die biologischen Funktionen des menschlichen Körpers, speichern Sie im Geiste den physiologischen Bauplan. Nervenbahnen, Blutgefäße, Lymphen, Knochen, Muskeln, Organe. Je genauer Sie die Anatomie kennen, umso mehr werden Sie «sehen».

65. Kapitel ***Pendel, Ruten und andere Hilfsmittel***

Um es gleich zu sagen: Ich halte nichts davon. Pendel werden von Astral-Wesen bewegt. Darunter finden sich ziemlich unangenehme Typen mit sehr negativen Ambitionen. Auch die verirrten Seelen von Verbrechern halten sich hier bis zur nächsten Inkarnation auf. Natürlich sind sie auf dieser Ebene nicht ganz so schlimm wie auf Erden und erfahren hier eine gewisse Läuterung. Aber wer sich in den vorangegangenen Inkarnationen als Depp durchs irdische Leben bewegt hat, wird auch auf astraler Ebene nicht zum Einstein.

Spiritisten, die durch Séancen und Tischerücken mit Wesen der Astralwelt Botschaften austauschen, können ein Lied davon singen. Die Wortmeldungen aus der anderen Welt klingen nicht selten so banal wie ein ausgeleierter Schlager, wenn sie nicht vollkommen unverständlicher Unsinn sind. Das stört die Teilnehmer aber nicht.

Im Gegenteil. Den Kontakt an sich finden sie so magisch, dass es nebensächlich scheint, welchen Blödsinn er ans Licht bringt.

Ähnliches gilt für das Auspendeln von Krankheiten, Allergien usw. Solange Sie nicht sehr genau wissen, wer das Pendel bewegt, sollten Sie die Finger davon lassen. Und noch etwas gilt es zur Kenntnis zu nehmen: Wenn Sie eine Frage an die Astralwelt richten, die durch ein Pendel oder eine Rute beantwortet werden soll, so beinhaltet dies immer einen direkten Kontakt mit mindestens einem Wesen dieser Ebene. Das hat dann im wahrsten Sinne des Wortes einen direkten Zugriff auf Sie.

Ich kenne Menschen, für die das nicht heilsam war. Kürzlich habe ich eine Frau behandelt, die jahrelang pendelte und sich dann plötzlich und andauernd niedergeschlagen fühlte. Sie konnte damit einigermaßen leben, blieb auch arbeitsfähig. Früher hatte sie eine kräftige Gesundheit gehabt, jetzt bekam sie bei der kleinsten Gelegenheit eine Erkältung oder Grippe. Ein Wesen der Astral-Sphäre hatte sich wie ein Schatten an ihre Seele geheftet. Als es mir gelang, den Schatten zu lösen, besserte sich ihr Zustand sofort.

Früher habe ich Patienten bisweilen Halbedelsteine und Edelsteine aufgelegt. Das Verfahren hatte ich von einem Schamanen gelernt. Der Effekt war häufig groß. Jedes Objekt der materiellen Welt hat eine eigene Schwingungsfrequenz, was offensichtlich ist, denn ein Stück Toastbrot sieht anders aus als beispielsweise Baumrinde. Aber die sichtbare Schwingung ist nur der untere Akkord. Tatsächlich hat jede Materie auch eine sehr feine Schwingung. Wie fein sie ist und mit welcher Intensität sie ausgestrahlt wird, darauf kommt es in diesem Zusammenhang an.

Edelsteine haben eine sehr feine und intensive Schwingung. Werden sie in unmittelbare Nähe der feinstofflichen menschlichen Energiebahnen oder Wirbel gebracht, so lösen sie eine Resonanz aus. Einen Widerhall, der wie bei der akustischen Resonanz darauf beruht, dass eine relativ schwache Eigenschwingung durch einen starken Sender zum verstärkten Mitschwingen angeregt wird.

Ein Rubin ist ein sehr starker Sender einer bestimmten Frequenz. Das menschliche Wurzel-Chakra schwingt in einer ähnlichen Frequenz, nur meistens nicht so intensiv. Legt man einen Rubin auf das Wurzel-Chakra, so wirkt das vitalisierend bis zu Adrenalinschüben. Ähnlich stark wirkt ein Saphir auf dem Kehlkopf-Chakra. Die Arbeit mit Steinen habe ich als sehr wirkungsvoll empfunden, allerdings wieder aufgegeben, weil direkte Energie-Übertragung mir effizienter erscheint.

Trotzdem bleibt es spannend, mit Steinen und deren Resonanzen zu experimentieren. Vor allem an sich selbst.

66. Kapitel **Spirituelle Psychologie, Teil 1: Warum Angst ein ständiger Begleiter ist**

Viele Menschen, womöglich sogar die meisten, haben Angst, wenn sie zu einem Geistheiler gehen. Nur sehr wenige haben nicht mal ein mulmiges Gefühl.

Beides ist für die Behandlung nicht förderlich. Im zweiten Fall war das zunächst eine Überraschung für mich. Menschen, die nicht im Geringsten aufgeregt sind, die kein mulmiges Gefühl im Bauch haben, sondern lässig zur Tür hereinkommen, als würden sie in eine Kneipe gehen, erwiesen sich häufig als behandlungsresistent, nicht zugänglich für den Prozess der Heilung. Dieser Prozess beginnt mit dem Entschluss, zu einem Heiler zu gehen, und kündigt sich durch eine innere Bewegung an, eine schwer fassbare innere Aufgeregtheit, die sich aus der Vorahnung eines tief greifenden Wandels speist und für sich genommen schon heilsam ist.

Angst und Furcht wiederum verstopfen die Energie-Kanäle. Konkrete Angst kann mit beruhigenden Worten und liebevoller Aufmerksamkeit meistens aufgelöst werden. Tief sitzende Furcht ist schwerer zugänglich und erzeugt nicht selten ein ebenso tiefes Misstrauen gegenüber dem Heiler, der eigentlich helfen soll. Dies ist eine wahnhafte Schleife in der Psychologie der jeweiligen Person und bedarf umfassender therapeutischer Kenntnisse, um gelöst zu werden. Wer damit keine Erfahrungen hat, sollte solche Fälle besser zu einem Psychotherapeuten schicken.

Mit ängstlichen Patienten werden Sie immer wieder konfrontiert werden, denn Angst gehört zum Leben. Vollständige Angstfreiheit ist nur jenseits irdischen Daseins möglich. Zu sehen am Beispiel Christi, dessen furchtloses Dasein ans Kreuz geschlagen ins Wanken gerät und ihn ausrufen lässt: «Mein Gott, mein Gott, warum hast du mich verlassen?»

Das Gefühl, von Gott verlassen zu sein, ist der Urgrund jeder Angst. Hineingeworfen in die Welt der Dualität und der Illusion eines gottlosen Daseins, erlebt das Individuum die Trennung als körperlich-seelische Erfahrung. Sie ist Teil des Auf-die-Welt-Kommens und hängt in hohem Maße vom Verlauf der Geburt ab und dem Temperament des neugeborenen Individuums. Diese Erfahrung der Trennung von Gott ist als initiales Erlebnis eine Überforderung, auf die Menschen mit Angst reagieren. Alle. Ausnahmslos.

67. Kapitel **Spirituelle Psychologie, Teil 2: Die Grundformen der Angst und ihre Charaktertypen**

Die Ur-Überforderung und Ur-Angst machen den Menschen empfänglich für weitere überfordernde Erlebnisse und weitere Ängste. Dies geschieht individuell, folgt aber einer psychischen Logik, die wiederum zu einer Einteilung geführt hat, die in der Psychologie «Charaktertypen» genannt wird.

Die Einteilung in die sieben Charaktertypen der schizoiden Persönlichkeit, der depressiven, der zwanghaften, der oralen, der hysterischen, der masochistischen und der rigiden Persönlichkeit (nach Wilhelm Reich und Fritz Riemann) bietet ein einfaches, aber gerade deshalb sehr brauchbares Raster.

Allerdings darf diese Typologie keinesfalls als die Persönlichkeit abwertend missverstanden werden, nur weil die Typenbezeichnungen einen negativen Klang haben. Richtig ist, dass sie namentlich auf Schwächen hindeuten, aber in ihnen liegen auch besondere Chancen und Stärken. Außerdem ist das Wesen eines Menschen durch diese Typologie nur in Ansätzen erfassbar, denn das Individuum ist zu vielschichtig und komplex, als dass es sich in ein Raster pressen ließe.

Das darf nicht vergessen, wer sich eines Rasters bedient. Vor allem, um eine Orientierung zu erhalten. Die ist dennoch hilfreich. Wenn von den sieben Typen die Rede ist, so ist ein Wesensraster gemeint, das Menschen die Möglichkeit gibt, sich darin wieder zu erkennen. Das ist umso wertvoller, als sich psychische Blockaden so leichter zuordnen lassen und spirituelle Chancen deutlicher zeigen.

Geistige Heiler haben mit diesen sieben Typen immer wieder zu tun. Allein schon durch deren unterschiedlich geartete Widerstände, die sie der Behandlung entgegenbringen.

Die größte Angst des *schizoiden Typs* ist die Angst, sich selbst hinzugeben. Denn in der Hingabe fürchtet er die Kontrolle zu verlieren, die er mühsam aufgebaut hat, um als Individuum mit der Überforderung der Trennung leben zu können. Seine Werkzeuge der Kontrolle sind ein starkes Ich-Bewusstsein, sein rationales Denken und seine Strategien zur Vermeidung intensiver Bindungen. Er liebt das Alleinsein. In Gesellschaft übernimmt er gern eine Führungsposition, um sich von der «Masse» abzusetzen. Gern mimt er den einsamen Helden, stilisiert sich zum Exzentriker und Eigenbrötler.

Der schizoide Typ meidet entweder Geistige Heiler, weil er sie als Spinner ansieht, oder er entwirft verstiegene Weltbilder, um sich selbst die Wirksamkeit Geistigen Heilens auszumalen. Er scheint unfähig, sich einer Behandlung hinzugeben und wirkt blockiert, weil er um jeden Preis die Kontrolle behalten will. Sieht der schizoide Typ sich in die Ecke gedrängt, neigt er zu verbalen Äußerungen von Aggressionen, kann im Extremfall sogar handgreiflich werden, weil bei ihm das soziale Bindungssystem locker ist und daher auch Methoden zur Dämpfung von Aggressionen unterentwickelt sind.

Die größte Angst des *depressiven Typs* ist die Angst, ein eigenständiges Selbst zu werden. Damit ist der schmerzhafte, von Trennungserfahrungen begleitete Prozess der Persönlichkeitsentfaltung gemeint. Der depressive Typ erlebt diesen Prozess als zunehmende Ungeborgenheit und Isolation und findet es unerträglich, ein eigenständiges Ich zu sein. Er meidet den Kontakt mit seinem eigenen Ich, welches er missachtet, indem er sich auf das Du fixiert. Den anderen, in dessen Abhängigkeit er sich in einer extremen Form der Hingabe begibt. Der depressive Typ arbeitet gern als Krankenpfleger und Kindergärtner. Er bevorzugt soziale Tätigkeiten, selbst wenn sie gering entlohnt werden. Gleichzeitig verachtet er sich dafür, sich ständig unter Wert zu verkaufen. Sein Leben organisiert er als Beziehungsnetz, geknüpft aus wechselseitigen Abhängigkeiten, die ihm existenzielle Sicherheiten geben und gleichzeitig Verlustängste wachrufen. Das ständige Wechselspiel der Gefühle überfordert ihn und macht ihn launisch.

Der depressive Typ begibt sich gern in die Hände eines Geistheilers. Allerdings, nicht um geheilt zu werden, sondern um eine weitere Beziehung einzugehen. Daher fördert er selbst den Heilungsprozess nur in einem Maße, das ihm erlaubt, wiederzukommen, reagiert aber auf den schleppenden Verlauf der Genesung mit Trauer, Melancholie oder Depression. Nicht selten macht dieser Typ dem Heiler Vorwürfe, allerdings verhalten, um ihn nicht wirklich zu verärgern.

Die größte Angst des *oralen Typs* ist die Angst, verlassen zu werden. Zuerst von der Mutter, später von allen Personen, die für mütterliche Zuwendung stehen. Der orale Typ lebt in dem Gefühl, von allem, was er sich wünscht, nicht genug zu bekommen. Ständig ist er unzufrieden, will mehr und spürt einen unerklärlichen Hunger, den er nicht zu stillen weiß. Dabei empfindet er sich selbst als leer. Seine Grunderfahrung heißt Mangel. Der orale Typ ist durch Enttäuschung und Zurückweisung geprägt. Er lebt mit der Entbehrung. Das Gefühl der Entbehrung ist so stark, dass es häufig in Gier umschlägt. Dann sieht sich der orale Typ einer Kraft ausgesetzt, die er häufig als tierisch und schmutzig ansieht. Also unterdrückt er seine intensiven Sehnsüchte, kompensiert sie mit etwas anderem, was ihn aber nie ganz befriedigt und hasst sich dafür selbst. Er ist der Typ des ewigen Studenten, laviert durchs Leben, versucht zu bekommen, was er nur kriegen kann, und übernimmt möglichst wenig Verantwortung. Seine innere Leere versucht er zu füllen, indem er sich an andere klammert und ihnen Energie raubt.

Der orale Typ begibt sich gern in die Hände eines Geistigen Heilers. Allein, um nach Herzenslust Energie von ihm zu saugen, was auch wünschenswert ist, da er auf diesem Wege ein Gefühl von Sättigung spüren kann. Allein sein Bedürfnis nach Kontrolle könnte das Stillen seines Riesenhungers vereiteln. Der orale Typ hat in einem Reflex aus vorauseilendem Gehorsam schon als Kind gelernt, den Mund von der Mutterbrust zu nehmen, obwohl der Hunger noch nicht gestillt und die Mutter einmal nicht in Eile war. Der Grund: Um der Zurückweisung durch die Mutter zuvorzukommen. Zu ähnlichem Verhalten neigt er auch in der energetischen Behandlung.

Die größte Angst des *zwanghaften Charakter-Typs* ist die Angst vor Veränderung und Verwandlung. Jede Verpuppung bedeutet, dass etwas zurückgelassen wird. Wie ein Schmetterling, der aus einer Larve kriecht. Der zwanghafte Typ kann sich zwar vorstellen, dass auf das Dasein als Larve die Existenz eines Schmetterlings folgt, nur erscheint ihm diese Aussicht wenig attraktiv, weil er sie mit dem Erleben von Vergänglichkeit verbindet. Also will er ewig Raupe oder Larve bleiben. Das ist der zwanghafte Zug seines Daseins. Er mündet in die Sehnsucht nach etwas Dauerhaftem, will alles und jedes immer beim Alten belassen und verhindert das Neue, Unerwartete, Unsichere durch ein ausgeklügeltes Sicherungssystem. So geartete Menschen leben hinter einem Zaun, der sie vor den Überraschungen des Lebens bewahren soll. Sei vorsichtig!, steht auf ihrer Stirn geschrieben. Diesem Vorsatz möglichst treu, meiden sie jedes Risiko. Als Perfektionisten, die nichts dem Zufall überlassen wollen, ergreifen sie Berufe, die Genauigkeit, Pünktlichkeit und Pingeligkeit verlangen.

Nur wenn es sich gar nicht vermeiden lässt, zum Beispiel wegen einer schweren von der Schulmedizin nicht kurierbaren Krankheit, bewegen sie sich zu einem Geistheiler. Am liebsten erst mal zu einem Vorgespräch. Zaudernd melden sie sich dann später zu einer Behandlung an. Aber nur, um diese durch weitschweifige Fragen möglichst lange hinauszuzögern, denn dieser Typ möchte seine Krankheitssymptomatik zwar loswerden, aber sich dabei möglichst wenig verändern. Seine Angst ist, dass er sich merklich verändert.

Die größte Angst des *hysterischen Typs* ist die Angst vor der Notwendigkeit, die er als unabänderlich erlebt und ihm das Gefühl von Unfreiheit gibt. Dieser Typ meidet alles Endgültige, liebt das Neue auch in Form des Risikos und begibt sich dabei auch mit fast ekstatischer Freude in Gefahr. Langsamkeit ist ihm verhasst, denn er fährt auf der Überholspur des Lebens mit 180 Sachen, und wenn einer nur 100 auf dem Tacho hat, kommt ihm das gleich wie Stillstand vor. Immer wieder powert ihn seine Raserei aus, dann wird er auf schmerzhafte Weise mit Verlangsamung, unabänderlichen Notwendigkeiten und seiner größten Angst konfrontiert, was ihn wütend macht. Am meisten auf sich selbst, weshalb dieser Typ zu autoaggressivem Verhalten neigt und sich in seiner Verzweiflung nicht selten absichtlich Schaden zufügt. Hysteriker sind Hasardeure, Charmeure und Spieler. Als Banker spielen sie gern mit Risikokapital. Als Verkäufer erzielen sie kraft ihres mitreißenden Wesens famose Umsätze.

Hysterische Typen gehen mit Freuden zu Geistheilern. Deren bloße Existenz begreifen sie als Chance, denn sie trauen ihnen die größten Wundertaten zu. Und nichts Geringeres als Wundertaten erwarten sie für sich selbst. Sie verlangen ein Wunder. Jetzt, sofort, augenblicklich. Sonst passiert was?

Keine Angst, nichts, was für den Heiler gefährlich werden könnte, denn der Hysteriker wird zwar verbal ausfallend, neigt aber als

Narzisst, der grundsätzlich gefallen will, weniger zu Handgreiflichkeiten.

Die größte Angst des *masochistischen Charakters* ist die Angst, sich selbst zu zeigen. Die wichtigste Erfahrung seines Lebens ist Demütigung. Daher glaubt der masochistische Typ zuinnerst an seine eigene Minderwertigkeit. Was immer man ihm an Negativem vorwirft, er wird es tendenziell bestätigen, um sich dann mit fast weinerlichen Worten dafür zu entschuldigen. Er neigt zu übertriebener Höflichkeit und Unterwürfigkeit und fühlt sich in dieser Haltung gleichzeitig klein und mickerig. Er betrachtet sich selbst als Versager und hält sich für einen hoffnungslosen Fall. Er ist der Typ Untertan, wie ihn Heinrich Mann im gleichnamigen Roman beschrieben hat.

Im Kontakt mit einem Geistigen Heiler zeigt er sich höflich und verleiht seinen Problemen zerknirscht Ausdruck. Bereitwillig begibt er sich in die Behandlung, um aber durch sein Festhalten an der eigenen Negativität jeglichen Erfolg zu erschweren. Sieht er sich durch einen Heiler provoziert, neigt er zu verbalen Ausfällen.

Die größte Angst des *rigiden Charakters* ist die Angst vor Verrat, denn Verrat gibt ihn der Lächerlichkeit preis. Als Kind hat dieser Typus Verrat durch seine Eltern erlebt. Als kleines Mädchen, weil es vom Vater zurückgewiesen und von der Mutter nach seinem Empfinden nicht angemessen in Schutz genommen wurde. Oder umgekehrt, weil es als kleiner Junge von der Mutter zurückgewiesen wurde und vom Vater keine oder kaum Unterstützung erhielt. In der Zurückweisung erlebte sich das Kind als lächerlich, weil die Eltern seinen Schmerz nicht ernst nahmen. Die rigide Persönlichkeit hält sich ständig zurück, um sich bloß nicht lächerlich zu machen. Sie bringt die Kunst der Manipulation zur Meisterschaft, um ja nie belächelt zu werden. Der rigide Typ tritt stolz und beherrscht auf und verwendet viel Energie darauf, sich möglichst keine Blöße zu geben, umso sicherer bringt er sich selbst immer wieder in Situationen, die er als peinlich empfindet. Loslassen und Hingabe sind Fremdworte für ihn. Zumindest, was ihn selbst betrifft. Umso rigider fordert er sie bei anderen ein. Er ist auf Status und Ansehen bedacht und bekleidet oft Führungspositionen.

Höchst ungern begibt sich der rigide Typ in die Hände eines Geistheilers. Allein das empfindet er bereits als peinlich. Lässt er sich dennoch zu einem Besuch herab, so wird er versuchen, die Behandlungssituation so zu manipulieren, dass er den Heiler lächerlich machen kann. Wenn ihm auch das nicht gelingt, versucht er sich einzureden, dass er selbst der bessere Heiler ist und der armselige Mensch, der ihn behandeln will, eigentlich sein Patient sein müsste. Wenn ihm auch das nicht gelingt, versucht er mit seinem Status und seiner gesellschaftlichen Position aufzutrumpfen, um den Heiler auf diese Weise arm aussehen zu lassen. Wenn ihm auch das nicht gelingt, wird er sogar weitgehend von seinem rigiden Temperament geheilt werden.

Die genannten Typen treten niemals in reiner Form auf und sind hier natürlich scharf konturiert und überzeichnet dargestellt. Grundsätzlich gilt: Jeder Mensch versammelt verschiedene Ängste, die unterschiedlichste Blockademuster zur Folge haben, kann also beispielsweise ein überwiegend hysterischer Charakter sein mit schizoider Prägung, oder ein depressiver Typ mit zwanghaften Anteilen.

Das mag an dieser Stelle verwirrend klingen, doch um zu einer umfassenderen Systematik der menschlichen Charaktertypen zu gelangen, ist es notwendig, die Schubladen «schizoid», «depressiv», «zwanghaft», «oral», «hysterisch», «masochistisch» und «rigide» als grobe Typisierungen zu begreifen, die nach einem weiteren Fein-Tuning verlangen.

68. Kapitel **Spirituelle Psychologie, Teil 3: Freud und seine Renegaten, Phasen der Geburt und die Spitze eines Eisbergs**

Der Erfinder der klassischen Psychoanalyse, Sigmund Freud, war der Auffassung, dass die psychische Entwicklung des Menschen mit der Geburt beginnt, sich also alle psychischen Probleme aus der jeweiligen Biographie erklären lassen, die eine Art Topographie des Lebens bildet. Mit Höhen und Tiefen: Traumata, Ängsten, Neurosen, Psychosen. Eine wesentliche treibende Kraft sind dabei laut Freud sexuelle Triebe, die mit unterschiedlichen Strategien verdrängt oder verfeinert umgeleitet (sublimiert) werden. Freud erfasste diese Strategien systematisch durch Befragung und entwickelte die Psychoanalyse.

Die so genannten Renegaten Alfred Adler, Wilhelm Reich und Otto Rank wurden zuerst magnetisch angezogen von Freuds psychoanalytischem Modell, trennten sich aber bald im Streit von ihrem Übervater, um eigene psychologische Systematiken zu entwickeln. Nach Freud beruhten alle Ängste auf traumatischen psychischen Erfahrungen. Alfred Adler lenkte die Aufmerksamkeit auf körperliche Erlebnisse wie Krankheiten. Zum Beispiel Keuchhusten im Kindesalter. Krampfartige Hustenattacken, begleitet von Würgereizen und Erstickungsgefühlen. Alfred Adler zufolge eine Erfahrung, die existenzielle Ängste wachruft, die nicht bewältigt werden können und so zum Trauma werden.

Wilhelm Reich stützte sich wie Freud auf Biographie-Arbeit, fand aber heraus, dass Traumen und unterdrückte sexuelle Gefühle durch komplexe Muster von chronischen Muskelspannungen in der Verdrängung gehalten werden. Diese Muster nannte er «Charakterpanzer». Wird der Charakterpanzer durch Entspannungstechniken gelockert, rücken unterdrückte Gefühle und Ängste ins Bewusstsein.

Otto Rank ging mit seiner Arbeit über die nachgeburtliche Biographie des Menschen hinaus. Für ihn war das Geburtstrauma von weit größerer Bedeutung als traumatische Erfahrungen wie Ablehnung durch die Eltern, unterdrückte Sexualität und Krankheit in der frühen Kindheit. Außerdem bezweifelte er den Wert verbaler Psychotherapie und experimentierte mit körperlich-psychischen Methoden, um ein bewusstes Wiedererleben des Traumas möglich zu machen und so aufzulösen. Nach Rank beginnt jedes Leben mit einer Urangst und einer Urverdrängung des Geburtstraumas und gipfelt in einem zentralen menschlichen Konflikt. Nämlich dem Wunsch, in den Mutterleib zurückzukehren, und der Angst vor diesem Wunsch und seiner Erfüllung. Zwangsläufig muss in Folge jeder Übergang von einem Daseinszustand in einen fundamental anderen massive Ängste hervorrufen. Ein Hinweis darauf ist die Angst kleiner Kinder vor dem Einschlafen.

Erst der tschechische Arzt, Philosoph und Psychologe Stanislav Grof erweiterte das Verständnis der menschlichen Psyche auf revolutionäre Art und trat vollständig aus dem Schatten von Freud heraus. Grof, der 1967 in die USA emigrierte, sieht die menschliche Entwicklung als Folge dreier maßgeblicher unbewusster Einflüsse: des transpersonalen, des perinatalen und des biographischen.

Der transpersonale (über die Person hinausgehende) Einfluss bezeichnet all das, was die wandernde Seele in diese Inkarnation aus früheren Inkarnationen unbewusst mitbringt.

Der biographische Einfluss beinhaltet alles zu diesem Thema bisher Genannte.

Der perinatale (um die Geburt herum) Einfluss meint die Erfahrungen, die der Mensch im Mutterleib bis einschließlich seiner Geburt macht. Diese Erfahrungen sind äußerst machtvoll, bestimmen das gesamte weitere Leben, meistens unbewusst.

Grof unterscheidet vier perinatale Phasen.

Phase eins: Die symbiotische Einheit von Mutter und Kind während der ersten Monate der Schwangerschaft. Ein Zustand mystischer Einheit, der im Idealfall als ozeanische Ekstase erlebt wird, als totales Geborgensein in der Gebärmutter. Durch Krisen und Krankheiten der Mutter kann die paradiesische Erfahrung bedroht werden. Zum Beispiel durch einen Abtreibungsversuch. Dadurch wird das Gefühl der Geborgenheit massiv gestört und erhält paranoide Untertöne.

Phase zwei: Die ersten Wehen. Der Ozean ist plötzlich kein Ozean mehr, sondern ein Schwimmbad, in dem die Wände auf einen zukommen. Das Kind erlebt sich im Klammergriff der mütterlichen Muskulatur. Je mehr es wächst und größer wird, umso härter der Griff. Es fühlt überwältigende Angst und entwickelt paranoide Vorstellungen. Die kindliche Angst, in einen Strudel gerissen oder von Monstern verschlungen zu werden, ist eine Erinnerung daran.

Phase drei: Das Kind wird durch Presswehen in den Geburtskanal gedrängt. Die Enge wird monströs und lebensbedrohend, der dabei empfundene Schmerz ist gigantisch. Dabei tut sich ein Ausgang auf. Der Kampf ums Überleben beginnt.

Phase vier: Die Entbindung. Die damit verbundenen Erfahrungen sind so komplex wie die Methoden der Entbindung und ihr Instrumentarium. Sie reichen von einer Beinahe-Erdrosselung durch die Nabelschnur über die Zangengeburt bis zum Kaiserschnitt.

Die Phasen eins und zwei sind grundsätzlich harmonisierend, sofern sie nicht massiv gestört werden.

Die Phasen drei und vier sind immer destruktive Phasen, die das Kind mit den Kräften der Zerstörung, mit Angst, Hoffnungslosigkeit und Tod konfrontieren.

Je entspannter die ersten beiden Phasen erlebt werden, umso kraftvoller werden die Phasen drei und vier durchlebt.

Was bedeutet dies für eine Typologie menschlichen Charakters und dessen größte Ängste? Ganz sicher zunächst dieses: Ein Verständnis, das sich auf die menschliche Biographie stützt, kann nur unvollständig sein. Das Verständnis für die orale Persönlichkeit, deren größtes Trauma der Entzug der Mutterbrust ist, muss erweitert werden. Viele Heiler treffen bei Behandlungen auf angstbesetzte Persönlichkeiten, die beispielsweise in der frühkindlichen Phase eine Trennung von der Mutter und dadurch einen Bruch in ihrer Entwicklung erlebten und dies als schrecklichste Erfahrung ihres Lebens betrachten. Biographisch arbeitende Therapeuten geben sich damit zufrieden. Für Stanislav Grof ist es nur die Spitze eines Eisbergs, der aus dem erfolgreich Verdrängten als Zipfel einer Erinnerung herausragt. Ein beängstigendes Erlebnis, von dem Bewusstsein der Person gerade noch erfassbar.

69. Kapitel **Spirituelle Psychologie, Teil 4:** ***Die erweiterte Landkarte der Psychostrukturen***

Nach meinem Verständnis schwimmt das Individuum in einem Strom von Ängsten, die es selber als Reaktion auf die Trennung von Gott kreiert. Dieser Strom endet nicht mit dem Tod und wird auch nicht mit der Geburt gekappt, sondern fließt zum großen Teil unterirdisch weiter, also in den tiefsten Tiefen der individuellen Seele, immer wieder neu gespeist durch jähe, heftige Erfahrungen während des fötalen Wachstums im Mutterleib, beim Einsetzen der ersten Wehen, im Geburtskanal, während der Entbindung, im Säuglingsalter, in der Kindheit, der Pubertät, im Erwachsenenalter. Ein wabernder, ausufernder Strom der Angst, in dem das Individuum strampelt und immer wieder unterzugehen droht. Eindringlich dargestellt in Edward Munchs berühmtem Bild «Der Schrei».

Mit diesem Aufschrei wird man als Heiler ständig konfrontiert. Meistens ist kein Schrei zu hören, denn er ist längst verklungen und hat sich dafür über die Jahre im Gesicht eingegraben. Manchmal gibt es einen Schrei, aber das ist eher wie ein Aufschluchzen, denn der eigentliche Impuls, die eigentliche Angst und die Angstreaktion werden unbewusst und ängstlich zurückgehalten, weil der Mensch befürchtet, von seiner Urangst in Stücke gerissen zu werden, in dem Moment, wo er sie äußert und sich damit ihr stellt.

Je genauer Heiler ihre Patienten kennen, deren Ängste und Strategien zur Angstunterdrückung, umso subtiler kann auch die geistige, die energetische Behandlung sein. Das ist der Grund, warum hier eine weitere Bündelung der Charaktertypologie nach Reich und Riemann mit den Erkenntnissen von Grof und energetischen Betrachtungen folgen soll. Sie ist zur besseren Übersicht stichwortartig angelegt.

Die schizoide Persönlichkeit

Größte Angst: Selbsthingabe.
Überlebensstrategie: Kontrolle.
Psychische Werkzeuge: rationales Denken, Ich-Bewusstsein.
Soziales Verhalten: meidet intensive Bindungen, liebt das Alleinsein,

übernimmt gern Führungspositionen, gebärdet sich als Exzentriker.

Motto: Allein bin ich in bester Gesellschaft.

Prinzip: Ich entferne mich von dir, bevor du dich von mir entfernst.

Herzenergie: innere Kälte

Geburtserfahrung: Der schizoide Charaktertyp ist wesentlich geprägt durch die dritte Phase der Geburt, gekennzeichnet durch Presswehen und Druck in den Geburtskanal. Entweder, weil er besonders lange Presswehen ausgesetzt war, besonders lange im Geburtskanal feststeckte, besonders groß war und deshalb kaum durch die mütterliche Beckenöffnung passte, an seiner eigenen Nabelschnur zu ersticken drohte oder aus einem anderen Grund in Atemnot geriet.

Archetypische Assoziationsmuster des schizoiden Typus als Folge der traumatischen Erfahrung in der dritten Phase der Geburt: Titanische Kämpfe, monströse Katastrophen, das Fegefeuer, das Jüngste Gericht, entfesselte Natur bei Vulkanausbrüchen und Flutkatastrophen, Revolutionen, Kriege, Kernreaktionen.

Emotionales Reaktionsmuster als Folge der traumatischen Geburtserfahrung: Gleichzeitiges Empfinden von Lust und Schmerz, Freude und Trauer.

Die Energie des schizoiden Charakters: unausgeglichen, aber grundsätzlich Energie gebend. Das erste, vierte und siebente Chakra neigen zu Blockaden. Störungen des ersten Chakras zeigen sich häufig in Knochen und Muskeln, oft als körperliche Fehlhaltung. Eine Störung des vierten, also des Herzchakras, zeigt sich als mangelnde emotionale Wärme. Und Störungen des Kronen-Chakras behindern die Gotteswahrnehmung.

Die Chancen des schizoiden Charaktertyps: Überwindung der Ich-Fixierung durch Hingabe – an den Partner oder einen Meister.

Die depressive Persönlichkeit

Größte Angst: Eigenständigkeit.

Überlebensstrategie: Ich bin du.

Psychische Werkzeuge: Missachtung des eigenen Ich, Identifizierung mit anderen.

Soziales Verhalten: begibt sich gern in Abhängigkeit und knüpft Beziehungsgeflechte und Seilschaften.

Motto: Allein bin ich verloren.

Prinzip: Du schuldest mir etwas, dafür schulde ich dir was.

Herzenergie: innere Wärme.

Geburtserfahrung: Der depressive Charaktertyp ist wesentlich durch die erste Phase der Geburt geprägt, die ozeanische Phase. Bei ihm wurde sie gestört. Vielleicht weil die Mutter während der Schwangerschaft eine Krankheit bekam, vielleicht weil der Vater kein Kind wollte und versuchte, die Mutter zu einer Abtreibung zu zwingen, oder sie womöglich sogar physisch attackierte oder …

Archetypische Assoziationsmuster des depressiven Typs als Folge traumatischer Erfahrungen in der ersten Geburtsphase: verseuchte, verstrahlte Natur, endlose Finsternis, lichtlose Tiefe, uferloses Meer, Trauer ohne Ende, das Leiden der ganzen Welt.

Emotionales Reaktionsmuster als Folge der traumatischen Geburtserfahrung: Freudlosigkeit und das Gefühl innerer Leere.

Die Energie des depressiven Charakters: schwach. Grundsätzlich Energie saugend. Das dritte und vierte Chakra neigen zu Blockaden. Störungen im Solarplexus-Chakra zeigen sich häufig als chronische Erschöpfung. Störungen des vierten Chakras erzeugen die Neigung zu physischen Herzproblemen und emotionaler Teilnahmslosigkeit.

Chancen des depressiven Charaktertyps: Die Erweckung der Selbstliebe durch möglichst eigenständige spirituelle Praxis – vielleicht von einem Lehrer angeleitet, besser nicht von einem Guru.

Die zwanghafte Persönlichkeit

Größte Angst: Verwandlung.

Überlebensstrategie: Ich bleibe so, wie ich bin.

Psychische Werkzeuge: Vorsicht vor jeglichem Neuen, vermeidet Überraschungen, blockiert Innovationen, klammert sich an Altbewährtes, überlässt nichts dem Zufall.

Soziales Verhalten: der stille Beobachter in einer gesprächigen Runde, kontaktfreudig aber kommunikationsarm, ist gern Zeuge, wird aber ungern in den Zeugenstand berufen, hält Verabredungen mit pingeliger Pünktlichkeit, organisiert seinen Tagesablauf sehr genau.

Motto: Vorsicht ist die beste Versicherung. Und: Am besten bleibt alles beim Alten.

Prinzip: Es ist okay, wenn ich mich verändere, solange ich nichts davon merke.

Herzenergie: beständige, verhaltene Wärme.

Geburtserfahrung: Der zwanghafte Charaktertyp ist wesentlich durch die vierte Phase der Geburt geprägt, die Entbindung. Die hierbei auftretenden Erfahrungen sind so vielfältig wie die Varianten der Entbindung – Zangengeburt, Saugglocke, Kaiserschnitt. Wahrscheinlich grelles OP-Licht, dann das Durchtrennen der Nabelschnur, vielleicht ein Schlag auf den Hintern, damit die Atmung einsetzt. Was davon wie traumatisch erlebt wird, ist individuell und nicht kategorisierbar.

Archetypische Assoziationsmuster des zwanghaften Typs als Folge traumatischer Erfahrungen in der letzten Geburtsphase: Ich-Tod, vollkommene Vernichtung, Auslöschung, in der Sonne verglühen, zerstörerische Gottheiten wie Shiva und Kali.

Emotionales Reaktionsmuster als Folge traumatischer Geburtserfahrungen: Gefühlskontrolle mit der Neigung, Gefühle absterben zu lassen.

Die Energie des zwanghaften Charakters: flackernd. Grundsätzlich Energie saugend. Das vierte und fünfte Chakra neigen zu Blockaden. Störungen im Kehlkopf zeigen sich häufig als gehemmtes Kommunikationsverhalten, das in chronischer Form nicht selten zu Schilddrüsen-Fehlfunktionen führt. Blockaden im Herzzentrum wiederum verstärken die Neigung zu emotionaler Unberührbarkeit.

Die Chancen des zwanghaften Charakters: das Niederreißen des Zaunes, der ihn umgibt, um die Welt mit all ihren Überraschungen und Unwägbarkeiten vollständig an sich herankommen zu lassen. Am besten unter Anleitung eines Lehrers, der die zwanghafte Persönlichkeit zu überraschenden Schritten ermuntert. Zum Beispiel spontanen Gefühlsäußerungen.

Die orale Persönlichkeit

Größte Angst: verlassen zu werden.

Überlebensstrategie: mit Entbehrung leben, sich im Mangel einrichten.

Psychische Werkzeuge: Kompensation.

Soziales Verhalten: neigt zu Mehrfachbindungen und -partnerschaften, gibt sich aber in keiner wirklich hin.

Motto: Gib mir mehr.

Prinzip: Ich verlasse dich, bevor du mich verlässt.

Herzenergie: schwache innere Wärme.

Geburtserfahrung: Der orale Charakter ist schwach geprägt durch die dritte und vierte Phase der Geburt, also durch die Erfahrung, festzusitzen, nicht weiter zu kommen, in Verbindung mit Erfahrungen von Verlassensein bei der Entbindung. Zum Beispiel, weil die Mutter in Not war und sich die Ärzte zuerst um sie kümmern mussten. Wesentlich geprägt ist der orale Typ durch mangelnde mütterliche Zuwendung in den Stunden und Tagen direkt nach der Geburt. Zum Beispiel durch Probleme beim Stillen.

Archetypische Assoziationsmuster des oralen Typs als Folge traumatischer Erlebnisse während der dritten und vierten Phase der Geburt und den Stunden und Tagen direkt nach der Geburt: Hungerkatastrophen, Dürreperioden, Verwüstungen durch Heuschreckenschwärme, austrocknende Flüsse, leer gefischte Ozeane.

Emotionales Reaktionsmuster als Folge traumatischer Geburts- und Nachgeburtserfahrungen: Rückzug in Passivität und Ohnmacht.

Die Energie der oralen Persönlichkeit: schwach. Grundsätzlich Energie saugend. Das erste, dritte und vierte Chakra neigen zu Unterfunktionen. Die Vitalkräfte sind meistens durch ein schwaches erstes und drittes Chakra gehemmt.

Die Chancen des oralen Charakters: Vertrauen zu entwickeln, dass die Welt ihn trägt und nährt. Ein spiritueller Lehrer kann dabei sehr hilfreich sein. Allerdings neigt der orale Typus dazu, sich an seinen Lehrern festzusaugen.

Die hysterische Persönlichkeit

Größte Angst: unabänderliche Notwendigkeit.

Überlebensstrategie: Ich setze auf Risiko.

Psychische Werkzeuge: Geschwindigkeit und Ekstase, Vermeidung von Langsamkeit und Stillstand.

Soziales Verhalten: Das Leben ist ein Fest, das es in diesem Moment zu feiern gilt.

Motto: Ich bin der Größte.

Prinzip: Du darfst mir dabei zuschauen, wenn ich durchstarte.

Herzenergie: aufflackernde innere Hitze und hedonistische Selbstliebe.

Geburtserfahrung: Der hysterische Charakter ist wesentlich durch die zweite Geburtsphase geprägt, das Einsetzen der Wehen. Er hat den ozeanischen Zustand der Einheit mit der Mutter als so beglückend erlebt, dass er umso heftiger auf die ersten Wehen reagiert. Warum kommen die Wände plötzlich auf ihn zu? Das Gefühl unerklärlicher Gefahr weckt massive Ängste und die Neigung, die Welt wahnhaft und paranoid zu deuten.

Archetypische Assoziationsmuster des hysterischen Typs als Folge traumatischer Erfahrungen in der zweiten Phase der Geburt: in einen Mahlstrom gerissen, von gewaltigen Ungeheuern wie Riesenkraken, Riesenspinnen oder auch einem Wal verschlungen werden, der mythische Abstieg in die Unterwelt, gefangen in einem Labyrinth, Lager oder einer Irrenanstalt.

Emotionales Reaktionsmuster als Folge der traumatischen Geburtserfahrung: Flucht in wahnhafte, ekstatische Zustände jeglicher Art.

Die Energie des hysterischen Typs: aufflackernde Hitze, plötzliche Kälte. Schwankt zwischen Energie geben und saugen. Das zweite, vierte und sechste Chakra neigen zu Blockaden. Störungen im zweiten, dem Sexual-Chakra zeigen sich häufig als extreme sexuelle Überaktivität oder Unteraktivität und führen nicht selten zu Impotenz, Sterilität und anderen Erkrankungen der Fortpflanzungsorgane. Blockaden im Herz-Chakra begünstigen emotionale Radikalität, während Störungen des Dritten Auges die Intuition behindern und auf organischer Ebene die physischen Augen beeinträchtigen und die Drüsenfunktionen einschränken.

Die Chancen des hysterischen Typs: Verlangsamung und Innehalten durch regelmäßige meditative Praxis und damit verbundene Aussöhnung mit Notwendigkeiten, beginnend mit der Notwendigkeit der Meditation. Ganz natürlich und ohne beschleunigenden Impuls erfolgt eine erweiterte Wahrnehmung der Welt in Liebe. Der hysterische Typ ist besonders empfänglich für Unterweisungen eines Gurus. Er kann einen Meister als Meister anerkennen und lieben, ohne aber in seiner Liebe zu einem willenlosen Liebediener zu werden.

Die masochistische Persönlichkeit

Größte Angst: sich selbst zu zeigen.

Überlebensstrategie: Unterwürfigkeit.

Psychische Werkzeuge: die Bestätigung der eigenen Minderwertigkeit.

Soziales Verhalten: macht sich gern zum Schuhabtreter, zum Untertan und Diener, der seine eigenen Bedürfnisse in negativer Verzerrung auslebt.

Motto: Ich bin schlecht.

Prinzip: Ich tue mir etwas an, bevor du es tust.

Geburtserfahrung: Der masochistische Typus ist wesentlich geprägt durch die erste und vierte Phase der Geburt. Durch die Addition der beschriebenen negativen Erfahrungen in diesen beiden Phasen und eine sehr dominante Mutter, die besonders die kindlichen Ausscheidungen heftig kontrolliert, entwickelt sich die extreme Persönlichkeit des masochistischen Charakters.

Archetypische Assoziationsmuster: Folter-Orgien, Selbstverstümmelung, extreme Erniedrigung in Verbindung mit Sexualität, in Exkrementen baden.

Emotionales Reaktionsmuster als Folge der traumatischen Geburtserfahrung: lustvolles Empfinden von Erniedrigung und Schmerz, lustvoller Umgang mit Ausscheidungen.

Die Energie des masochistischen Charakters: innerlich kochend. Schwankt zwischen Energie gebend und saugend. Das zweite, vierte und fünfte Chakra neigen zu Blockaden. Die Selbstverachtung manifestiert sich im zweiten Chakra häufig als Impotenz oder Frigidität und im vierten Chakra als Unfähigkeit, liebevolle Gefühle gegenüber anderen zu entwickeln.

Die Chancen des masochistischen Charakters: die Überwindung des negativen Selbstbildes und die Entfaltung seines besonderen inneren Reichtums. Je mehr dies aus eigener Kraft gelingt, umso beglückender wird der Persönlichkeits-Wandel erlebt.

Die rigide Persönlichkeit

Größte Angst: dumm dazustehen, als Mensch lächerlich zu sein.

Überlebensstrategie: Ich erhebe mich so hoch über euch, dass mich keiner mehr vom Sockel stoßen kann.

Psychische Werkzeuge: Statusdenken, Stolz, Unnahbarkeit.

Soziales Verhalten: strebt nach Machtpositionen, die ihn unangreifbar machen.

Motto: Ich bin dir überlegen.

Prinzip: Ich bin König. Wer es wagt, mich lächerlich zu machen, wird vernichtet.

Herzensenergie: kontrollierte Wärme.

Geburtserfahrung: Der rigide Charaktertyp ist durch keine der vier perinatalen Geburtsphasen wesentlich geprägt, sondern hat eine vergleichsweise harmonische Geburtserfahrung gemacht. Umso verstörender dann das kindliche Erleben der Zurückweisung durch den gegengeschlechtlichen Elternteil. Besonders stark wird dies von Jungen empfunden, die von ihrer Mutter in den ersten Lebensjahren Ablehnung erfahren.

Archetypische Assoziationsmuster des rigiden Typus als Folge traumatischer Erfahrungen nach der Geburt: Kälte, Erfrieren, in eisigen Landschaften irren, in feindlicher Umgebung ausgesetzt werden.

Emotionales Reaktionsmuster als Folge traumatischer Erfahrungen nach der Geburt: emotionale Abschottung in Situationen, die unkontrollierbar erscheinen.

Die Energie des rigiden Charakters: machtvoll. Grundsätzlich Energie gebend. Das erste, dritte und fünfte Chakra funktionieren in der Regel sehr gut. Rigide Persönlichkeiten sind vital, energiegeladen und kommunikativ. Störungen im vierten Chakra führen nicht selten zu Herzproblemen.

Die Chancen des rigiden Charakters: Wenn er seine Blockaden durch Selbstliebe transformiert, kann er zu einer Führungspersönlichkeit mit wertvollen Aufgaben werden. Um ein guter Lehrer zu werden, muss man erst mal ein guter Schüler sein, heißt es. Das gilt in hohem Maße für die rigide Persönlichkeit. Besonders, wenn sie ihren Stolz überwindet, um von einem Guru zu lernen.

70. Kapitel ***Spirituelle Psychologie, Teil 5: Die Charakter-Typen und ihre Verbindung zur Astrologie***

«Pars pro toto» (lat: ein Teil für das Ganze) lautet ein Grundprinzip der Naturwissenschaft. Es beruht beispielsweise auf der Beobachtung, dass die Biologie eines gesamten Menschen in jeder seiner Zellen gespeichert ist. Ebenso ist anzunehmen, dass ein Wassermolekül mit allen Wassern gewaschen ist und ein Atom das ganze Universum enthält, als Idee, als kodierte Information.

«Wie im Großen, so auch im Kleinen», lautet sehr ähnlich ein Sprichwort. «Wie oben so auch unten», heißt es in der Magie. «Wie im Himmel so auch auf Erden», bestätigt gleichfalls das Vaterunser.

Das Gesetz der Entsprechung ist wahrscheinlich eine der grundsätzlichsten Theorien zur Architektur allen Seins. So gesehen entspricht der Mikrokosmos, also der Mensch, dem Makrokosmos, nämlich dem Universum, das er durch sein Dasein vollständig widerspiegelt. In welcher Beziehung der Mensch zum Universum steht, zeigt sich durch die menschliche Biographie, also die Topographie all seiner Erfahrungen, Gefühle und Denkmuster, die eine grundsätzliche Zuordnung eines jeden Individuums zu einem der sieben Charaktertypen (oder vielmehr einer Mischform daraus) ermöglichen.

Jede Biographie wird als individuell wahrgenommen. Man könnte sie auch einen Lebensfilm nennen, eine Art Mitschnitt der Selbstwahrnehmung eines Menschen, der in diesem Leben im Mutterleib beginnt und auf dem Totenbett endet, sich aber darüber hinaus als ein endlos geflochtenes Band durch Inkarnationen und Reinkarnationen zieht. Dabei treten Ängste auf, werden überwunden, woraufhin neue Ängste auftreten, Akkorde aus Urängsten, die sich durch die Erfahrung einer Trennung ergeben, und weiteren sich aus der Urangst nährenden Ängsten, die eine aktuelle Hauptstimme haben: eine der genannten Hauptängste eines Menschen.

Die biographische Sicht ist immer von innen nach außen, eine individuelle Reflexion der Welt, die zeigt, wie ein Mensch seine Anlagen, seine Begabungen verwirklicht oder ignoriert, wie er mit seinen Ängsten umgeht und mit seinen Hoffnungen. Kurz: Die Biographie zeigt, was ein Mensch aus seinem Leben macht. Die

Art, wie er das macht, ist durch die Charaktertypologie beschreibbar.

Es ist allerdings auch möglich, die Perspektive zu wechseln und sich damit zu beschäftigen, was ein Mensch beabsichtigt, aus seinem Leben zu machen. Diese Absicht wird vor der Inkarnation erklärt. Um diese Absicht eines Menschen für sein jetziges Leben zu kennen, müsste man ihn also nur dazu befragen.

Schwierig. Die meisten Menschen verwechseln ihren momentanen Willen mit echten, weit greifenden Absichten. Nicht selten geraten die wahren Absichten auch durch Lebensturbulenzen in Vergessenheit.

Und doch gibt es Möglichkeiten, sich dem anzunähern, wie ein Mensch, zum Beispiel Sie, lieber Leser, liebe Leserin, für dieses Leben gemeint ist – von Gott, von Ihrem inneren Gott, der Sie für diese Inkarnation in eine optimale Lernposition gebracht hat. Da es, wie schon gesagt, zwischen Ihnen und Gott keine Trennung gibt, weil Sie beide ja eins sind, haben Sie selbst also diese Ausgangsposition Ihres Lebens gewählt.

Diese Wahl zu verstehen ist nicht leicht. Fast genauso schwierig ist es, Ihre Wahl für dieses Leben überhaupt zu kennen, womöglich noch im Detail. Eine Möglichkeit dazu bietet die Astrologie, also die Kunst, aus dem Stand der Sterne bei der Geburt eines Menschen zu lesen, wie dieser Mensch von Gott gemeint ist. Genau: gemeint ist mit seinen individuellen Anlagen, Begabungen und Neigungen.

«Wahr ist, was wirksam ist», heißt es im hawaiianischen Huna-Glauben. Das gilt auch für die Astrologie. Wie sie zu menschlichem Wissen wurde, ist unbekannt. Sie ist auch zu komplex, als dass irgendwer sie sich einfach ausgedacht haben kann. Allerdings ist das astrologische Wissen auch nicht im Sinne einer Wissenschaft wie beispielsweise der Physik gewachsen. «Die Astrologie», schreibt Fritz Riemann, «macht den Eindruck, als wäre sie schon immer da gewesen.»

Heute gibt es mehr Astrologen denn je, denn die komplizierte astrologische Berechnung des Geburtshoroskops leisten Computer, deren Astrologieprogramme auch gleich Textbausteine zur Deutung liefern. Das Prinzip der Berechnung und Deutung ist jedoch seit Jahrhunderten unverändert. Und: dabei höchst wirksam, denn es liefert eine sehr umfangreiche Beschreibung der Anlagen und Begabungen eines Menschen und macht sogar schlüssige Aussagen, wie diese Anlagen und Begabungen wahrscheinlich ausgelebt werden. Daher muss die Astrologie wahrhaftig und wahr sein – auch wenn niemand zweifelsfrei sagen kann, warum eigentlich.

Die überzeugendste Erklärung lässt sich aus dem genannten biblischen Leitsatz ableiten, dem magischen Gesetz und der Tatsache, dass ein Teil für das Ganze steht. Sie lautet: Wenn der Mikrokosmos den Makrokosmos reflektiert, muss der Makrokosmos auch den Mikrokosmos spiegeln. Wenn Eines für Alles gilt, muss sich auch Alles in Einem zeigen.

Mehr noch: Wenn Alles Eins ist, dann deutet die kosmische Ordnung immer auf den Menschen, der sie wahrnimmt, weil es keine Trennung gibt zwischen dem Menschen, seiner Wahrnehmung und der Ordnung.

Eine sehr gute Methode zur Deutung der Ordnung als Ausdruck individuellen Seins bietet daher die Astrologie. Im Moment seiner Abnabelung erlangt das neugeborene Individuum Eigenständigkeit, denn es beginnt eigenständig zu atmen, die fundamentalste biologische Energieaufnahme. Dieser Moment ist bedeutsam. Er wird reflektiert durch das sich ewig wandelnde Kraftgefüge der jeweiligen Planetensituation, die sich niemals wiederholt und daher als kosmisches Muster einen einmaligen Weltaugenblick repräsentiert – in heiliger Allianz mit dem ersten Atemzug eines neugeborenen Menschen.

Mit dem Einatmen, sagen die Hatha-Yogis, werde die ganze Welt eingeatmet. Umso bedeutsamer wird es sein, wenn ein Kind zum ersten Mal die Welt einatmet. Dies ist der Moment, für den die Astrologie in Form des Geburtshoroskops eine Aussage macht. Diese Aussage ist interessant, weil sie besonders die individuellen Möglichkeiten zeigt, während die Biographie aus psychologischer Sicht mehr oder weniger eine Geschichte des Scheiterns an den individuellen Möglichkeiten zeigt.

In Folge werden nun die zwölf Tierkreiszeichen aufgelistet, stichwortartig ihre Eigenschaften genannt und die Verbindung zu den genannten Charaktertypen. Genannt werden die Haupttendenzen.

Vielleicht werden Sie jetzt sagen, prima, ich bin dieses oder jenes Tierkreiszeichen, fein, da gucke ich einfach nach und weiß genau, woran ich mit mir bin. So einfach ist es nicht. Wer mit der Sonne in der Jungfrau geboren ist, muss nicht notwendigerweise ein vom Archetypus der Jungfrau bestimmter Mensch sein. Wichtiger ist, welches der zwölf Tierkreiszeichen in Ihrem persönlichen Horoskop dominiert. Häufig ist es das Sonnenzeichen, aber bei weitem nicht immer.

Auch diese Liste kann wiederum nur oberflächliche Anhaltspunkte für individuelle Orientierung bieten und kann auch nur in diesem Sinne sinnvoll gelesen werden. Die Qualitäten in den Listen sind überwiegend männlichen Geschlechts, gelten aber für beide Geschlechter. Ich folge damit lediglich dem Sprachgebrauch, der zur einfachen Verständlichkeit der Inhalte auch nicht verändert wird.

Widder

Widder-Bild: Frühling, Geburt, Sonnenaufgang, mit dem Kopf durch die Wand.

Widder-Prinzip: Selbstbejahung mit dem ungestümen Willen zum Aufbruch, zum Neubeginn, zur Eroberung.

Archetyp des Widders: der Krieger, Pionier, Anführer, Heros, Eroberer, die Amazone, die Wilde Frau, das Stehaufmännchen.

Schatten des Widders: der Zerstörer, der Despot, der Egoist, der Autokrat, der Vergewaltiger.

Kraft des Widders: Geschwindigkeit und Wille.

Lebensstrategie des Widders: die Flucht nach vorn, der Überraschungssieg.

Lebensmotto des Widders: Ich kam, sah und siegte.

Temperament des Widders: cholerisch, aufbrausend.

Geschlechtliche Grundstruktur: männlich.

Qualität des Widders: aktiv initiativ.

Widder zugeordnete Körperregion: der Kopf.

Körpertyp: meistens athletisch.

Handelt: spontan, aus dem Impuls heraus, wagemutig, mit Elan, auch gedankenlos, verantwortungslos, rücksichtslos, brutal, egoistisch.

Denkt: kühn, ignoriert Erfahrungen anderer, bleibt uneinsichtig.

Fühlt: optimistisch, idealistisch, ungestüm.

Will: frei, autonom sein, erobern, Neues ausprobieren, unbedingt sein Ziel erreichen, denn es übt magische Anziehungskraft auf ihn aus.

Widder-Problematik: Als Eroberer setzen Widder auf Sieg, sind also auf die Zukunft ausgerichtet und blockieren durch Ungeduld ihre Präsenz in der Gegenwart, verhindern so Zärtlichkeit und Hingabe. Potenzstörungen und Frigidität sind nicht selten die Folge. Ihr starker Wille erzeugt ein ‹verkopftes› Dasein. Sie neigen zu Kopfschmerzen, Migräne, Schlafstörungen, Gesichtsneuralgien, auch Schlaganfällen.

Chance des Widders: im Glauben an die Entwicklungsfähigkeit des Menschen immer neue Möglichkeiten des Wachstums zu finden und sie als Befreier von alten Zwängen mit Hingabe in die Welt zu tragen.

Entsprechender Charaktertypus: der Hysteriker. Seltener rigide oder schizoide Persönlichkeiten. Neigt der ungestüme Impuls eines Widder-Geborenen zum Extrem, können zwanghafte Züge zur Verhaltensdämpfung auftreten.

Stier

Stier-Bild: eine saftige Wiese im Frühsommer, eine nährende Mutterkuh, Dagobert Duck auf seinem Geldberg.

Stier-Prinzip: passives Sich-Einverleiben-Wollen in Kombination mit der Absicht, allen Besitz zu hüten und zu vermehren und dabei Kräfte zu sammeln.

Archetyp des Stiers: der Ackerbauer.

Schatten des Stiers: der Bremser und Sturkopf, der Dulder und Aussitzer, der Besitzergreifende.

Kraft des Stiers: Gelassenheit und Zorn.

Lebensstrategie des Stiers: bewahren.

Lebensmotto des Stiers: Ich genieße, also bin ich.

Temperament des Stiers: melancholisch.

Geschlechtliche Grundstruktur: weiblich.

Qualität des Stiers: erhaltend.

Stier zugeordnete Körperregion: Mund, Speiseröhre, Hals, Nacken, Schultern.

Körpertyp: häufig kompakt bis übergewichtig.

Handelt: beharrlich, langsam, entschlossen, mit Nachdruck, aber auch genusssüchtig, phlegmatisch, faul.

Denkt: praktisch, aber auch schwerfällig, stur, phantasielos.

Fühlt: mit emotionaler Wärme, treu, aber auch besitzergreifend, eifersüchtig.

Will: seine Ruhe haben, Bewährtes bewahren.

Stier-Problematik: die Abwehr von beunruhigenden Neuerungen durch stures Sich-Abgrenzen, eine Haltung der Blockade, die zu Beschränktheit neigt und ängstlichem Festhalten-Wollen. Seine Halsstarrigkeit lässt ihn zu Verspannungen in dieser Körperzone neigen. Entgleitet ihm, woran er krampfhaft festzuhalten versucht, zum Beispiel die Erfüllung für ihn wichtiger oraler Genüsse, neigt er zu depressiven Verstimmungen mit gelegentlichen heftigen Wutausbrüchen, wo er rot sieht, wie ein Kampfstier in der Corrida.

Chance des Stieres: Wesensentfaltung im Vertrauen auf die natürliche Entwicklung alles Lebendigen.

Entsprechender Charaktertypus: die zwanghafte Persönlichkeit, aber auch der Depressive, seltener der Masochist.

Zwillinge

Zwillings-Bild: austreibende Pflanzen im Frühling, tanzende Schmetterlinge, Differenzierung, Tag und Nacht.

Zwillings-Prinzip: Bewegung.

Archetyp des Zwillings: der Intellektuelle, der Neugierige, der fahrende Händler.

Schatten des Zwillings: der Zweifler, der Zyniker, der Spötter, der Plagiator.

Kraft des Zwillings: Leichtigkeit, Vielseitigkeit und Kommunikation.

Lebensstrategie des Zwillings: die Entdeckung der Welt mit den Mitteln der Kommunikation.

Lebensmotto des Zwillings: Ich denke, also bin ich.

Temperament des Zwillings: sanguinisch.

Geschlechtliche Grundstruktur: männlich.

Qualität des Zwillings: beweglich in passivem Sinne.

Zwilling zugeordnete Körperregionen: Arme und Hände, Lunge, Bronchien, Schlüsselbeine.

Körpertyp: oft knabenhaft, schmal.

Handelt: pfiffig, schlau, überlegt, geplant, aber ohne großes Durchhaltevermögen.

Denkt: abstrakt, theoretisch, sachlich, kritisch, geistreich, aber tendenziell oberflächlich, intellektualisierend, eiskalt rational.

Fühlt: Heiterkeit, Neugier, Rastlosigkeit.

Will: mehr Wissen, die Welt durch Erklärungen verstehen.

Zwillings-Problematik: seine Neigung, sich nicht festzulegen, sondern sich wie mit dem Wind von einer Party zur nächsten treiben zu lassen, lässt ihn in den Dauerzustand hektischer Betriebsamkeit flüchten, eine nervöse Lebensführung, die Konzentration behindert und das Nervensystem überreizt. Somatisch drückt sich diese Reizung durch Erkrankungen der Luftwege aus.

Chance des Zwillings: Durch «das Kleinod der Unterscheidung» (Shankara) zur Wahrheit zu gelangen und Ausrichtung im Leben zu erhalten.

Entsprechender Charaktertypus: die schizoide Persönlichkeit, seltener der Hysteriker oder zwanghafte Zweifler.

Krebs

Krebs-Bild: Kindheit, Unschuld, die Empfängnis, der Fötus im Mutterleib.

Krebs-Prinzip: ein Schritt vorwärts, zwei zurück.

Archetyp des Krebses: die Mutter, der Romantiker.

Schatten des Krebses: das ewige Kind.

Kraft des Krebses: Empfindsamkeit und Hingabe.

Lebensstrategie des Krebses: Ich bin die Mutter der Langsamkeit.

Lebensmotto des Krebses: Ich fühle, also bin ich.

Temperament des Krebses: phlegmatisch.

Geschlechtliche Grundstruktur: weiblich.

Qualität des Krebses: aktiv initiativ

Krebs zugeordnete Körperregionen: Magen, die weibliche Brust.

Körpertyp: weichlich.

Handelt: unbewusst, instinktiv, emotional, sozial, zärtlich, aber auch zaghaft und schüchtern.

Denkt: kritisch, phantasiereich, gefühlvoll.

Fühlt: tief.

Will: geliebt werden und dabei geborgen sein.

Krebs-Problematik: Angst jeglicher Art. Vor allem Angst vor Zurückweisung und Liebesentzug. Aber auch Lampenfieber und die Angst vor Blamage. Nicht wenigen Krebsen schlägt das Leben auf den Magen. Sie neigen zu Magenverstimmungen, Magengeschwüren, auch zu Mager- oder Fettsucht.

Chance des Krebses: die Überwindung seiner Lebensängstlichkeit, um seinen tiefen Gefühlen Ausdruck zu verleihen.

Entsprechender Charaktertypus: die orale Persönlichkeit, auch die depressive, seltener die zwanghafte.

Löwe

Löwe-Bild: reife Früchte, Natur im Überfluss, der König der Savanne zeigt lässig gähnend seine Mähne.

Löwe-Prinzip: machtvoller emotionaler Ausdruck

Archetyp des Löwen: der König, der Souverän, der Rudel-Führer, der Platzhirsch.

Schatten des Löwen: der Größenwahnsinnige, der Angeber, das Großmaul, der Prahler, der Pascha, der autistische Autokrat.

Kraft des Löwen: Vitalenergie (die als unerschöpflich wahrgenommen wird) und Dominanz.

Lebensstrategie des Löwen: immer im Mittelpunkt sein.

Lebensmotto des Löwen: Ich bin das Maß aller Dinge.

Temperament des Löwen: cholerisch.

Geschlechtliche Grundstruktur: männlich.

Qualität des Löwen: erhaltend.

Löwen zugeordnete Körperregionen: Herz, Blutkreislauf, mittlere Wirbelsäule.

Körpertyp: meistens stämmig, Frauen neigen nicht selten zu Üppigkeit.

Handelt: ruhig, entschlossen, selbstsicher, aber auch narzisstisch, egoistisch, rücksichtslos.

Denkt: intuitiv, schöpferisch, aber auch oberflächlich und mit wenig Neigung zur Selbstkritik.

Fühlt: leidenschaftlich, herzlich, aber auch maßlos und empfindet Kritik als Majestätsbeleidigung.

Will: dominieren, bewundert werden.

Löwe-Problematik: Sein Hang zum überdimensionalen Lebensentwurf, zu Inszenierungen maßlosen und selbstherrlichen Narzissmus, seine Neigung, sich als grandioses Selbst zu begreifen, lassen ihn seine tatsächlichen Kräfte hemmungslos überschätzen und Raubbau an seiner Gesundheit betreiben. Löwen sind daher anfällig für Managerkrankheiten wie Herzinfarkt und Störungen des Kreislaufs. Die Erfahrung eigener Grenzen (zum Beispiel durch Krankheit) verwundet ihn tief.

Chance des Löwen: Wenn Selbstherrlichkeit in Vorbildlichkeit verwandelt wird, macht sich der Löwe-Typ zum natürlichen, vitalen und souveränen gesellschaftlichen Mittelpunkt.

Entsprechender Charaktertypus: der Rigide, aber auch schizoide und hysterische Persönlichkeiten.

Jungfrau

Bild der Jungfrau: die Früchte der Arbeit, Erntezeit.

Jungfrau-Prinzip: Ordnung.

Archetyp der Jungfrau: der Uhrmacher.

Schatten der Jungfrau: der Pedant.

Kraft der Jungfrau: Anpassung und Durchhaltevermögen.

Lebensstrategie der Jungfrau: Durch Genauigkeit entgeht mir nichts.

Lebensmotto der Jungfrau: Alles läuft hier nach meinen Regeln.

Temperament der Jungfrau: melancholisch.

Geschlechtliche Grundstruktur: weiblich.

Qualität der Jungfrau: beweglich in passivem Sinn.

Jungfrau zugeordnete Körperregion: der Verdauungstrakt, der Stoffwechsel, das Solarplexus-Chakra.

Körpertyp: tendenziell schmächtig.

Handelt: perfektionistisch und mit Fleiß.

Denkt: scharfsinnig, nüchtern, vorausschauend.

Will: durch reines Denken zu reinen Wahrheiten gelangen.

Jungfrau-Problematik: Die Absicht, das Leben idiotensicher zu machen, führt zu Kleinkrämerei, Langeweile und Freudlosigkeit, weil der jungfräuliche Ordnungssinn bestrebt ist, dem Moment jegliche Überraschung zu rauben. Jungfrauen bleiben oft in der Planung von Ereignissen stecken und verpassen so das eigentliche Ereignis. Das schlägt ihnen nicht selten auf den Darm, häufig als mangelnde Fähigkeit, Nahrung optimal zu verwerten, also kümmern sie dahin, psychisch so labil wie körperlich.

Chance der Jungfrau: durch scharfsinniges Handeln die Spreu vom Weizen zu trennen, das Wertvolle vom Wertlosen, das Nützliche vom Nutzlosen, das Gute vom nicht ganz so Guten – ohne sich in Pedanterie zu verlieren.

Entsprechender Charaktertypus: die zwanghafte Persönlichkeit, auch die masochistische oder die depressive, seltener die orale.

Waage

Waage-Bild: Sonnenuntergang, die Waage als Symbol des Ausgleichs zwischen einander widerstrebenden Kräften.

Waage-Prinzip: Harmonie.

Archetypen der Waage: der Künstler, der weise Richter, der Diplomat, der Berater.

Schatten der Waage: der Unentschlossene, der ewige Zauderer.

Kraft der Waage: Schönheit und Ausgleich.

Lebensstrategie der Waage: in heiterer Grundstimmung von Schönheit, Harmonie und den Verheißungen des Eros angerührt sein.

Lebensmotto der Waage: Ich bin in dieser Welt, um sie zu verschönern.

Temperament der Waage: sanguinisch.

Geschlechtliche Grundstruktur: männlich.

Qualität der Waage: aktiv initiativ.

Waage zugeordnete Körperregionen: Nieren, Blase, die Haut.

Körpertyp: feingliedrig und elastisch.

Handelt: stil- und taktvoll, diplomatisch, aber auch konfliktscheu und angepasst.

Denkt: bildlich, aber neigt dabei auch zu Oberflächlichkeit und Unentschiedenheit.

Fühlt: mit, auf sein Gegenüber ausgerichtet.

Will: ein Leben in Harmonie.

Waage-Problematik: Harmoniesucht kann Menschen dieses Typs zu gefälligen Ja-Sagern werden lassen, die Toleranz vorgeben, aber Unentschiedenheit, Bequemlichkeit und Oberflächlichkeit leben. In der Verflachung empfinden sie sich selbst schließlich als unschön, was als depressiver Impuls zu Verwahrlosung führen kann. Waagen haben eine besonders sensible Haut, die bei Zärtlichkeitsentzug zu allergischen Reaktionen neigt.

Chance der Waage: das Überwinden der Etikette, der Konvention und erstarrten Form zur kreativen Gestaltung des eigenen Lebens und Verschönerung der Umwelt.

Entsprechender Charaktertypus: depressive und orale Persönlichkeiten, seltener hysterische Persönlichkeiten mit zwanghaften Zügen oder zwanghafte Persönlichkeiten mit hysterischen Zügen.

Skorpion

Skorpion-Bild: Herbst. Bäume, die Laub abwerfen. Wandlung, die Absterben beinhaltet.

Skorpion-Prinzip: in die Tiefe gehen.

Archetyp des Skorpions: der Magier, die graue Eminenz.

Schatten des Skorpions: der Blut saugende Vampir, die dunkle Macht, Faust.

Kraft des Skorpions: Macht und Selbstüberwindung.

Lebensstrategie des Skorpions: distanzlose Bemächtigung als Folge des massiven Grundbedürfnisses, hinter die Dinge zu blicken, die Mechanik des Seins zu ergründen und dem Göttlichen auf die Spur zu kommen.

Lebensmotto des Skorpions: Ich bin, um der Welt ihr Geheimnis zu entreißen.

Temperament des Skorpions: phlegmatisch.

Geschlechtliche Grundstruktur: weiblich.

Qualität des Skorpions: erhaltend.

Skorpion zugeordnete Körperregionen: Sexualorgane, After, Prostata, Mastdarm, Keimdrüsen.

Körpertyp: häufig groß und kräftig.

Handelt: instinktsicher, ist dabei kompromisslos und zäh.

Denkt: tiefgründig und analytisch mit einem Hang zu Rechthaberei und Fanatismus.

Fühlt: leidenschaftlich und intensiv, aber auch rachsüchtig, eifersüchtig und zerstörerisch.

Will: das Wesen der Welt durchdringen, aber auch Menschen beherrschen.

Skorpion-Problematik: Der Drang, andere von sich abhängig zu machen, lässt ihn in extremen Fällen auch vor schwarzmagischen Mitteln und Missbrauch nicht zurückschrecken. Durch starke sexuelle Triebe gesteuert, neigt er dazu, vor seinem Schatten zu kapitulieren. Als Folge von Selbsthass und Triebunterdrückung kommt es nicht selten zu Störungen im Genitalbereich.

Chance des Skorpions: seinen Stachel auf heilsame Weise in die Wunden anderer zu legen und dadurch tiefe Genesungsprozesse zu initiieren.

Entsprechender Charaktertypus: die masochistische Persönlichkeit, auch der zwanghafte oder orale Typus.

Schütze

Schütze-Bild: das Streben nach Höherem, symbolisiert durch den Pfeil des Schützen, der gen Himmel zielt.
Schütze-Prinzip: Hoffnung und Erweiterung.
Archetyp des Schützen: der weltoffene Mensch, auch der Missionar, der Evangelist, der Hohepriester, der Seher, der Prophet.
Schatten des Schützen: der Pharisäer, der haltlose Schwärmer.
Kraft des Schützen: Glaube und Intuition.
Lebensstrategie des Schützen: über menschliche Triebe hinauszustreben und in der Ausrichtung auf hohe, übermenschliche Ideale zum erhabenen Partner Gottes zu werden.
Lebensmotto des Schützen: Ich schöpfe Sinn.
Temperament des Schützen: cholerisch.
Geschlechtliche Grundstruktur: männlich.
Qualität des Schützen: beweglich in passivem Sinne.
Schützen zugeordnete Körperregionen: Hüften, Schenkel, Leber, Galle.
Körpertyp: meistens stämmig, auch athletisch.
Handelt: souverän, mit Würde, nach edlen Überzeugungen, aber auch auf Äußerlichkeiten bedacht, neigt dabei zu Angeberei.
Denkt: weit, neigt aber zu Blasiertheit.
Fühlt: sich zu Hohem berufen, aber auch Angst vor Blamage.
Will: Wegweiser für andere Menschen sein.
Schütze-Problematik: Wird dem Schatten dieses Zeichens Raum gegeben, neigt dieser Mensch zu Hochstapelei und mutiert zum Blender, der sich falsche Orden an die Brust heftet, um nur ir-

gendwie erhoben dazustehen. Bekleidet sich gern mit dem Nimbus der Unfehlbarkeit. Aber Hochmut und Hochstapelei überfordern ihn. Die Lücke zwischen Wirklichkeit und Phantasie-Ich wächst und kostet Kraft. Daher häufig Nervenzusammenbrüche. Auch Rheuma und Probleme mit dem Ischias.

Chance des Schützen: sein inneres Wissen von der Anwesenheit Gottes in Demut in die Welt zu tragen.

Entsprechender Charaktertypus: die hysterische Persönlichkeit, auch der rigide Typus.

Steinbock

Steinbock-Bild: Wintersonnenwende, das Ende der Dunkelheit, Licht am Ende des Tunnels, der heilige Christophorus, der Jesus durch die Fluten trägt.

Steinbock-Prinzip: Beharrlichkeit.

Archetyp des Steinbocks: der Patriarch, der König als Diener des Volkes, auch der Eremit.

Schatten des Steinbocks: der Miesepeter.

Kraft des Steinbocks: Durchhaltevermögen.

Lebensstrategie des Steinbocks: beharrliche Arbeit am großen Werk.

Lebensmotto des Steinbocks: Ich vollende, was ich begonnen habe.

Temperament des Steinbocks: melancholisch.

Geschlechtliche Grundstruktur: weiblich.

Qualität des Steinbocks: aktiv initiativ.

Steinbock zugeordnete Körperregionen: Knochen, Gelenke, Knie, Nägel.

Körpertyp: überwiegend hager.

Handelt: verantwortungsvoll, fleißig, beharrlich, tatkräftig, realitätsbezogen, aber auch lustlos, ruppig, rücksichtslos.

Denkt: präzise, konzentriert, aber auch voreingenommen und schwerfällig.

Fühlt: ernsthaft, treu, zuverlässig, aber auch eiskalt, unbarmherzig.

Will: beenden und vollenden.

Steinbock-Problematik: Seine Unfähigkeit, sich mit Halbheiten zufrieden zu geben, gipfelt in einem Hang zum Monumentalen. Die Ausrichtung auf ein gewaltiges Werk lässt ihn mit wachsender Verbissenheit daran arbeiten. In seiner finsteren Entschlossenheit verliert er die Freude an seinem Werk und spürt nur noch die Verpflichtung, es zu Ende zu bringen. Schleicht sich ein zwanghafter Zug in sein Leben, droht er daran zu zerbrechen und geht in die Knie. Er neigt zu Gelenkkrankheiten in den unteren Extremitäten, auch zu Managerkrankheiten.

Chance des Steinbocks: als großer Macher sein wichtiges Werk zum Wohle anderer zu einem guten Ausgang zu bringen.

Entsprechender Charaktertypus: die rigide Persönlichkeit, auch die depressive.

Wassermann

Wassermann-Bild: der Hofnarr, der den Herrschenden einen Spiegel vorhält. Die Ruhe vor Gewitter und Sturm.

Wassermann-Prinzip: die Umwälzung der Werte, Rebellion, Revolution.

Archetyp des Wassermannes: der Exzentriker, der Individualist.

Schatten des Wassermannes: der einsame Sonderling, der Schnösel, der Hochnäsige.

Kraft des Wassermannes: Originalität und Intelligenz.

Lebensstrategie des Wassermannes: in einem Zustand der Gelassenheit, Heiterkeit und Souveränität über sozialen Bindungen und allen Anhaftungen des Lebens zu stehen.

Lebensmotto des Wassermannes: Ich bin auserwählt, zu etwas ganz Besonderem auserwählt. Wer das nicht sieht, den sehe ich auch nicht.

Temperament des Wassermannes: sanguinisch.

Geschlechtliche Grundstruktur: männlich.

Qualität des Wassermannes: erhaltend.

Wassermann zugeordnete Körperregionen: Unterschenkel, Bauchspeicheldrüse.

Körpertyp: oft schmal mit der Neigung zum Bauchansatz.

Handelt: unabhängig, klug, ausdauernd, aber auch unberechenbar und radikal.

Denkt: kühn, brillant, witzig, genial, aber auch skurril, abgehoben, verrückt.

Fühlt: unverbindlich, fair, aber auch distanziert, unpersönlich und kalt.

Will: alte Denkgebäude einreißen und neue errichten, eine bessere Welt, Utopia.

Wassermann-Problematik: Mit seinem Hang, sich in seiner eigenen Genialität zu sonnen, neigt er dazu zu vergessen, diese auch unter Beweis zu stellen. Aus Angst vor Blamage flüchtet er in Snobismus und wunderliche Exklusivität – und verliert zunehmend den Kontakt zur Umwelt. Wird zum verzweifelten Einzelgänger, den die Last seiner Einmaligkeit zu erdrücken droht. Somatisch neigt er zu Durchblutungsstörungen.

Chance des Wassermannes: die Überwindung des erstarrten Alten mit liebevollen Mitteln und im Bewusstsein seiner exklusiven Bedeutung für die Gemeinschaft zu ihrem Wasserträger zu werden. Denn dieser ist dazu auserwählt, in die Wüste hinauszugehen und das Wasser des Lebens zu finden.

Entsprechender Charaktertypus: die schizoide Persönlichkeit mit hysterischen Anteilen.

Fische

Fische-Bild: das Meer als Sinnbild der unendlich weiten Seele, das Licht der Erleuchtung.
Fische-Prinzip: Auflösung.
Archetyp des Fisches: der Mystiker, das Medium, der Seher, auch der barmherzige Samariter.
Schatten des Fisches: der Süchtige.
Kraft des Fisches: Inspiration und Anteilnahme.
Lebensstrategie des Fisches: im Fluss zu sein, Schwimmer in den unendlichen Fluten der Welt, um den mystischen Zustand der Allverbundenheit zu erreichen.
Lebensmotto des Fisches: Ich leide, also bin ich.
Temperament des Fisches: phlegmatisch.
Geschlechtliche Grundstruktur: weiblich.
Qualität des Fisches: beweglich in passivem Sinne.
Fisch zugeordnete Körperregionen: Füße und Knöchel.
Körpertyp: unbestimmt.
Handelt: aufopfernd, uneigennützig, altruistisch, aber auch haltlos, fremdbestimmt.
Denkt: intuitiv, aber auch unaufrichtig und versponnen.
Fühlt: fein, gefühlvoll, selbstlos, hingebungsvoll, aber auch mimosenhaft, leicht verletzlich, eine tief sitzende Todessehnsucht.
Will: die Welt in der liebevollen Verschmelzung erfahren.
Fische-Problematik: Höchste Empfindsamkeit kann zu einem Zustand dauernden Leidens führen, ja, zu einer märtyrerhaften Identifikation mit Leid und dem lustvollen, masochistischen

Auskosten von emotionalen, sogar körperlichen Schmerzen. Fische-Menschen sind so dünnhäutig, dass sie schmerzhafte Erfahrungen kaum vermeiden und sogar süchtig danach werden können. Damit sind Drogen-Karrieren ebenso wahrscheinlich wie zwanghaftes sexuelles Verhalten und eine ständige latente Todessehnsucht. Somatisch reagieren sie mit sämtlichen Organen.

Chance des Fisches: Überwindung der eigenen Grenzen und die Erfahrung des Heiligen bis hin zur Erleuchtung.

Entsprechender Charaktertypus: die masochistische Persönlichkeit, häufig mit zwanghaften, depressiven und/oder oralen Anteilen.

71. Kapitel ***Spirituelle Psychologie, Teil 6: Angewandte Typenlehre***

Wie schon an anderer Stelle gesagt: Die sieben Charaktertypen treten als Mischformen auf. Überraschend häufig in folgender Kombination: Schizoid und hysterisch, schizoid und rigide, depressiv und zwanghaft, masochistisch und zwanghaft, oral und zwanghaft. In diesem Sinne ist jeder Mensch eine Symphonie mit vielen Stimmen, die seinen Ängsten Ausdruck verleihen. Eine davon ist immer die lauteste. Und es gibt auch immer eine zweite Stimme, die unüberhörbar ist. Diese beiden Stimmen sind die zwei hervorstechendsten Charakteraspekte eines jeden Individuums. Natürlich gibt es schizoide Persönlichkeiten mit einer depressiven Melodie, zwanghafte Menschen mit einem hysterischen Lebensrhythmus und rigide Menschen mit einem oralen Unterton.

Um als Geistiger Heiler mit dieser Typologie praktisch arbeiten zu können, ist ein weiterer Schritt hilfreich. Die Vorstellung nämlich, dass jeder Mensch seine größten Ängste nicht nur unterdrückt und damit aus dem Bewusstsein verbannt, sondern auch vom eigenen Ich abspaltet und abkapselt. Durch diese Abspaltung und Abkapselung werden aus den Kardinal-Ängsten psychoenergetische Wesen, die sich wie eine Art Homunculus (lat: Menschlein) parasitär in unserer Aura einnisten.

Ich weiß, das klingt etwas an den Haaren herbeigezogen. Man fragt sich unweigerlich, wie ein immaterielles Phänomen eine Wesenheit annehmen kann, die dazu auch noch mit so etwas wie einer eigenständigen Individualität auftritt.

Der Arzt Reimar Banis hat sich mit diesem Phänomen befasst und ist zu folgendem Ergebnis gekommen: Ebenso wie das Licht als Welle und Korpuskel zu beschreiben ist, sind menschliche Kardinalängste als immaterielle Phänomene beobachtbar und als feinstoffliche Wesenheiten in der Aura. Dies deckt sich mit meinen Erfahrungen.

Das Wissen um diese Wesenheiten ist uralt. Schamanen und Zauberpriester nennen sie böse Geister und Dämonen und befreien die von ihnen besetzten Menschen mit besonderen Ritualen.

Um die aus den Ängsten geborenen Geister und Dämonen vertreiben zu können, ist es für einen Heiler hilfreich zu wissen, um welche es sich dabei handelt.

Für den schizoiden Typ ist das der Dämon der Kontrolle. Er nistet überwiegend im Brustbereich und ernährt sich meistens von zwei der sieben Todsünden Stolz, Habsucht, Wollust, Neid, Völlerei, Zorn, Trägheit, nämlich dem Stolz und der Habsucht (häufig in der Mischform der Rechthaberei).

Für den depressiven Typ ist es der böse Geist der Selbstverachtung, der ihm häufig im Nacken sitzt. Dieser Geist nährt sich in der Regel von Habsucht und Trägheit.

Für den zwanghaften Typ ist es der böse Geist der Blockade. Er nistet nicht selten im Unterleib und nährt sich oft von Neid und Zorn.

Für den oralen Typ ist es der böse Geist des Mangels. Er nistet nicht selten im Hinterkopf, auch im Brustbereich, und nährt sich häufig von Neid und Trägheit.

Für den hysterischen Typ ist es der Dämon des Wahnsinns. Er hält sich überwiegend in der Stirn auf und nährt sich im Wesentlichen von Wollust und Völlerei.

Für den masochistischen Typ ist es der Dämon des Hasses. Er nistet meistens im Herzen und nährt sich überwiegend von Wollust, Neid, Völlerei und Zorn.

Für den rigiden Typ ist es der böse Geist der Überheblichkeit. Er nistet im Rücken und nährt sich von Stolz und Neid.

Da Menschen wesentlich von zwei Melodien bestimmt werden, vergleichbar dem Sternzeichen und Aszendenten in der Astrologie, werden sie häufig auch von zwei Dämonen heimgesucht. Manchmal tritt der zweite erst in Erscheinung, wenn der erste besiegt ist. Meistens aber wird der zweite Dämon mit dem ersten gleich mitbesiegt.

Der Grund: Mit dem Verschwinden des größten Dämons und finstersten Geistes, der einen Menschen besetzt hält, wird seine Aura gereinigt und verfeinert. Und das in einem Maße, welches das Anhaften des zweiten Dämons erschwert, wenn nicht unmöglich macht.

Die Erlösung von seinen Dämonen bringt dem Menschen die Befreiung von seinen größten Ängsten, mindestens teilweisen Sieg über seine ärgsten Sünden und spirituelles Wachstum.

Um einen Menschen von seinen Dämonen und bösen Geistern zu erlösen, muss ein Heiler sie nicht unmittelbar «sehen» können. Es reicht, sie als Wesenheiten zu erkennen, damit sie vertrieben werden können.

Einmal erkannt, gleich gebannt, heißt es, und das ist in diesem Sinne auch richtig. Allerdings ist mit dem «Erkennen» das tiefe Erfassen eines Wesens gemeint und mit «bannen» ein tatsächlich aktives Verbannen aus der Aura der jeweiligen Person.

Wenn Sie, liebe Leserin, lieber Leser, sich damit befassen wollen, so sind Sie herzlich eingeladen. Sie können dabei nichts falsch machen. Im ungünstigsten Fall bleibt Ihre Intervention einfach wirkungslos.

Wenn Sie mit einem besonders fähigen Geistführer arbeiten, lassen Sie ihn intervenieren. Dazu legen Sie den «befallenen» Patienten am besten hin, setzen sich zu seiner rechten Seite, nehmen Kontakt mit Ihrem Geistführer auf und bitten ihn um Vertreibung der Dämonen. Dafür legen Sie wie schon beschrieben Ihre Hände auf das Herz- und Solarplexus-Chakra des Patienten, damit Ihr Geistiger Führer durch sie arbeiten kann. Ist diese Arbeit von Erfolg gekrönt, spürt der Patient ausnahmslos eine sofortige Erleichterung. Die Erleichterung ist ein untrügliches Zeichen einer erfolgreichen Vertreibung.

Wenn Sie, wie ich auch, die Arbeit mit den göttlichen Wesen der Transformationsebene vorziehen, so gehen Sie vor, wie Sie es bereits gelernt haben. Nehmen Sie Kontakt zur Transformationsebene auf, empfangen Sie dort die Heilenergie und richten Sie diese wie einen Laser auf den Dämon im Patienten. Sollten Sie den bösen Geist nicht sehen, visualisieren Sie ihn und stellen Sie sich vor, dass er von Ihrem «Heil-Laser» erfasst wird und über den Patienten hinaus ins göttliche Licht schwebt, um dort in etwas Gutes verwandelt zu werden. Das ist das Beste, was Sie tun können. Dabei wird der Patient eine augenblickliche Erleichterung spüren.

72. Kapitel **Spirituelle Psychologie, Teil 7: Weitere Besetzungen und das so genannte Böse**

Neben den aus eigenen Ängsten geborenen Geistern und Dämonen gibt es die Möglichkeit der Fremdbesetzung. Sie wird genauso behandelt wie zuvor beschrieben: mit einem gerichteten Strahl göttlichen Lichts. Das Thema der Besetzung ist schwierig, weil es sehr schnell massive Ängste weckt, während ihm gleichzeitig der Ruch des Hokuspokus anhaftet. Ja, diesem Thema haftet extrem etwas Dubioses an. Kein Wunder, dass auch mir die Sache stinkt. Sie stinkt nach negativen Mythen, die sich publikumsfesselnd verfilmen lassen. Sie stinkt nach Angstmacherei und gerissenen Priestern, die Kapital daraus schlagen. Dennoch sind Besetzungen nach meiner Erfahrung sehr real.

Vor allem Sucht-Persönlichkeiten haben nach ihrem physischen Tod große Schwierigkeiten, sich von dieser Welt zu lösen, und finden den Weg nicht in die Sphäre körperlosen Seins, wo sie eine erneute Inkarnation wählen können oder die Befreiung aus dem so genannten Rad der Wiedergeburt. Also geistern sie weiter durch die irdische Welt. Das ist komfortabler in einem physischen Körper. Da sie einen eigenen nur auf dem Wege der Wiedergeburt erhalten können, hängen sie sich an Menschen, manchmal angeblich auch an Tiere.

Diese Schmarotzer kosten Kraft, ihre parasitäre Existenz kann Menschen an den Rand des Zusammenbruchs bringen, in die Depression treiben und andere Formen der psychischen Umnachtung. Nahezu alle Besetzungen erfolgen durch alte Bekannte, verstorbene Familienmitglieder oder engste Freunde, denn der spätere Wirt muss auf der Seelenebene sein Einverständnis für die Besetzung geben. Dies geschieht durch das Gefühl der Schuld: eine offene Rechnung, eine Verpflichtung, die eingelöst werden will.

Nach meiner Kenntnis erfolgt eine Besetzung nie durch einen Unbekannten. Wenn auf geistiger Ebene kein Wiedererkennen erfolgt, bleibt der Zutritt verwehrt. Dafür sprechen auch rationale Gründe. Die Welt ist voller verirrter Geister. Wenn die an die Tür eines jeden biologischen Seelentempels klopfen könnten, um sofort eingelassen zu werden, würden wahrscheinlich viele Menschen unter der Last mehrfacher Besetzungen durchs Leben krauchen. Das ist nicht der Fall, also eine erleichternde Nachricht.

Gleichfalls erleichternd ist die Tatsache, dass sich Besetzungen leichter auflösen lassen, als jetzt wahrscheinlich vermutet wird. Das Verfahren ist das gleiche wie bei Angstbesetzungen, muss also nicht noch einmal beschrieben werden.

Bleibt die Frage, ob eine Besetzung grundsätzlich ein Übergriff durch das Prinzip des Bösen ist, etwas dem Wesen nach Teuflisches, welches einen Christenmenschen heimsuchen und diabolisch terrorisieren kann – wie viele katholische Priester behaupten, die ja kraft ihres Amtes zum Exorzismus berechtigt sind, also der Teufelsaustreibung.

Unter Esoterikern ist inzwischen die Auffassung verbreitet, mit dem Bösen verhalte es sich wie mit der Dunkelheit. Licht vertreibe jede Finsternis, während Finsternis sich aber nicht ins Licht ausdehnen kann. Oder hat schon mal jemand gesehen, wie die Dunkelheit aus einem dunklen Haus in den Vorgarten dunkelt und die Sonne verschattet? Weswegen Dunkelheit auch nur die Abwesenheit von Licht ist, aber keine physikalische Kraft wie das Licht. Das Gleiche wird vom Bösen angenommen. Wie die Dunkelheit sei es in Wahrheit nicht existent, eine Illusion, weil das Licht des Guten in der dualen Welt einen Gegensatz braucht, um überhaupt als das Prinzip des Guten wahrnehmbar zu sein. Kurz: Das Böse ist die illusorische Abtrennung vom Guten, also die Spaltung der Einheit.

An anderer Stelle ist dieses Prinzip der Spaltung schon einmal ausführlich erwähnt.

Der mediale Heiler Harald Wessbecher verblüffte mich kürzlich mit einer weiteren, sehr bildlichen Darstellung des Prinzips des Bösen. Die bezieht sich der Einfachheit halber nur auf den Menschen, auch wenn er nicht das einzige mit Intelligenz ausgestattete Lebewesen ist. Jeder Mensch wird aus der göttlichen Verbindung geboren. Zeichen und Beweis seiner göttlichen Herkunft ist seine Schöpferkraft, die er frei einsetzen kann. Eine unvorstellbar starke kreative Urkraft zur Gestaltung seines Lebens. Er kann diese Kraft im Bewusstsein ihrer göttlichen Herkunft einsetzen, und sie wird ihm nie erlahmen, denn Gott ist unerschöpflich, also auch seine Schöpferkraft, die er uns für die Meisterung unseres Lebens gibt. So stark ist diese göttliche Kreativ-Kraft, dass sich Menschen einbilden, es sei ihre eigene, und sich in dieser Einbildung als eigene Götter fühlen. Die Einbildung, sein eigener Gott zu sein, mit einer ganz eigenen individuellen Schöpferkraft, ist wie ein Schatten, der sich über den jeweiligen Menschen legt und seine Seele verdunkelt. Zunächst wächst die Einbildung und wird zum Wahn der unbegrenzten Eigenmacht. So grenzt sich dieser Mensch von Gott ab und verliert den Zugang zur Quelle, damit schwindet auch seine Schöpferkraft. Als Schattenmensch verliert er Energie und klammert sich umso stärker an seinen Wahn der Eigenmacht und hofft, dass er daraus Kraft gewinnt. Aber das gelingt ihm nicht. Also sucht er sich Menschen, die den Zugang zur Quelle haben, weil er von ihnen Energie saugen will. Je mehr er ihnen einreden kann, ihre göttliche Kraft sei in Wahrheit Eigenmacht, umso mehr Energie kann er von ihnen absaugen. So wächst das Heer der Schattenmenschen. Wenn ihre Zapfsäulen knapp werden, führen sie sogar Kriege. Der Wahn der Eigenmacht ist das Prinzip des Bösen in der

Welt. Wird der Wahn beendet, schwindet das Böse wie die Dunkelheit, die vor dem Licht zurückweicht, weil das Licht eben stärker ist als jede Dunkelheit.

Diese Darstellung kann man als naiv bezeichnen. Richtig ist wohl, dass alle Menschen einen Schatten haben. Bei einigen ist der im Laufe ihres Lebens so groß geworden, dass er das göttliche Licht verdunkelt, bis es ihnen selbst fremd wird, ja, bedrohlich. Sterben diese Menschen, finden sie den Weg zur Quelle nicht. Aus Angst, aus Unkenntnis. Und sie irren als so genannte Astralwesen auf der Erde herum. Bis sie einen passenden Wirt finden, dem sie sich an die Brust oder wohin auch immer werfen können. Als Besetzer eines fremden Seelenhauses, der energetisch mit durchgefüttert werden will.

73. Kapitel ***Spirituelle Psychologie, Teil 8:*** ***Wie sich Ängste bei der Behandlung auflösen lassen***

Geistiges Heilen übersteigt die Dimensionen einer Psychotherapie, denn es widmet sich dem Urgrund jeder Störung. Schwer psychisch gestörte und traumatisierte Menschen bleiben jedoch ohne psychotherapeutische Begleitung häufig unzugänglich für die Arbeit eines Geistigen Heilers. Überlassen Sie die Psychotherapie erfahrenen Therapeuten, und behandeln Sie Patienten in solchen Fällen in gegenseitiger Absprache. Auf diesem Wege können große Erfolge erzielt werden.

Ebenso hilfreich wie anatomisches Wissen ist die Kenntnis von Psychodynamiken. Vor allem deshalb habe ich die oben dargestellten Typologien in dieses Buch mit aufgenommen. Mit psychischen

Problematiken wird man als Heiler konfrontiert. Es ist hilfreich, darauf vorbereitet zu sein. Allein schon deshalb, weil Heiler auch Ängste haben und in den Typen-Kanon gehören. Werden die womöglich versteckten Ängste eines Heilers durch die offenen Ängste eines Patienten aktiviert, kann das für Verwirrung sorgen.

In so einem Fall ist die wirkungsvollste Hilfe, die ich kenne, eine möglichst genaue Beobachtung der eigenen Angstreaktion, begleitet von der Fragestellung: Wodurch wird meine Angst in diesem Moment ausgelöst? Und worauf begründet sich meine Angst in Wahrheit? Kinder können von ihren Ängsten überwältigt werden, weil sie zu diesen Fragen noch nicht in der Lage sind. Erwachsene lindern die Angst, indem sie zu ihrer Ursache vordringen. In beängstigenden Situationen wird das immer wieder auch von Heilern gefordert sein. Sowie Sie diesen Schritt unternehmen, sind Sie zu einem heilsamen und die Angst auflösenden weiteren in der Lage: der Kontaktaufnahme mit den Heiligen in der Weise, wie ich das in den vorangegangenen Kapiteln beschrieben habe. Denn: Angst ist das Gegenteil von Liebe. Sowie Sie sich der Liebe nähern, muss die Angst verblassen. In der Liebe, also in der Einheit gibt es keine Angst.

Um bei Patienten möglichst wenige Ängste hervorzurufen, erkläre ich ihnen den Urgrund jeglicher Angst und weise sie darauf hin, dass Geistiges Heilen immer auch die Trennung von Gott aufhebt und damit auch Ängste auflöst. Vielleicht nicht sofort, aber der Prozess der Vereinigung mit dem Göttlichen, dem transpersonalen Aspekt des Seins führt auf einen sicheren Weg.

Oft werde ich dann gefragt, ob bei der energetischen Behandlung beklemmende Gefühle auftreten können. Und: Was dabei überhaupt zu spüren ist?

Gute Frage. Dafür habe ich leider nur eine sehr nebulöse Antwort. Die lautet: Vielleicht wenig, vielleicht sehr viel, das kommt auf Sie selbst an. Wenn Sie gelernt haben, feinstoffliche Energien zu spüren, werden Sie deren Fluss wahrscheinlich auch bei der Behandlung spüren. Wenn Sie damit nicht vertraut sind, werden Sie den Energiestrom vermutlich dennoch wahrnehmen. Wenn nicht, machen Sie sich keine Gedanken, die Heilenergie arbeitet in Ihnen. Und wirkt. Für die Wirksamkeit ist es ohne Bedeutung, ob Sie die Energie spüren oder nicht. Wenn Sie akute Schmerzen haben, werden Sie wahrscheinlich noch während der Behandlung Linderung erfahren oder direkt im Anschluss. Wenn Sie unter mentaler Verwirrung leiden, erlangen Sie vermutlich noch während der Behandlung Klarheit. Eine deutliche Besserung tritt in der Regel während der kommenden drei Tage ein. Garantieren kann ich das nicht.

Nächste Frage: Wie viele Behandlungen werde ich brauchen?

Antwort: Hoffentlich nur eine.

Letzte Frage: Was kann ich tun, wenn ich während der Behandlung plötzlich Angst bekomme?

Antwort: Ruhig atmen und auf meine Stimme hören. Die wird Sie leiten und nicht allein lassen.

Das hilft, um Ängste zu lindern. Vergessen Sie niemals: Angst ist das Gegenteil von Liebe. In der Liebe findet sich keine Angst.

74. Kapitel **_Fernheilung und wie sie funktioniert_**

«Hallo, können Sie mich bitte durchs Telefon behandeln, ich habe solche Kopfschmerzen.»

Das ist Frederike P., 41 Jahre alt, Krankengymnastin. Sie kam fünfmal wegen chronischer Erschöpfung und Schlafstörungen zur

Behandlung. Sie hat eine achtjährige Tochter, mit der sie allein lebt. Für den gemeinsamen Lebensunterhalt zu sorgen überfordert sie.

Nach den Behandlungen besserte sich ihr Zustand. Sie liegt nun seltener wach und fühlt sich auch nicht mehr ganz so schwach, krankt allerdings immer noch an einer tiefen Verbitterung über ihre Lebenssituation. Die Koordination von Arbeit und Kind bedeutet Stress. Erst hetzte sie morgens zum Kindergarten, dann zur Arbeit, dann mittags wieder zum Kindergarten, dann zurück zur Arbeit, diesmal mit Kind. Mit der Einschulung ihrer Tochter hetzte sie morgens zur Schule, die noch weiter entfernt war, damit wuchs auch der Stress. Allein erziehend, ohne den Vater des Kindes, das hatte sie sich so nicht vorgestellt. Immer wieder hadert sie mit den jetzigen Umständen ihres Daseins, würde ihnen gern entfliehen, aber verurteilt sich gleichzeitig dafür, nur daran zu denken.

Ich kenne Frederike jetzt seit etwas über einem Jahr. Manchmal ruft sie mich an, nur um zu reden. Dann erzählt sie von ihrer Arbeit, den Fortschritten ihrer Tochter in der Schule und einem neuen Film im Kino, den sie sich angeschaut hat, als ihre Mutter zum Tochterhüten da war. Meistens aber ruft sie mich an, weil sie eine Behandlung wünscht. Der Weg zu mir ist ihr zu weit, seit sie erfahren hat, dass ich auch per Telefon tätig werde.

«Wie ist das möglich?», hatte sie mich damals gefragt.

«Stellen Sie sich das wie ein gemeinsames Gebet vor», erwiderte ich. «Die Schöpfung ist ein einziges großes Gewebe, dessen eigentliche Substanz die Liebe ist. Sie heilt alles, unabhängig von meiner Person. Wenn mich jemand anruft und wegen einer Krankheit um Hilfe bittet, dann begebe ich mich in einen Zustand der Trance und wende mich an Gott und die Heiligen. Diese Hinwendung ist meine Art des Betens. Dadurch wird eine unsichtbare energetische Leitung zwischen dem jeweiligen Anrufer und der Geistigen

Welt gelegt. Ich bin nur derjenige, der dafür sorgt, dass die Verbindung zustande kommt. Um diesen Prozess in Gang zu setzen, brauche ich nicht mal das Telefon. Mit Telefon ist es nur einfacher als ohne.»

Die Vorstellung von unsichtbaren Leitungen muss ihr irgendwie gefallen haben. Jedenfalls fühlte sie sich gerade wieder etwas schlapp und wünschte nun, dass ich sie per Telefon gesundbete und sie energetisch aufgepeppt wird. Ein Grund, weswegen vergleichsweise viele Menschen anrufen.

«Kein Problem», entgegnete ich, empfahl ihr, sich in eine bequeme Haltung zu begeben, liegend oder sitzend, wie sie es bevorzuge, dann einige Male ruhig aus- und einzuatmen, die Augen zu schließen und mir zu sagen, wenn sie für alles Weitere bereit sei.

«Okay», hörte ich sie kurz darauf leise sagen, woraufhin ich mit der Harmonisierung der Chakren begann. Zu Anfang habe ich die Person am anderen Ende der Leitung dazu bewusst visualisiert. Inzwischen steigt häufig, allerdings nicht immer, ein Bild in mir hoch. Dann sehe ich plötzlich die Person. Manchmal gelingt das auch bei einem Menschen, den ich noch nie zuvor gesehen habe. Ich sehe sein Gesicht, seine Kleidung, den Ort, wo er sich gerade aufhält. Einmal habe ich mit einer älteren Frau telefoniert, die im Bademantel auf einer Couch in einem ziemlich verwahrlosten Zimmer lag und ihr nach der Behandlung gesagt, dass es ihr geistige Klarheit brächte, wenn sie ihr Zimmer aufräumen würde, woraufhin sie einen kleinen Schreck bekam und sich entschuldigte, was mir wiederum peinlich war.

Sowie ich die jeweilige Person sehe, halte ich meinen inneren Monolog an und harmonisiere deren Chakren über die Entfernung. Dabei verfahre ich genau so, wie ich es im 31. Kapitel von Teil C ausführlich beschrieben habe. Dann dehne ich mich in die Transformationsebene aus wie im 33. und 34. Kapitel von Teil C dargestellt.

Aus irgendeinem mir bisher unbekannten Grund ist die Energie, welche mir für Fernbehandlungen zur Verfügung gestellt wird, rotgolden. Die Formulierung ‹zu meiner Verfügung› ist allerdings etwas irreführend und wahrscheinlich eine Anmaßung, denn sie wird vielmehr dem Klienten am anderen Ende der Leitung zugeführt.

Stellen Sie sich vor, Sie sitzen am Computer und dirigieren per Internet und Maus eine Webcam in einer anderen Stadt. Es ist dunkel, damit Sie etwas sehen, brauchen Sie Licht. Auch das steht Ihnen zur Verfügung in Gestalt eines Suchscheinwerfers auf der Spitze eines sehr hohen Turms, des höchsten in der Stadt. Sie wollen einen bestimmten Platz ausleuchten und filmen. Wie weit Sie von der Stadt entfernt sind, spielt keine Rolle. Sie könnten auch Astronaut sein und auf dem Weg zum Mond. Solange Sie einen Computer haben und mit dem Internet verbunden sind, wird es Ihnen gelingen, den Suchscheinwerfer und die Kamera zu dirigieren. Exakt in die richtige Position auf den Platz Ihrer Wahl gerichtet.

So ähnlich funktioniert Fernheilung. Wenn Sie per Telefon mit der zu behandelnden Person verbunden sind, haben Sie allein durch diese Verbindung eine gegenseitige mentale Ausrichtung aufeinander, die über elektrische Impulse und Funkwellen in der materiellen Welt signalisiert wird. Denn als spirituelle Wesen sind wir gleichzeitig in Kontakt mit der Matrix, jenem uferlosen Energiefeld, das Menschen mit Menschen, Tieren und allen weiteren Objekten der sinnlichen Wahrnehmung auf übersinnliche Weise verbindet (siehe auch Teil C, 38. Kapitel).

Geistheiler sind sich dieser Verbindung bewusst. Phänomene der materiellen Welt wie zum Beispiel Distanz gibt es nicht in der Matrix. Ihr Energiegewebe kennt kein Hier und Dort. Im Sinne der Matrix kann mir also ein in der materiellen Welt weit, sehr weit entfernter Mensch sehr nah sein. Sofern ich ihn kenne. Das ist die einzige Grundbedingung. Allerdings ist mit «kennen» nicht das biblische «erkennen» gemeint, also die vollständige Wahrnehmung eines Menschen mit allen Aspekten seines Daseins bis hin zum Vereinigungsimpuls. Kennen bedeutet hier, die schlichte Kenntnis des Individualcodes, der ein Teil der Matrix ist.

Wenn wir einen Menschen zum ersten Mal sehen oder nur seine Stimme hören, ja, lediglich seinen Vor- und Nachnamen erfahren, erfassen wir intuitiv einen Teil seines Individualcodes. Dieser Code ist auf der Matrix-Ebene der Zugangsschlüssel zum Energiefeld der Person.

Wenn mir der Code bekannt ist, kann ich mich der Person zuwenden, wo immer sie gerade ist, am Telefon oder auch nicht, gleichgültig, ob sie wach ist oder schläft. Besonders ältere Menschen sind oft zu schwach, um einen Telefonhörer für die Zeit der Behandlung am Ohr zu halten. Denen sage ich, sie können auch gleich auflegen, um Telefonkosten zu sparen, ich würde unmittelbar im Anschluss mit meinem Heilgebet beginnen. Das funktioniert genauso gut.

Immer häufiger bekomme ich Anrufe von Menschen, die ich noch nie zuvor gesehen habe. Die erzählen mir am Telefon ihre Krankheitsgeschichte und bitten um Hilfe. Von ihnen lasse ich mir ein Foto zuschicken. Es kann ein Passfoto sein, ein altes reicht. Aber das brauche ich, um eine starke Verbindung herzustellen. Möglich, dass anderen Heilern der Name und das Hören der Stimme reicht, ich jedoch brauche ein Bild, erst dadurch bekomme ich Zugang zum Individualcode.

Niemals wende ich mich jedoch einer Person zu, ohne von ihr

selbst ausdrücklich darum gebeten worden zu sein. Alles andere ist eine Einmischung, die ich als unpassend empfinde. Dies ist ein sehr subjektives Empfinden, aber ich weiß, dass die meisten Geistheiler dies ähnlich sehen. Einige argumentieren moralisch. Das liegt mir fern, weil Moral immer etwas mit Macht zu tun hat, wessen Macht auch immer. Ich verurteile den Wunsch, die Welt zu verbessern nicht, also auch nicht das Ansinnen, alle Menschen zu heilen. Wer sich dazu berufen fühlt, alle Fahrgäste in Bus und U-Bahn kurieren zu wollen, der verliert besser keine Zeit, sondern fängt sofort an, weil eine Menge Arbeit auf ihn zukommt. Wem das noch nicht reicht, der kann auch das Telefonbuch lesen und bei jedem Namenseintrag eine präventive Fernheilung machen, sofern ihm das am Herzen liegt.

Ich habe Respekt vor dem Lebensweg anderer Menschen. Es ist ihr Weg, nicht meiner. Manchmal kreuzen sich unsere Wege. Häufig als Geistiger Heiler, häufiger aber auch nur als oberflächliche Bekanntschaft und sehr häufig als flüchtige Begegnung. Jedes hat eine eigene Qualität, die nehme ich in Demut wahr, in der Hoffnung, mich jeglichen Aufeinandertreffens würdig zu erweisen. Eine Grundbedingung dafür lautet: nichts zu forcieren. Ich bin ein lebendes Angebot, welches wahrgenommen werden kann. Wer das nicht wünscht, sollte es nicht zwangsläufig bekommen.

Umso eindeutiger ist es, wenn ich angerufen werde. Zum Beispiel heute von Frederike, weil sie Kopfschmerzen hat. Ich muss nicht lange suchen, woher sie kommen. Biologisch manifestieren sie sich als Wasserträger-Syndrom. Häufig bei Menschen, die mentale Lasten mit sich herumschleppen: verhärtete Muskeln im Schulterbereich und unteren Hals.

Nach der Chakren-Harmonisierung und der Kontaktaufnahme mit der Transformationsebene sehe ich wiederum die Über-Alles-

Geliebte. Maria emittiert rotgoldene Energie. Wie ein Laser strahlt diese Energie aus der Transformationsebene jetzt direkt auf Frederike und hüllt sie in rotgoldenes Licht. Dabei sehe ich sie in einer Wolke aus rotgoldenem Licht. Die Wolke hat eine Eiform. Frederike hält die Augen geschlossen und sitzt vollkommen still. Sie ist eine sehr hübsche Frau, und während sie in der Wolke sitzt, scheint es, als würde sie auch innerlich leuchten. Das ist ihre Eigenresonanz als Reaktion auf das Empfangen der Energie. Ich fühle einen Schauer, der mir den Rücken runterläuft, und weiß, dass die Energie jetzt wirkt und sie wahrscheinlich gleich keine Schmerzen mehr hat.

Das ist in ihrem und auch anderen Fällen nicht immer so. Manchmal sind mehrere Anläufe nötig, bis eine Besserung spürbar wird, hin und wieder bleibt sie auch aus.

Nehmen Sie das nicht als Anlass, Fernbehandlungen ganz sein zu lassen, nur weil sie beim ersten Mal keine zufrieden stellende Wirkung beobachten.

Auch dies ist reine Übungssache.

Einen winzigen Schönheitsfehler hat das Heilen in Abwesenheit allerdings. Fernheilen ist in Deutschland verboten, Gesundbeten jedoch nicht.

Das ist mir nur recht, denn ohne Gebet, also die gewisse Verbindung, geht ja gar nichts in der Spirituellen Medizin.

Ich meine zu Gott.
Ich meine zu Gosh.
Ich meine zu Swosch.
Ich meine zu Allah.
Ich meine zu Brahma.
Ich meine zu Brahman.
Ich meine zum Nirvana.

Ich meine zum Unaussprechlichen.
Ich meine zu Allem, was ist.
Ich meine zu Ain Sof.
Ich meine zum Grenzenlosen.
Ich meine zur unbegrenzten Liebe.

75. Kapitel **Die Rechtslage für Spirituelle Medizin**

Fernheilung bleibt verboten, aber für Geistheiler wurden die deutschen Gesetze liberalisiert. In einem entscheidenden Urteil vom 2. März 2004 mit dem Aktenzeichen 1 BvR 784/03 entschied das Bundesverfassungsgericht, aus dem Gesetz für Heilpraktiker ein Tätigkeitsverbot für Geistheiler abzuleiten, verletzt das Grundrecht auf freie Berufsausübung.

Ein Herr Z. beantragte im Juni 2000 eine behördliche Erlaubnis zur Ausübung seiner Tätigkeit, die er als Geistiges Heilen beschreibt. Als Teil der Urteilsbegründung liest sich das so: «Er (Herr Z.) versuche die Seele des Kranken zu berühren. Mit Hilfe seiner Hände übertrage er positive Energien auf das Zielorgan und aktiviere dadurch die Selbstheilungskräfte seiner Klienten. Er erstelle weder Diagnosen, noch verschreibe er Medikamente oder verwende medizinische Geräte. Heilungsversprechen gebe er nicht ab. Er rate Kranken dringend zu, weiter Hausärzte und Spezialisten zu konsultieren. Nach seiner Auffassung benötigt er hierfür keine Heilpraktikerprüfung.»

Das war einmal, denn das Gericht gab Herrn Z. Recht. «Die Heilertätigkeit des Beschwerdeführers beschränkt sich nach seinen unwidersprochen gebliebenen Angaben … auf die Aktivierung der Selbstheilungskräfte seiner Patienten durch Handauflegen. Ärztliche Fachkenntnisse sind hierfür nicht erforderlich, zumal der

Beschwerdeführer unabhängig von Diagnosen einheitlich durch Handauflegen handelt. Eine mittelbare Gesundheitsgefährdung durch die Vernachlässigung notwendiger ärztlicher Behandlung ist mit letzter Sicherheit nie auszuschließen, wenn Kranke außer bei Ärzten bei anderen Menschen Hilfe suchen. Dieser Gefahr kann aber gerade im vorliegenden Fall durch das Erfordernis einer Erlaubnis nach dem Heilpraktikergesetz nicht adäquat vorgebeugt werden.»

Und weiter: «Ein Heiler, der spirituell wirkt und den religiösen Riten näher steht als der Medizin, weckt im Allgemeinen die Erwartung auf heilkundlichen Beistand schon gar nicht. Die Gefahr, notwendige ärztliche Hilfe zu versäumen, wird dadurch eher vergrößert, wenn geistiges Heilen als Teil der Berufsausübung von Heilpraktikern verstanden wird. Hingegen dürften ganz andersartige, ergänzende Vorgehensweisen, wie beispielsweise die Krankensalbung, das Segnen oder das gemeinsame Gebet wohl kaum den Eindruck erwecken, als handele es sich um einen Ersatz für medizinische Betreuung.»

Ferner stellt das Gericht fest, dass es somit keiner Kenntnisüberprüfung eines Geistheilers im Sinne der Heilpraktiker-Prüfung bedürfe. Ausreichend seien vielmehr charakterliche Zuverlässigkeit und verantwortungsbewusstes Handeln. Es müsse lediglich gewährleistet sein, dass Kranke zu Beginn ihres Besuches bei einem Geistheiler darauf hingewiesen werden, dass seine Behandlung nicht die Behandlung durch einen Hausarzt ersetzt. Es sei Sache der Behörden, die Einhaltung derartiger Aufklärungspflichten mit Hilfe der Gewerbeaufsicht durchzusetzen.

Ein Grund zur Freude mit einem bitteren Beigeschmack, denn diese Kontrollen sind zwar wünschenswert, aber kaum zu leisten, weshalb ab sofort auf Jahrmärkten wieder dubiose Geistheilerbuden zu finden sind, die spektakuläre Wunderheilungen versprechen. Alles andere als seriös und nur zur persönlichen Bereicherung ihrer Besitzer.

Das hat allerdings auch sein Gutes, denn umso mehr sind mündige Patienten gefordert. Menschen, die sich sehr genau überlegen, in wessen Hände sie sich begeben. Am besten auf Empfehlung.

76. Kapitel ***Paracelsus, Quacksalber und eine letzte Warnung***

Wer war Paracelsus?

Im Lexikon steht: Arzt und Naturforscher, geboren 1493 im Schweizer Kanton Maria-Einsiedeln, gestorben 1541 in Salzburg/Österreich, gilt als einer der Väter moderner Medizin und Begründer der pharmazeutischen Chemie.

Wer war Paracelsus wirklich? Eigentlich Philippus Aureolus Paracelsus Theophrastus Bombastus von Hohenheim. Kein Witz, so hieß er tatsächlich. Bombastisch war auch sein Wissen, zu bestaunen in über 200 von ihm verfassten Werken. Sie bezeugen seine umfangreichen medizinischen, theologischen, philosophischen, physikalischen, chemischen und allgemein weltanschaulichen und kulturellen Kenntnisse. Und sie bezeugen seine Leidenschaft für die Alchemie. Kurz: die Kunst, aus Blei auf magische Weise Gold zu machen, Transmutation genannt. Davon und von der Suche nach dem Stein der Weisen war er laut zeitgenössischen Schilderungen besessen und unternahm Reisen in die Türkei und nach Ägypten, um sich dort gehütete Geheimnisse der Alchemie zu Eigen zu machen. Seine Abhandlungen darüber behinderten seinen Ruhm als Arzt nicht. 1527 wurde er Stadtarzt in Basel und Professor für Medizin und Naturphilosophie an der dortigen Universität.

Seine Vorlesungen müssen besondere und besonders lautstarke Ereignisse gewesen sein. «Ich bin der Monarch der Medizin», soll Paracelsus seinen Studenten vom Podium entgegengeschrien und Kollegen als Quacksalber und Betrüger beschimpft haben. In seinen Schuhbändern sei mehr Wissen konzentriert als in deren Schriften. Er selbst trat auch als Magier auf und brüstete sich damit, ganze Legionen von Geistern und Dämonen zu kommandieren. Einen, so verkündete er, halte er im Griff seines Degens gefangen, das sei der Geist, der das Elixier des ewigen Lebens bewache. Er behauptete, jede Krankheit mit Talismanen heilen zu können, und soll wunderbare Heilungen auch in großer Zahl vollbracht haben. Kein Wunder, dass er bald den Widerstand von Kirche und Universität weckte.

Er wurde der Scharlatanerie bezichtigt und angeklagt, mit dem Teufel im Bunde zu stehen. Ein Jahr nachdem er in Basel Professor geworden war, musste er nach Salzburg fliehen, um einer Inhaftierung zu entgehen.

Wenn Paracelsus der Vater der modernen Medizin war, also der erste König einer neuen Königsdisziplin, so war er der Kaiser der alchimistischen Wissenschaften im Riesenreich des Übersinnlichen. Ein Meister der Gaukelei, auch der Vorgaukelei. Alles in einer Person: frag- und vertrauenswürdig zugleich, dubios und seriös, Arzt und Scharlatan, begnadeter Geistheiler und spinnerter Wahrsager. Er erklärte Nieren- und Blasensteine als Ablagerungen, ahnte den Vorgang der Wundinfektion, erhob die Chirurgie zur ärztlichen Disziplin, entdeckte das Stickstoffgas, und das ist noch längst nicht alles, was die Wissenschaft ihm verdankt. Gleichzeitig feiern ihn die magischen Schulen als einen ihrer maßgeblichen Mitbegründer. Wahrscheinlich wäre auch die Formierung des Rosenkreuzer-Ordens ohne sein Zutun nicht möglich gewesen.

Nach seinem Tod breiteten sich Paracelsianer-Sekten in Europa aus. Okkultismus boomte. Am Ende des 19. Jahrhunderts war Spiritismus, also das Anrufen von Geistern und Kommunizieren mit ihnen durch Tischerücken oder Pendeln, eine Volksleidenschaft in der neuen wie in der alten Welt. Eine Art spiritueller Breitensport, vergleichbar mit dem heutigen Esoterik-Boom, dessen Popularität sich damals wie heute auch aus der Unfähigkeit der Kirche erklärt, die Sehnsucht nach lebendiger Mystik zu stillen.

Wer ist kein Suchender in dieser Welt? Wer sucht nicht nach Erfahrungen, die alle Grenzen überschreiten, jedenfalls die Grenzen des Bekannten? Wer ist vollkommen zufrieden mit sich und allem, so wie es gerade ist? Wer hat keine Träume mehr? Keine Hoffnungen? Wer wünscht nichts, nicht das Geringste, weil er oder sie alles, ja wirklich alles schon hat?

Ich bin noch niemandem begegnet, auf den das zutreffen würde. Ich kenne nur Menschen, für die Folgendes gilt: Die Sehnsucht ist eine starke, wenn nicht die stärkste Kraft in ihrem Leben.

All die Scharlatane, Kurpfuscher und Quacksalber, all jene also, auf die diese abfälligen Bezeichnungen wirklich zutreffen, weil sie mehr vorgeben, als sie tatsächlich können, können eines wirklich gut: die Sehnsucht anderer für ihre Zwecke ausnutzen.

Paracelsus, mit diesen Worten beschimpft, war ein genialer Mediziner und ein Grenzgänger zwischen Magie und Wissenschaft, der viele Neider hatte. Auch er heilte austherapierte Fälle, bei denen die Kollegen nicht weiterkamen, mit energetischen Mitteln. Vor allem darauf begründete sich seine Bekanntheit zu Lebzeiten.

Als schillernder und charismatischer Prototyp des Heilers umwehte ihn der Hauch des Wunderlichen. Dafür empfängliche Menschen reagieren auf derart gemischte Persönlichkeiten auch heute noch mit einem seltsamen Reflex: Anbetung, nicht selten von grotesken Ausmaßen. Andere Menschen, bevorzugt all jene mit einem wachen, kritischen Verstand, fühlen sich abgestoßen. Behauptungen wie die des Paracelsus, Befehlshaber einer Dämonenarmee zu sein, wecken tiefe Zweifel an der Redlichkeit der Person.

Geniale Universalisten vom Format eines Paracelsus treten in unserer modernen, hochkomplexen Welt allein schon deshalb nicht mehr in Erscheinung, weil ein Gehirn das versammelte Wissen der Welt nicht mehr fassen, sondern nur noch mehr oder minder tief schürfend streifen kann, meistens in Verbindung mit Spezialkenntnissen.

Zum Beispiel Kenntnissen der Spirituellen Medizin. Das Bruchstückhafte jeglichen menschlichen Wissens ist eine Schule der Demut. Mit Teleskopen blicken wir zu den Rändern des Universums. Kleinste Teilchen von Materie zerteilen wir in immer kleinere Teilchen, bis nichts mehr übrig bleibt als pure Energie, der Urgrund allen Daseins. Je mehr Menschen forschen, umso verwunderter stehen sie vor den Früchten all ihren Forschens. Die Verblüffung ist eine zentrale Erfahrung des 21. Jahrhunderts.

Wer sich da auf die Brust schlägt und schreit, ich weiß, wie alles funktioniert, macht sich zum Affen, weil jeder weiß, das kann nicht sein.

Dies gilt auch für Geistheiler. Wer sich hinstellt und behauptet, über die Geistige Welt zu gebieten und sämtliche Krankheiten zu heilen, ist ein Spinner, der sich öffentlich zum Affen macht. Heilung geschieht, sie ist eine Gnade. Ein Heiler kann sein Bestes geben, damit diese Form der Gnade möglich wird. Aber ob sie sich begnadeterweise ereignet, kann er nicht vorher wissen. Wer das behauptet, ist ein Lügner.

Trotzdem ist eines nie vollständig aus der Welt zu schaffen: In jedem Heiler koexistiert das Dubiose mit dem Wahrhaftigen. Allein schon deshalb, weil jeder Heiler den Selbstzweifel kennt. Und sei er noch so gering, manchmal meldet er sich und wird manchmal auch überspielt.

Ich betone dies, weil es so wichtig ist:

Der Scharlatan heilt, obgleich er es nicht kann und weiß, dass er es nicht kann.

Der ernsthafte Heiler heilt, weil es ihm gegeben ist, auch wenn er manchmal denkt, er bilde sich das nur ein, und ihn Zweifel quälen. Der Scharlatan ist eine wandelnde Lüge.

Der ernsthafte Heiler ist ein Licht der Wahrheit. Es kann vorkommen, dass sich ihm etwas verdunkelt, dann hält er das Feuer, das in ihm brennt, für die Flamme einer Kerze, die womöglich mit dem nächsten Windhauch ausgepustet wird.

Der Scharlatan ist eine wandelnde Wunde, eine Krankheit namens Umnachtung.

Der ernsthafte Heiler ist in der Tiefe seines Wesens gesund. Seine Arbeit nimmt er als göttliche Gnade, die ihm immer wieder einleuchtend erscheint. Aber er bleibt verletzbar. Vor allem durch die Macht der eigenen kritischen Vernunft.

Auch Paracelsus war verletzbar. Warum sonst hätte er sich mit dem Panzer aus hochgegriffenen Behauptungen umgeben müssen?

So ein Panzer wiegt schwer. Sitzt man einmal in ihm fest, ist es nicht leicht, ihn abzustreifen. Ich kenne Heiler, die in diese Falle gegangen sind und den Panzer heute noch tragen. Den Panzer der Überheblichkeit, den Panzer der Anmaßung, den Panzer der verdrehten Wahrheiten. Es ist keine Freude, in so einem Panzer zu stecken. Die Medien und das Internet haben ein langes Gedächtnis.

Daher dies als eine letzte Warnung: Maßen Sie sich nie etwas an, was Sie in Wahrheit nicht leisten können, weil Sie wissen, dass Sie es nicht leisten können.

77. Kapitel ***Ein vollständiges Lächeln und was es uns sagen will***

An dieser Stelle möchte ich Ihnen von einer Begegnung erzählen. Ich muss wohl reif dafür gewesen sein, sonst wäre sie nicht in der beschriebenen Art passiert. Mein ganzes bisheriges Leben ist voller besonderer Begegnungen. Auf einige konnte ich mich nicht einlassen, was ich zeitweise bedauert habe. Zum Beispiel, als ich im Zigeuner-Ghetto von Sofia einem «Covexan», einem Hexer mit gelben Katzenaugen, vorgestellt wurde. Bei seinem Anblick wurde ich starr vor Angst. Lächelnd ließ er mich stehen. Heute weiß ich, dass es zu meinem Besten war. Damals hätte ich seine Lehren kaum verkraftet.

Sie, hoch geschätzte Leserin, hochverehrter Leser, sind nach der Lektüre dieses Buches gewiss reif für die nun folgende Erzählung. Lesen Sie bitte jeden Satz sehr sorgfältig und langsam. Visualisieren Sie das Gelesene, während Sie lesen, damit die Darstellung ihre volle Kraft entfalten kann. Dabei werden Sie an Ihre Grenzen geführt – und womöglich darüber hinaus. Sofern Sie das zulassen.

Versetzen Sie sich, so gut es Ihnen gelingt, in die Lage des Erzählers. Beabsichtigen Sie, die Position des Erzählers einzunehmen. Das wird nicht einfach sein. Umso wertvoller ist der Versuch.

Hören Sie und sehen Sie, was ich Ihnen jetzt berichten werde:

An einem schönen, sonnigen Tag sah ich einen Mann auf dem Hamburger Jungfernstieg. Der saß einfach nur da und schaute den Mädchen nach. Er hatte einen guten Platz gewählt. Hier kamen viele Menschen vorbei. Die Straße war voller teurer Geschäfte, und direkt hinter dem Mann erhob sich die Backsteinfassade eines

Edelkaufhauses, rechts neben ihm befand sich der Eingang, weiter hinten ging es zur U-Bahn-Station.

Der Mann lächelte. Es war ein eigenartiges Lächeln, schwer zu deuten und leicht zu übersehen. Ein Lächeln, so fein, dass man genau hinschauen musste, um es überhaupt wahrzunehmen.

Ich konnte an dem Mann nicht vorbeigehen, also blieb ich einfach stehen und schaute ihm beim Lächeln zu. Es hörte nicht auf. Egal, wer vorüberging. Egal, ob er beachtet wurde oder nicht. Das Lächeln wirkte aber auch nicht einstudiert, weil es an dieser Stelle vielleicht ganz gut und hilfreich war, einfach zu lächeln, und es war auch keine Maske, vor Zeiten aufgesetzt und nie wieder abgenommen aus irgendeinem mir unbekannten Grund. Nein, sein Lächeln machte auf mich einen lebendigen Eindruck. Es entstand aus dem Moment heraus.

Je länger ich den Mann beobachte, umso deutlicher wird es mir. Dieser Mensch ist wirklich da, seine Anwesenheit bilde ich mir weder ein, noch schaue ich sie mir schön, und seinem Dasein entspringt sein feines, leuchtendes Lächeln. Es leuchtet aus dem Gewebe der Zeit, strahlt ruhig aus dem Strom der Passanten, die mit schnellen Schritten zu den Läden streben.

Ein Lächeln wie aus einer anderen Welt. Von weit her scheint es zu kommen, wie aus der Tiefe seines Seins, denn es zeigt sich ganz und gar nicht oberflächlich. Eher ein freudiges Leuchten als ein tatsächliches, deutliches Lächeln mit entsprechender Mimik, erinnert es mich an den glücklichen Gesichtsausdruck, der mir schon oft bei Buddha-Darstellungen aufgefallen ist. Es wäre möglich, sein Lächeln mit einem so genannten milden Lächeln zu verwechseln, aber das wäre ein bedauerlicher Irrtum, denn zur Schau getragene Milde ist diesem Menschen fremd, das glaube ich mit Sicherheit sagen zu können.

Nicht selten wird der beschriebene Zustand auch als Vorstufe zum

Lachen angesehen, als müsste auf jedes Lächeln ein Lachen folgen oder als sei das Lächeln bloß eine Phase des Übergangs zwischen Ernst und Heiterkeit. Das ist natürlich grober Unsinn, eine Verkennung der eigentlichen Natur des Lächelns durch die moderne Spaßgesellschaft, die über alles und jeden lachen will, möglichst laut, möglichst lange, egal, ob das für andere beleidigend oder sogar schmerzhaft ist. Diese Leute blicken entweder ernst, ja, tödlich ernst. Oder sie lachen. Aus vollstem Halse. Das Lächeln aber haben viele verlernt. Der Ausdruck der Freude angesichts der Magie des Moments wird von Ängsten und Unterhaltungswut überschattet.

Nie zuvor habe ich jemanden wie diesen Mann lächeln sehen. Mag sein, dass ich übertreibe, weil ich in seiner Nähe alles Vergangene vergesse, aber dies ist unvermeidlich, denn mit jeder Minute, in der ich ihn beobachte, wächst meine Bewunderung. Wahrscheinlich hat er mich längst bemerkt, und auch meine Neugier ist ihm nicht entgangen, aber plötzliche Aufmerksamkeit scheint ihm nichts auszumachen, denn das Leuchten ist immer noch in seinem Gesicht.

Allerdings: Die Formulierung «immer noch» führt wiederum auf Abwege, denn es deutet auf etwas Andauerndes hin, einen permanenten Zustand, der umso stabiler wird, je länger er andauert. Kann sein, dass sich sein Lächeln auch aus seinem Lächeln speist. Gleichzeitig zeigt es sich in jeder Sekunde so neu, als würde es in diesem Moment vollkommen neu geboren, und genau das glaube ich, denn nur deshalb wirkt es so frisch und unverfälscht und so ganz und gar nicht aufgesetzt oder zur Schau getragen. Lebendiges Lächeln. Eine Heiterkeit gegenüber dem Leben, grenzenlos wie ein weites Meer, auf dem sich bisweilen Wellen von Humor erheben.

Man könnte meinen, der Mann sei ein Ertrinkender, der sich an sein Lächeln klammert wie an einen letzten Halt im großen, reißenden Fluss des Lebens, durch irgendwelche Widrigkeiten hingespült in diese Stadt, in diese Straße, an diese Ecke. Und viele, die ihn sehen, ja, die meisten, denken womöglich so, denn sie gehen an ihm vorbei, ohne sich über den Mann und sein Lächeln wirklich Gedanken zu machen.

Fast kommt es mir vor, als hätte ich selbst mich auch schon genauso verhalten. Als wäre ich schon einmal hier vorbeigekommen, hätte den Mann irgendwie wahrgenommen, also registriert, dass er da ist, um aber mit einem minimalen Aufwand an Aufmerksamkeit für ihn weiterzugehen, einfach weiter, immer nur weiter.

Jetzt, wo ich angehalten habe und dem Mann beim Lächeln zuschaue, fällt mir auf, dass es sich verändert. Wenn der Strom der Passanten anschwillt und besonders dicht und ignorant an ihm vorbeifließt, legt sich ein Schleier über sein Lächeln, und ich ahne, dass auch seine Seele in manchen Stunden den Kampf gegen den Kummer kennt. Kurz darauf nähern sich Kinder, und da leuchtet sein Stern auf, als würde eine Sonne ihn zusätzlich erhellen. Dann halten drei Mädchen in der Nähe. Sie kichern wegen irgendwas. Den Mann sehen sie nicht. Dafür sieht er sie. Und als sie sich kichernd entfernen, folgt ihnen sein Blick, minutenlang. Einmal reißt sich ein kleiner Junge von der Hand seiner Mutter los, läuft zu ihm hin und ruft: «Mami, was hat der Mann?»

Da öffnet er leicht den Mund, als wollte er etwas sagen, schweigt aber doch und schenkt ihm ein herzzerreißendes Lächeln.

«Komm her, der ist krank», lautet ihre Antwort im Befehlston.

Das ist offensichtlich, und doch kann es nicht sein. Wie er lächelt kein Leidender. Welchen besonderen Zustand der Gesundheit dieser Mensch wohl erreicht hat, frage ich mich und denke über dessen Herkunft nach. Er ist in dieser Stadt so fremd wie sein Lächeln, das ist gleichermaßen unübersehbar. Sein schmales Gesicht wirkt orientalisch, auch wegen der dunklen Hautfarbe, schwer zu sagen, ob arabisch oder indisch. Besonders auffällig sind seine Augen, blau mit einem grünen Hof. Wenn sein Lächeln leuchtet, dann strahlen sie, das kann ich beschwören, denn ich habe direkt und aus nächster Nähe hineingeblickt. Dazu musste ich mich hinhocken, denn der Mann hat sich vor mir nicht aufgerichtet. Das kann er nicht, denn ihm fehlen die Beine dazu. Auch einen Unterleib scheint er nicht zu besitzen. Es sieht so aus, als würde er mit seinem kleinen, krummen Oberkörper direkt auf dem Brett mit den vier angeschraubten Rollen hocken – von Sitzen oder Liegen kann man in seiner Position wohl nicht sprechen –, um sich kraft seiner Hände vorwärts zu bewegen, also auf dem Rollbrett über den Boden zu schieben.

Als Krüppel, kaum bewegungsfähig. Eine Lebenslage, in der nahezu allen Menschen das Lachen vergeht. Warum lächelt er dann? Selig, wie ein Buddha und nicht selten auch der Dalai Lama?

Gibt es eine wichtigere Frage als diese?

Aus seinem Mund habe ich keine Antwort erhalten. Denn auch sprechen kann er nicht. Nur mit den Händen Zeichen geben. Um mir das zu sagen, hält er den ausgestreckten Zeigefinger vor seinen Mund – und lächelt. Dann legt er seine linke Handfläche auf die Brust, dahin, wo das Herz ist, macht mit der rechten Hand eine segnende Bewegung und blinzelt mit seinen blau-grünen Augen.

Ich fühle, wie mir ein Kribbeln die Wirbelsäule herunterläuft und bekomme am ganzen Körper eine Gänsehaut. Plötzlich sehe ich den Mann wie durch einen leuchtenden Nebel. Er sitzt auf seinem kleinen Thron und ist in himmelblaues Licht gehüllt. Der Strom der Passanten fließt plötzlich in Zeitlupe und hält dann vollständig an. Ich habe eine Wahrnehmung, als würde ich taumeln und die Welt schwanken, dann das Gefühl zu fallen, aber ich falle nur aus der Zeit, begleitet von der Empfindung, irgendwohin gesogen zu werden, aber irgendwie bin ich immer noch da und ebenso der Mann.

Er scheint auf einmal durchsichtig. Ich sehe sein Herz pochen, seine Lungenflügel sich heben und senken, sehe das Geflecht von Arterien und Venen, von Lymphbahnen und Nervenleitungen, die wie ein feines Gewebe über Muskeln, Sehnen, Knochen und weiteren Organen liegen. Ich sehe all das, als wäre es aus Licht gebaut, gehüllt in ein Geflecht aus leuchtenden Energiefäden. Und in mir wächst eine Erkenntnis. Anders kann ich es nicht sagen, denn es ist kein Gedanke, auch kein Gefühl, vielmehr eine Gewissheit. Die Gewissheit, dass dieser Mensch richtig ist, genau richtig, wie er ist.

Es gab und gibt Leute, die waren und sind anderer Meinung. Sie haben ihn gehasst, verstoßen, verachtet, mit Nichtachtung gestraft, aus Peinlichkeit übergangen, aus Dummheit übersehen oder irgendeinem anderen lächerlichen Grund. Allen voran seine Eltern, die sich bei seiner Geburt schämten, denn er kam schon ohne Beine und mit verkümmertem Körper zur Welt. Beinahe hätten sie ihn getötet, fast wäre er verhungert. Daran hätte er zerbrechen können, und einiges ist auch zerbrochen, wieder und immer wieder. Aber etwas ist auch heil geblieben, ja, gewachsen, und das hat ihn zu einem Meister des Lächelns gemacht.

Seine Lippen lächeln, aber nicht nur die. Seine Augen lächeln mit, weil auch seine Seele lächelt, die wiederum von seinem Geist zum Lächeln gebracht wird. Das Lächeln durchdringt jede Zelle seines Körpers und jede Faser seines Seins. So gibt es nichts an ihm, was nicht lächelt. Die Natur dieses Lächelns ist das Kostbarste, was sich ein Mensch selbst zu geben hat: Selbstliebe.

Seine ist so groß, dass sie auch zu anderen fließt, hingeleitet durch sein leuchtendes, lebendiges Lächeln.

Geistige Heilung beginnt mit dem Erwecken der Selbstliebe. Es gibt Menschen, für die das unglaublich schwierig wirkt. Es gibt Biographien, die Selbstliebe für dieses Leben auszuschließen scheinen. Es gibt Geschichten, so tragisch, so unglaublich, so furchtbar, dass sie geradezu zwangsläufig in Selbsthass münden müssten.

Das ist ein Irrtum. Der Meister des Lächelns ist der lebendige Beweis.

Sein Schicksal heißt Amelie. Wie der zauberhaft klingende Mädchenname, hier aber ein medizinischer Fachbegriff. Er meint Menschen, die mit fehlenden Extremitäten geboren werden, ohne Beine beispielsweise, an der Grenze zur Lebensfähigkeit, oft mit stark eingeschränkten Körperfunktionen, hervorgerufen durch genetische Defekte, weil die Mütter während der Schwangerschaft Schmerzmittel eingenommen haben, die das Erbgut des Fötus schädigten. Meistens Contergan, das besonders in Indien immer noch gehandelt wird. Illegal hergestellt, illegal verkauft, zu hoch dosiert eingenommen. Das Ergebnis ist ein Heer von Krüppeln, die auf Körperstümpfen durch den Dreck rutschen. Ein furchtbares Los. Ausgestoßen, verachtet, gemieden wie in früheren Jahrhunderten die so genannten Aussätzigen in Europa.

Ich weiß nicht, wie der Meister des Lächelns nach Hamburg kam. Ebenso wenig wie ich seinen Namen kenne. Ich könnte versuchen, ihn in Erfahrung zu bringen, ebenso auch Details seiner Biographie. Ich könnte annehmen, dass er meine Hilfe braucht, und nicht von seiner Seite weichen. Ich könnte all das tun, wenn ich einfältig genug wäre zu übersehen, dass er meine Hilfe nicht will. Ja, er braucht sie nicht. Wenn ich jetzt sage, weil er sich mit seinem Schicksal abgefunden hat, so wäre das viel zu blass, denn dieser Mann erfüllt sein Schicksal. Und das auf so meisterhafte Weise, dass ich nur staunend seine Gegenwart genießen kann, nein, darf.

Dies ist eine sehr besondere Geschichte. Ich erzähle sie, um deutlich zu machen, wie ich Einheit und Vollständigkeit sehe. Außerdem gibt sie mir die Möglichkeit klar zu machen, wo für mich die

Grenzen des Geistigen Heilens liegen. Ich kann Menschen, die es wünschen, zu ihrer Vollständigkeit führen. Dabei kommt es zu verblüffenden Heilungen schwerer Krankheiten und zum völligen Verschwinden unangenehmer Symptome oder zumindest deren Linderung. Es ist mir allerdings nicht möglich, auf Wunsch blaue Augen in braune oder grüne zu verwandeln und umgekehrt. Glücklicherweise wurde das auch nie verlangt, denn ich wüsste nicht, was ich auf eine derartige Bitte antworten sollte.

Und zu meinem Glück gibt es Menschen wie den Meister des Lächelns, deren Dasein mich staunen lässt. Das Drama der Dualität führt sie auf Berge und in Täler von Schwindel erregender Höhe und Tiefe. Sie lassen sich nicht verwirren von dem, was all die logischen Leute ihnen immer wieder einreden wollen. Sie lassen sich nicht verwirren durch die vielen logischen und vergleichenden Gedanken, die sie selber haben. Über sich im Verhältnis zu anderen. Sondern entdecken ihre Vollständigkeit auf dem Weg zu ihrer Vollkommenheit. Und erleben den höchsten und reinsten Zustand, der menschenmöglich ist: die Seligkeit.

Ich verbeuge und erhebe mich. Er nickt mir kurz zu. Was er von mir haben wollte, hat er bekommen. Gleich zu Anfang etwas Geld, dann meine ungeteilte Aufmerksamkeit und Zuneigung, gefolgt von Dankbarkeit. Für mich ist er ein Heiliger, denn das Heilige leuchtet direkt aus ihm.

Ich glaube, jeder kann es sehen.

Meine Befürchtung ist: Nicht alle wollen es sehen.

78. Kapitel **Zum Schluss: Der Umschlag dieses Buches und was darauf zu sehen ist**

Was in diesem Kapitel zu lesen ist, kann einem seltsam vorkommen, womöglich noch seltsamer als all die seltsamen Sachen zuvor. Das soll es auch. Seltsam auf heilsame Weise.

Was ist auf dem Umschlag dieses Buches zu sehen? Mein Name, logisch, der Buchtitel, der Verlag, etc.

Und: Meine Hände.

Auweia, jetzt kommt was ganz Schräges, was wirklich Verrücktes! Aufgepasst, hier will einen der Autor auf den Arm nehmen! Also, in den vorangegangenen Kapiteln, da gab es ja schon die eine oder andere irre Wendung, aber was sich nun abzeichnet, ist doch eine Nummer zu abgedreht, der tickt doch nicht ganz richtig. Mal sehen, ob der Verfasser das tatsächlich ernst meint …

Meint er: Meine Hände sind auf dem Umschlag zu sehen, weil sie Kraft leiten. Sie leiten Energie. Aus diesem und keinem anderen Grund sind sie auf dem Buch-Cover abgebildet.

Verstehe, falls Sie jetzt an meinem Verstand zweifeln. Aber: Mit Logik und Ratio hat das gesamte Buch ja nichts im Sinn. Spätestens jetzt werden Sie das verstehen. Denn was ich Ihnen nun im Zusammenhang mit meinen Händen auf dem Umschlag empfehlen werde, liegt jenseits jeder Form von Verstand und menschlicher Vernunft und klingt auch so:

Liebe Leserin, lieber Leser, wenn Sie ein körperliches oder mentales Problem haben, sich dabei aber nicht selbst zu helfen wissen … Wenn Sie Schmerzen fühlen oder wissen, dass Sie krank sind, sich aber an dieser Stelle überfordert fühlen, sich selbst Linderung zu verschaffen … Wenn Sie Unwohlsein spüren, wenn Sie glauben, neben sich zu stehen, oder irgendwie nicht ganz bei sich sind, wenn

Sie sich von Gott verlassen fühlen oder irgendwie allein in der Welt und meinen, dass es Ihre Möglichkeiten übersteigt, sich selbst zu helfen … Wenn Sie Angst haben, gleich etwas Dummes zu tun, wenn Sie befürchten, einem anderen Menschen Schmerzen zufügen zu müssen, weil Sie meinen, nicht anders zu können, wenn Sie jemanden lieben, aber sich demjenigen gegenüber zwanghaft lieblos verhalten, wenn Sie sich selbst nicht lieben, es aber gern würden, wenn Sie eine schlechte Diagnose von einem Arzt erhalten haben, wenn Sie Ihr Leben bedroht sehen, ja, wenn …

Dann: Legen Sie dieses Buch vor sich hin und schauen Sie einige Minuten lang auf meine Hände, auf das Licht zwischen meinen Händen. Was Sie davon halten, ist Ihre Sache. Denken Sie, was Sie wollen. Zum Beispiel, dass es vollkommen bekloppt ist, auf ein Foto von meinen Händen zu starren und zu glauben, dass das hilft. Bei Krankheiten, bei Schmerzen, bei psychischen Verstimmungen und mentalen Verwirrungen. Denken Sie ruhig, dass so ein Vorschlag meinerseits grotesk ist und albern, irgendwie verrückt und anmaßend, irgendwie größenwahnsinnig und irgendwie nicht ganz von dieser Welt. Ich kann Ihnen nur beipflichten, denn so kommt es mir auch immer wieder vor.

Nur, und das ist merkwürdig: Es hilft. In welchem Ausmaß es hilft, kann ich Ihnen nicht sagen. Ich kann Ihnen auch nicht versprechen, dass es hilft. Doch: Höchstwahrscheinlich hilft es. Auf welche Weise, vermag ich ebenso wenig zu erklären. In einer guten jedenfalls. Nach all den vielen Seiten, die Sie jetzt gelesen haben, würde es mich sehr wundern, wenn Sie nicht wüssten, warum.

Wenn Sie also ein körperliches oder mentales Problem haben, dann greifen Sie in der genannten Form auf die Hilfe zurück. Legen Sie dieses Buch vor sich auf den Tisch oder halten es in Ihren Händen, und blicken Sie dann einige Minuten lang auf meine Hände und das Licht zwischen meinen Händen. Dann legen Sie das Buch zur Seite und sehen Sie, was passiert. Vielleicht passiert es sofort, vielleicht später …

Wie auch immer: Vergessen Sie anschließend auf keinen Fall, zum Arzt zu gehen, falls Sie eine Krankheit haben, die ärztliche Beobachtung oder Betreuung verlangt. Gehen Sie auch dann zum Arzt, wenn alle Symptome plötzlich verschwunden sind. Gehen Sie allein schon deshalb zum Arzt (ich weiß, ich wiederhole mich), weil es wichtig ist, dass Ärzte auf diesem Wege etwas über die Wirksamkeit Spiritueller Medizin lernen.

Und: Geben Sie mir eine Rückmeldung über Ihre Erfahrungen. Natürlich können Sie mich auch gern kontaktieren, wenn Sie Hilfe brauchen, eine Einzelbehandlung wünschen, an Seminaren teilnehmen wollen:

Otmar Jenner
Tel. 030 – 42 08 59 98 (Berlin)
mobil: 0171 – 545 63 93
Internet: www.healing-phone.com
E-Mail: o.jenner@gmx.de

Herzlichen Dank!

Weizen im Spreu Nachwort von Dr. Harald Wiesendanger, Philosoph, Psychologe, Experte für Geistiges Heilen

Was sind das für Leute, diese so genannten «Geistheiler»? Wer im vorliegenden Buch nach Anhaltspunkten dafür sucht, wird angenehm überrascht. Von klaren, stilistisch brillant vorgetragenen Gedanken und Argumentationslinien. Von persönlichen Überzeugungen, die nicht als dogmatische Gewissheiten daherkommen, sondern Schritt für Schritt aus eigenen Erfahrungen entwickelt werden, und religiösen Bekenntnissen, mit denen nicht missioniert wird. Von der Absage an jegliche Geheimniskrämerei ums Heilenkönnen – und der Einladung an uns Leser, daran teilzuhaben. Vom Bemühen, überzogene Erwartungen zurechtzurücken, und der geistigen Offenheit für Einwände und Bedenken. Von einem klugen Plädoyer für eine erweiterte Medizin, die zu Ebenen oberhalb einer materialistisch-mechanistischen findet. So wünscht man sich jemanden, auf den man sich auch als esoterisch unvorbelasteter Hilfesuchender gerne einlässt. Aber wie repräsentativ ist dieser Heiler?

In den zurückliegenden vierzig Jahren hat sich das Heilerwesen, unter dem Einfluss der Esoterikwelle, dramatisch gewandelt. Zuvor waren in Deutschland vermutlich nur wenige hundert Geistheiler tätig, neben Besprechern und ein paar Exorzisten vor allem christliche Handaufleger und Gebetsheiler. Es überwogen schlichte, bodenständige Gemüter mit geringer Bildung aus mittleren und unteren sozialen Schichten, die meist zurückgezogen in ländlicher Gegend wirkten und vornehmlich aus innerer Berufung halfen. Vollprofis fanden sich kaum darunter: Die meisten übten Geistiges

Heilen nebenbei aus, an Feierabenden und Wochenenden – nicht in regelrechten «Praxen», sondern in Wohnzimmern und Küchen; ihren Lebensunterhalt sicherten sie anderweitig. Kommerziell insofern nicht von Heilerhonoraren abhängig, arbeiteten sie vorwiegend unentgeltlich, allenfalls Spenden wurden angenommen. Da Geistheilung selten ein Geschäft war, wurde kaum je Werbung dafür getrieben; ihren Heiler fanden Hilfesuchende überwiegend durch Mundpropaganda, auf Empfehlung von Verwandten und Kollegen, Freunden und Bekannten. Unter solchen Umständen hielten sich Heiler nur, wenn sie in bemerkenswert vielen Fällen tatsächlich etwas therapeutisch Außergewöhnliches, aus ärztlicher Sicht Unerwartetes zustande brachten; andernfalls blieben ihre Stuben leer. (Kein Markt selektiert härter als einer, der auf mündlich kolportierten «Geheimtipps» beruht, in denen Konsumenten ihre persönlichen Erfahrungen mit gewissen Produkten weitergeben.) Daher überwogen Heiler mit jahre-, oft jahrzehntelanger Erfahrung. Ihre Heilbegabung hatte sich fast immer schon in der Kindheit oder Jugend gezeigt. Keiner hatte zuvor eine regelrechte «Schule» durchlaufen, denn es gab keine. Die typische Heilerkarriere begann vielmehr in einer privaten, mehr oder minder intensiven Zweierbeziehung mit einem erfahrenen, bewunderten Vorbild – etwa der Mutter, dem Großvater, dem Nachbarn, dem Bekannten –, das begabte Nacheiferer meist über einen längeren Zeitraum beaufsichtigte und anleitete; oder Heilerfähigkeiten stellten sich unvermittelt ein: etwa nach Eingebungen in Träumen, unter dem Eindruck einer Vision, von einer inneren Stimme angesprochen, auf dem Höhepunkt einer lebensbedrohlichen Erkrankung oder nach einem schweren Unfall; oder sie kamen bei zufälligem Ausprobieren zum Vorschein. Der traditionelle Heiler ging weitgehend intuitiv vor: Wie von selbst fanden seine Hände jene Stellen, auf die sie aufgelegt werden mussten. Er diagnostizierte nicht eigentlich;

er «spürte» irgendwie, wo «etwas nicht in Ordnung» war. Um das, was er tat, machte er wenig Worte. Dazu fehlte ihm das Vokabular. Wenn er erklären sollte, wie und warum er heilen kann, trug er keine ausgefeilte Theorie vor. Seine Kraft und Zuversicht schöpfte er aus Gott – traditionelle Heiler aus unserem Kulturkreis waren durchweg tiefgläubige, praktizierende Christen –, dessen unergründlicher Ratschluss ausgerechnet ihn berufen hatte.

Doch dieser Heilertypus ist im Aussterben begriffen. Seit den sechziger Jahren, als die Esoterikwelle über die alternative Gesundheitskultur des Westens hereinzubrechen begann, ist die Zahl der haupt- oder nebenberuflichen Geistheiler in Deutschland zwar auf weit über 10 000 angeschwollen – diejenigen eingerechnet, die zumindest eine Heilerausbildung wie z.B. einen der zwei ersten Reiki-Grade absolviert haben, sogar auf mehrere hunderttausend. Doch deutlich über neunzig Prozent dieser Heiler verkörpern inzwischen, auf einem zunehmend kommerzialisierten Markt, einen radikal anderen Therapeutentyp. Überdurchschnittlich viele relativ junge Leute sind darunter, aus der Altersklasse zwischen zwanzig und vierzig, entlassen oder ausgestiegen aus bisherigen Berufen und kaputten Beziehungen – Unausgefüllte, Vereinsamte und Frustrierte, von Selbstzweifeln und Sinnkrisen Geschüttelte, neuen Halt, Orientierung und Einkommen Suchende. Ihre Berufung entdeckten sie in Begegnungen mit Astrologen, «Hellsichtigen», Medien, «spirituellen Weisheitslehrern», Bhagwans oder anderen respektierten Autoritäten der Esoterikszene, in Kursen und Workshops, an Messeständen, in Literaturstudien, auf ausgedehnten Selbstfindungstrips zu den süßlich durchräucherten Szenetempeln im Großstadtdschungel oder zu Ashrams und anderen exotischen *Retreats* in der Dritten Welt. Traditionellen Heilern wurde ihre Fähigkeit *zuteil* – esoterische erlernen sie, ähnlich wie die Kunst des Deutens von Horoskopen oder Tarotkarten.

Um ihre Ausbildung kümmern sich hierzulande inzwischen mehrere hundert private Schulen, zumeist Ein-Mann/Frau-«Institute»; weil angeblich «in uns allen ein Heiler steckt», befördern sie jedermann, der die verlangten Gebühren bezahlt, im Schnelldurchlauf zu «Heilern» – manchmal schon an einem einzigen Wochenende, zumeist nach höchstens einem Dutzend Kurstagen. «Der Film», meinte Alfred Hitchcock einmal, «ist vielleicht die einzige Branche, in der sich mancher als Meister fühlt, bevor seine Lehrzeit überhaupt begonnen hat.» Mit der westlichen Heilerszene war er offensichtlich nicht vertraut.

Derart «ausgebildet», bemühen sich immer mehr Absolventen gleich anschließend darum, auf der Geistheilerei eine neue berufliche Existenz aufzubauen; das erfordert feste Honorarsätze – deren mitterweile branchenübliche, durch Verbands«richtlinien» abgesegnete Höhe schon manchen niedergelassenen Arzt oder Psychotherapeuten vor Neid erblassen lässt – und eine Eigenvermarktung, die hinlänglich viele Kunden lockt. Und so schaltet der neue Heilertypus viel versprechende Inserate, lässt imposante Visitenkarten, Flyer und Imagebroschüren drucken, präsentiert sich auf Esoterikmessen und im Internet, biedert sich Journalisten an. Und er legt Wert auf Vermittlungsdienste, werbeträchtige Titel und Diplome. Die sind mittlerweile leicht zu ergattern, zumindest für Zahlungswillige: Die meisten Heilerschulen bieten ihren Absolventen solchen Service, ebenso wie die Info-Dienste und Prüfungskommissionen etlicher Heilervereine ihren zahlenden Mitgliedern – eine Hand wäscht die andere. In Ermangelung wissenschaftlich abgesicherter Testmethoden, ob einer wirklich heilen kann, erwächst daraus die Gefahr eines monströsen, flächendeckenden Etikettenschwindels, den ein paar Insider durchschauen mögen, aber wohl kaum der typische Hilfesuchende. Das Risiko, an unerfahrene, mäßig begabte, sich selbst überschätzende Möchtegerns zu geraten, war für Menschen, die sich auf Geistiges Heilen einlassen möchten, noch nie größer als heute – die Chance, Könner anzutreffen, entsprechend gering. Inzwischen überwiegen aufrichtig bemühte Dilettanten, die ein warmherzig pulsierendes Beinahenichts mit spiritualistischen Girlanden umkränzen. Unter ihnen überwiegen jene «Phantasten» und «Verklärer», zu denen Otmar Jenner gleich zu Beginn seines Buchs auf Abstand geht.

Ausgesprochen tragisch ist diese Fehlentwicklung nicht nur für den Kranken, der Hilfe sucht, sondern letztlich auch für das Geistige Heilen als Therapieform: Einerseits fanden Anwender noch nie eine liberalere Rechtslage vor; noch nie zeigten sich mehr Ärzte bereit, Heiler in ihre Praxen und Kliniken einzubeziehen und sich ihre Vorgehensweisen zu Eigen zu machen; noch nie richteten mehr Wissenschaftler Forschungsprojekte darauf; noch nie waren Massenmedien eher bereit, dafür Druckseiten und Sendeplätze freizuräumen. Dass ausgerechnet jetzt das unzweifelhafte Potenzial Geistigen Heilens von einer unheiligen Allianz aus esoterischen Nebelwerfern und geschäftstüchtigen Cleverles, Wichtigtuern und Wirrköpfen, Anfängern und Beihelfern verschüttet wird, ist traurig – und für Hilfesuchende fatal. Einer Geistheilung bedarf seit längerem zuallererst die Heilerszene selbst.

Was also tun? Auch in noch so schwerer Krankheit dürfen Patienten nicht aufhören, mündige Bürger zu sein. Informationen, die nirgendwo bequem vorsortiert abzuholen sind, müssen sie wohl oder übel selbst zusammentragen und bewerten, im Vertrauen auf die eigene Kritikfähigkeit und Menschenkenntnis. Im Laufe von rund fünfzehn Jahren, in denen ich beobachtend und forschend die so genannte «spirituelle» Gesundheitsszene des deutschsprachigen Raums durchstreift habe, lernte ich weit über tausend Heiler kennen. Wie viele könnte ich guten Gewissens weiterempfehlen? Nicht einmal jeden Hundertsten.

Begleitende Bücher

Aeschbacher, Felix: Gesund durch Spirituelles Heilen. Neuwied, Silberschnur Verlag, 1995

Brennan, Barbara Ann: Licht-Arbeit. München, Goldmann, 1989

Brennan, Barbara Ann: Licht-Heilung. München, Goldmann, 1994

Chopra, Dr. Deepak: Die heilende Kraft. Bergisch Gladbach, Bastei Lübbe, 2001

Dahlke, Rüdiger: Aggression als Chance. München, Bertelsmann, 2003

Dahlke, Rüdiger: Krankheit als Symbol. München, Bertelsmann, 2002

Dethlefsen, Thorwald & Dahlke, Rüdiger: Krankheit als Weg. München, Goldmann, 1990

Grof, Stanislav: Geburt, Tod und Transzendenz. Hamburg, Rowohlt, 1991

Hariharananda, Paramahamsa: Krya Yoga. Kreuzlingen, Heinrich Hugendubel Verlag, 2000

McTaggart, Lynne: Das Nullpunkt-Feld – Auf der Suche nach der kosmischen Ur-Energie. München, Wilhelm Goldmann Verlag, 2003

Prajnanananda, Paramahamsa: Das innere Universum – Eine Reise durch die Chakren. Wien, Prajna Publication, 2002

Reich, Wilhelm: Charakteranalyse. Köln, Kiepenheuer & Witsch, 1989

Riemann, Claus: Der tiefe Brunnen. München, Wilhelm Goldmann Verlag, 2003

Riemann, Fritz: Grundformen der Angst. München, Ernst Reinhardt Verlag, 1961
Riemann, Fritz: Lebenshilfe Astrologie. Stuttgart, Pfeiffer bei Klett-Cotta, 1999
Sharamon, Shalila & Baginski, Bodo J.: Das Chakra-Handbuch. Aitrang, Windpferd Verlagsgesellschaft, 1988
Stux, G. & Stiller, N. & Pomeranz, B.: Akupunktur Lehrbuch und Atlas. Berlin, Springer-Verlag, 1985
Sui, Choa Kok: Die hohe Kunst des Pranaheilens. Freiburg, Bauer, 1997
Wallace, A. & Henkin, B.: Anleitung zum geistigen Heilen. Essen, Synthesis Verlag, 1982
Wiesendanger, Dr. Harald: Auswege – Die Heiler-Datenbank. Mit Adressen und Porträts von über 500 Geistheilern in Deutschland, der Schweiz und Österreich. Seit 1992 laufend aktualisiert. (Nicht im Buchhandel, sondern nur beim Autor: Zollerwaldstr. 28, D-68436 Schönbrunn.)
Wiesendanger, Dr. Harald: Fernheilen (Bd. 1–3). Schönbrunn, Lea Verlag, 2004
Wiesendanger, Dr. Harald: Geistheiler – Der Ratgeber. Schönbrunn, Lea Verlag, 2000
Wiesendanger, Dr. Harald (Hrsg): Geistiges Heilen in der ärztlichen Praxis – Damit die Humanmedizin humaner wird.

Über den Autor

Otmar Jenner, 1958 in Hamburg geboren, stammt aus einem protestantisch-religiösen Elternhaus. Seine Mutter war ausgebildete Sängerin, und so wuchs er mit Schubert-Liedern und Opernarien auf. Sicher auch aufgrund dieser musikalischen Grundprägung beschäftigte sich Otmar Jenner vom zwanzigsten bis zu seinem dreißigsten Lebensjahr hauptsächlich mit Musik, tourte schließlich als Saxophonist mit Rockbands durch Europa.

Gegen Ende dieser Phase entdeckte er den Journalismus und zog erneut durch die Welt – diesmal als Kriegsreporter, wobei er mit existenziellen Ängsten und großem menschlichem Leid konfrontiert wurde. So entstand eine der Voraussetzungen für den späteren Beruf als Heiler, dessen erste Wurzeln schon sein Vater gepflanzt hatte: War eines der Kinder erkrankt, legte er seine Hände auf und betete. Die Religiosität des Vaters findet sich auch bei Otmar Jenner wieder: als persönliche Beziehung zum Göttlichen und dem Wissen, darin aufgehoben zu sein. Wie konkret dieses Wissen ist, konnte ich in den Wochen erleben, in denen er mich in meiner Praxis beim Geistigen Heilen unterstützte.

Das vorliegende Buch erschließt dem Leser auf spannende und authentische Weise die Welt Geistigen Heilens. Es zeigt uns die Größe, deren wir fähig sind, wenn wir uns unseren Mitmenschen liebend zuwenden.

Wolfgang Bittscheid

Danken möchte ich ....

Meinen Lehrern Attilio und Art Reade danke ich für ihr großzügig an mich weitergegebenes Wissen, Holger Schnitgerhans für seine wertvollen Anregungen zur inhaltlichen Struktur, meinem Lektor Bernd Jost für sein Vertrauen in mich, Christiane Woelky für ihre Hilfe bei der Psychologie der Astrologie und Dr. Elena Franke für die Korrekturen der medizinischen Termini, bei Hans Lamberti bedanke ich mich dafür, dass er mir als einfühlsamer Lehrer die Praxis des Bikram-Yoga (www.bikramaltona.de) zeigte und mich so in die Lage versetzte, die sehr anstrengende Schreibphase auch körperlich zu genießen. Maduria, Holger Dittrich und Eva Tesar danke ich für ihre mentale Unterstützung. Ganz besonders und direkt möchte ich mich auch bei Dr. Harald Wiesendanger (www.psi-infos.de) bedanken, der dieses Buch durch seine Kontakte sehr gefördert hat. Und zuletzt danke ich Ihnen, liebe Leserin, lieber Leser, und verneige mich vor der Herrlichkeit Ihres Daseins. Seien Sie immer mit Glück und Gesundheit gesegnet!

FSC
www.fsc.org
MIX
Papier aus verantwortungsvollen Quellen
FSC® C019821

Das für dieses Buch verwendete FSC®-zertifizierte Papier
Lux Cream liefert Stora Enso, Finnland.